BALKON- & KÜBELPFLANZEN

BALKON- & KÜBELPFLANZEN

Ein Ratgeber für das Gärtnern mit Gefäßen aller Art

Parragon

Bath • New York • Singapore • Hong Kong • Cologne • Delhi
Melbourne • Amsterdam • Johannesburg • Auckland • Shenzhen

Entwurf und Realisation: The Bridgewater Book Company Ltd.

Parragon Books Ltd
Queen Street House
4 Queen Street
Bath BA1 1HE, UK

Übersetzung aus dem Englischen: Wiebke Krabbe, Damlos
Redaktion und Satz: Lesezeichen Verlagsdienste, Köln
Koordination: Antje Seidel, Köln

ISBN 978-1-4454-6883-9

Printed in China

Inhalt

Balkon- und Kübelpflanzen

Kübel, Töpfe, Tröge und Balkonkästen sind eine Bereicherung für jeden Garten, ob groß oder klein. Von der Auswahl der Gefäße über ihre Anordnung im Garten bis zum großen Spektrum der farbenfrohen und attraktiven Pflanzen, die in ihnen gedeihen, gibt dieses Buch Antwort auf alle Fragen rund um den Kübelgarten.

Der Pflanzkübel, das Multitalent

Kübel lassen sich auf vielerlei Weise einsetzen. Im traditionellen Garten können sie speziellen Pflanzen Platz bieten. In einem kleinen Hof sind sie vielleicht die einzige Pflanzmöglichkeit. Neben dem klassischen Blumentopf gibt es noch verschiedene andere Pflanzbehälter.

Gute Planung muss sein

Wer einen Garten plant, muss ihn zuerst einmal genau vermessen. Das ist vor allem in Garteninnenhöfen wichtig. Je kleiner der Garten ist, desto mehr kommt es darauf an, jeden Quadratzentimeter optimal zu nutzen und im besten Licht zu präsentieren.

Wofür wird der Garten benutzt?

Ist der Garten einmal vermessen, muss überlegt werden, wie die Bewohner ihn nutzen möchten. Der Platz ist hier entscheidend. In einen sehr kleinen Garten passen vielleicht gerade ein Tisch und Stühle – ein Essplatz für den Sommer. Auf so beengtem Raum muss sich der Gärtner eventuell mit einigen Kübeln begnügen, in denen frische Kräuter für die Küche, einjährige Blühpflanzen oder Kletterpflanzen zum Kaschieren einer Mauer gedeihen.

Je größer der Garten, desto mehr Möglichkeiten bietet er – und desto

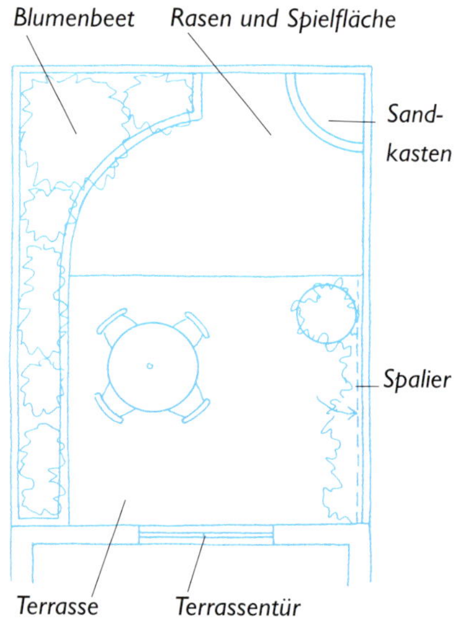

▲ Ein kleiner Garten hinter einem Stadthaus. Das Spalier und der Baum in der rechten Ecke lockern den Bereich optisch auf.

◀ Ein schöner Gartenhof mit einer prächtigen Hosta in einem Kübel. Die orangefarbenen und leuchtend gelben Blüten der Kapuzinerkresse heben sich gut von dem Grün der Blätter ab.

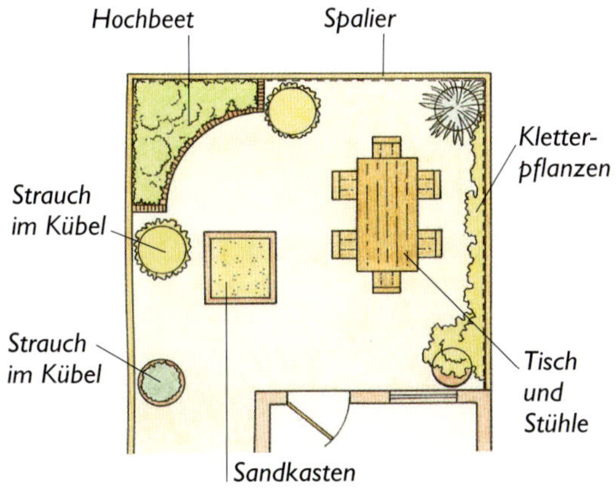

▲ *Ein Ausschnitt der Skizze auf Seite 10 für ein Stadthaus mit seitlichem Durchgang. Der Sandkasten liegt im Sichtbereich des Küchenfensters, die Kübel beleben die seitliche Grenze.*

▶ *Ein geschmackvoller Gartenhof mit einem quadratischen Wasserbecken inmitten von Farnen. Die Buchsbaumkugeln harmonisieren die kantigen Konturen des Beckens.*

mehr Probleme können auftauchen. Denken Sie zuerst an die Familie. Viele Jungen sehen sich gern als Fußballstars, doch Pflanzen und Ballspiele vertragen sich nicht gut, und Hortensien eignen sich auch nicht als Torpfosten. Mädchen sind oft ruhiger, doch alle Kinder wünschen sich Platz zum Radfahren. Kleine Kinder haben Spaß an einem Sandkasten, für den sich auch in einem kleinen Gartenhof Platz findet. (Wer einen Sandkasten baut, sollte an eine Abdeckung denken, um unerwünschten Besuchen von Nachbarkatzen vorzubeugen.)

Kernfragen Klären Sie vorab einige grundsätzliche Fragen. Soll der Garten im Sommer zum Essen genutzt werden? Dient er als zusätzlicher Wohnbereich oder Aufenthaltsplatz für die Familie? Sind diese Fragen geklärt, kann man sich den Besonderheiten des Gartens zuwenden. In welche Himmelsrichtung ist er ausgerichtet? Wie viel Sonne bekommt er – oder liegt er den ganzen Tag im Schatten? Danach überlegen Sie, welche Art von Kübeln Sie aufstellen wollen, ob vielleicht Platz für ein Hochbeet vorhanden ist und welche Pflanzen sich dafür eignen. Hochbeete haben viele Vorzüge. Sie sind für ältere und körperbehinderte Personen bequemer zu pflegen und bieten ausreichend Platz für langlebige Pflanzen wie Bäume und Sträucher. Außerdem geben Sie dem Garten Höhenstruktur. Wer ein Hochbeet anlegen will, sollte zur Hausmauer etwas Platz lassen, um die Feuchtigkeitssperre des Mauerwerks nicht zu beschädigen oder zu überbrücken.

Grundregeln Ob der Garten groß oder klein ist, einige Regeln gelten generell. Alle Elemente eines Kübelgartens müssen leicht erreichbar sein, zudem muss der Garten einen erkennbaren Grundriss haben. Das mag selbstverständlich klingen, aber im Eifer wird oft der Zugang zur Terrassentür behindert. Außerdem muss dafür gesorgt sein, dass alle Kübel problemlos gegossen werden können und dass auch das Anbinden oder Beschneiden langlebiger Pflanzen möglich ist. Natürlich muss auch der Zugang zum Außenwasserhahn frei bleiben, und schließlich darf eine Baumkrone nicht genau vor einem Fenster sein.

Kübel als Blickfang

Für einen Gartendesigner gibt es keine größere Herausforderung als einen langen, schmalen Garten, der auf einen Blick zu überschauen ist. So sollte kein Garten sein. Selbst der kleinste Garten braucht etwas Geheimnisvolles, und das lässt sich mit geschickt platzierten Kübeln durchaus schaffen.

Der kleine, formale Kübelgarten

Formale Gärten mit ihrer geometrischen Aufteilung haben sich aus den Knotengärten des späten 16. Jahrhunderts entwickelt. Quadrate, Rechtecke und Kreise sind die gängigsten Formen, die sich auch für kleine Gärten gut eignen. Wer einen schmalen, rechteckigen Garten hat, könnte diese Form noch betonen und die Grenzen mit einer dunkelgrünen Eibenhecke bepflanzen. Dann wird ein Weg aus Ziegeln oder Natursteinplatten verlegt, der mitten durch den Garten zu einem auffallenden Kübel oder Wasserspiel führt, das am Ende des Grundstücks als Blickfang dient. Ein Kreis in der Mitte des Wegs unterteilt den Garten in vier gleiche Teile. Dadurch entstehen vier Beete, die jeweils zur Mitte hin einen gerundeten Ausschnitt haben. Jedes der Beete bekommt eine klare Kontur aus einer niedrigen Buchsbaumhecke *(Buxus sempervirens)*. An den vier Ecken der Beete werden gleiche Kübel aufgestellt, bepflanzt mit der goldblättrigen Art *B. s.* 'Marginata', die sich gut in Kugelform schneiden lässt. Weil die Kugeln in Kübeln stehen, wirken sie höher als die niedrige Buchsbaumhecke und betonen die Vertikale. Und weil sie immergrün sind, sorgen sie dafür, dass der Garten auch im Winter attraktiv aussieht. Die Bepflanzung der vier Beete richtet sich nach der Größe und Ihrem persönlichen Geschmack. Sie sollte möglichst symmetrisch sein und Pflanzen unterschiedlicher Höhe enthalten.

◀ Eine rustikale Laube in einem formalen Garten, eingerahmt von Glyzinien-Hochstämmen und Kübeln mit Lilien und Aurikeln. Euphorbien flankieren die Stufen zum Kräutergarten.

Der informelle Stadtgarten Eine zweite Gestaltungsmöglichkeit für das gleiche Gartengrundstück baut auf geschwungenen Linien auf. Zuerst wird der Garten auf Kästchenpapier skizziert, dann werden an den Rändern einige Bögen gezeichnet – das sind die Blumenbeete (siehe Zeichnung oben rechts). Die Mitte des Gartens nimmt eine Rasenfläche ein, durch die sich ein leicht s-förmiger Pfad aus Trittsteinen zieht und zu einem Rondell führt, auf dem ein schöner Kübel, eine Amphore oder eine Sonnenuhr stehen könnte. An den Schnittpunkten der einzelnen Bögen wird je ein Kübel platziert. Manche sind vom Haus aus gar nicht sichtbar, andere sind nur teilweise verdeckt. Dadurch bekommt der Garten eine Reihe von „geheimen Plätzen“. Als Rahmen für einen solchen Garten bieten sich ein oder zwei größere Bäume an, die zunächst den Blick von der Form der Beete ablenken und für zusätzliche optische Spannung sorgen.

Die Bepflanzung eines Gartens sollte mit den Jahreszeiten variieren. Kleine Zwiebelpflanzen wie Schneeglöckchen und Krokusse sehen zeitig im Jahr schön aus. Für den Frühsommer bieten sich farbenfrohe Stauden wie Akelei und Lerchensporn an. Wenn der Platz ausreicht, sollten auch einige kleinere Rosen als sommerlicher Farbtupfer nicht fehlen. Töpfe und Kübel werden mit leuchtend bunten Einjährigen bepflanzt.

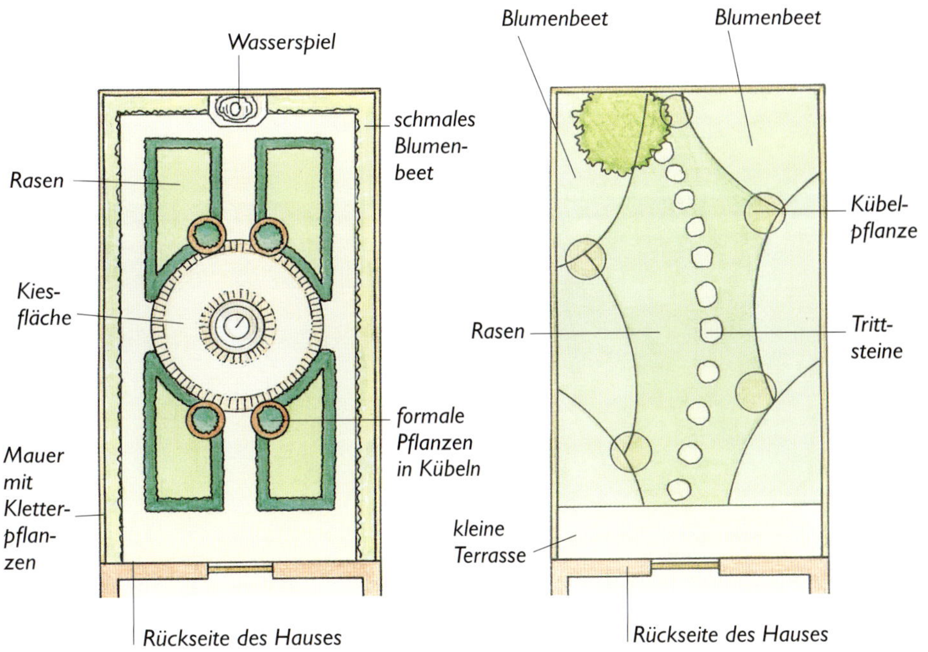

▲ *Zwei Entwürfe für das gleiche Grundstück. Die Bepflanzung des formalen Gartens (links) kann mit den Jahreszeiten variiert werden. In dem zwanglosen Garten rechts ist alles möglich.*

▶ *Eine stattliche, antike Urne in einem formalen Garten, eingerahmt von akkurat beschnittenen, niedrigen Buchsbaumhecken.*

Platz und Blickfang schaffen

Kübel eignen sich perfekt, um Gartenbereiche voneinander abzugrenzen; das gilt gleichermaßen für große Gärten auf dem Land wie für kleine Stadtgärten. Mit Kübeln kann man im Handumdrehen eine Barriere schaffen, und im folgenden Jahr können sie einfach umgestellt werden.

Kübel im kleinen Stadtgarten

Im typischen kleinen Stadtgarten schließt sich an die Rückseite des Hauses eine gepflasterte Terrasse an. Dahinter liegt ein Rasen, beiderseits von Blumenbeeten flankiert. Wer aber einen sehr langen, schmalen Garten hat, möchte ihn vielleicht in drei oder vier Bereiche unterteilen. Für solche Grundstücke bietet sich eine Querteilung förmlich an.

Stellen Sie für die erste Unterteilung eine gerade Anzahl formaler Kübel am Rand der Terrasse auf. Sie müssen Blick und Zugang zum Rasen nicht völlig versperren, um den Eindruck einer Abgrenzung zu erwecken. Werden sie im Sommer mit bunten Blumen bepflanzt, etwa Petunien und Lobelien, wirken sie obendrein als Blickfang und locken bei Sonnenschein auch Bienen und Schmetterlinge an. Auch die Kübel kommen mit solchen Pflanzen besser zur Geltung.

Wenn der Platz ausreicht, könnten Sie im hinteren Bereich ein leicht erhöhtes Beet anlegen. Bauen Sie eine niedrige Stützmauer, vielleicht zwei oder drei Ziegelsteinreihen hoch, mit einer einzelnen Stufe in der Mitte. Vor der Stützmauer werden vier Kübel aufgestellt – je einer rechts und links neben der Mauer und zwei neben der Stufe. Perfekt wird die Gestaltung durch eine Gartenbank am Ende des Gartens, die von zwei weiteren Kübeln flankiert wird und so einen formalen Blickfang bildet.

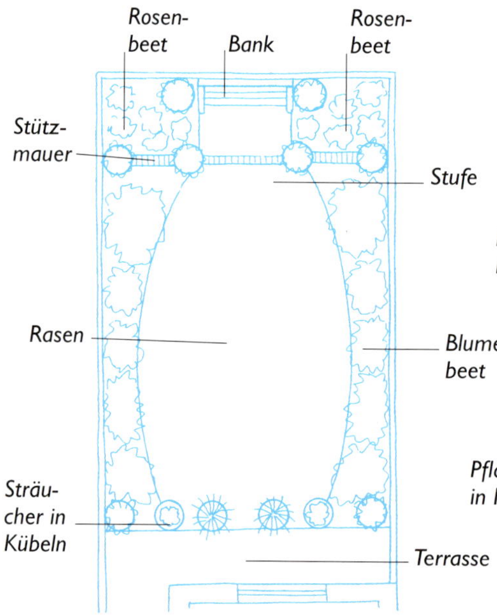

▲ *Eine gute Lösung ist die Aufteilung in drei Bereiche, die durch Kübel und Niveauunterschiede abgegrenzt werden.*

Kübel für Wege Auf einem ähnlichen Konzept basiert die Idee, Kübel in regelmäßigen Abständen beiderseits eines Gartenweges aufzustellen – wie Soldaten, die Spalier stehen. Im Idealfall sollte der Weg so breit sein, dass zwei Personen bequem nebeneinander gehen können und auch der Gärtner mit beladener Schubkarre genug Platz hat.

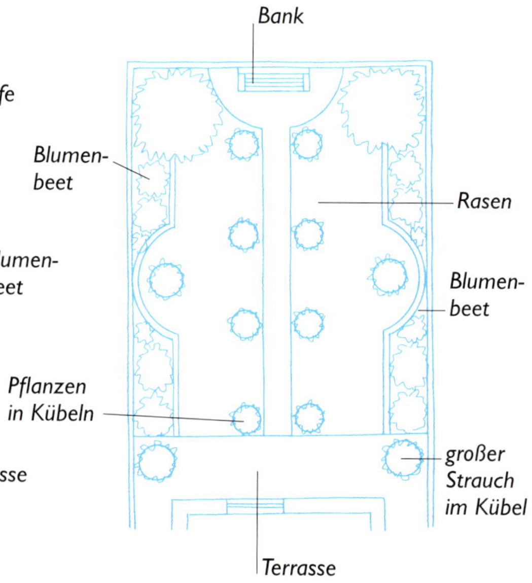

▲ *Symmetrie ist das Grundprinzip formaler Gärten. Identische Kübel flankieren den Weg, der durch die Mitte des Rasens führt.*

◀ *Eine grobe Skizze der Bereiche hilft beim Ermitteln, wie viele Kübel welcher Art gebraucht werden. Hier soll ein Sitzplatz von Duftpflanzen umrahmt werden.*

1. *Lilium* 'Golden Splendor'
2. *Nicotiana* Domino Mixed
3. *Phlox* Palona Mixed
4. *Nicotiana* Domino Mixed

Kübelpflanzen als Blickfang und Akzent

Kübelpflanzen haben den Vorteil, dass man mit ihnen die Bepflanzung beleben und immer neue Farbakzente setzen kann. Im Sommer kann man leuchtend rote und weiße Pelargonien gemischt oder separat pflanzen. Für Effekte in Blau-Weiß-Rot passen dazu zierliche Lobelien.

Eine andere Möglichkeit sind Petunien in sanften Flieder-, Rosa- und Weißschattierungen. Für solche pastellfarbenen Pflanzen eignen sich vor allem graue Kübel aus Naturstein, Beton oder Kunststoff, weil der neutrale Farbton nicht mit den Blütenfarben konkurriert. Farbige Kübel sind für solche Zwecke eher ungeeignet, weil die Kontraste leicht allzu schrill ausfallen können.

▶ *Sonnenblume und Säckelblume – eine augenfällige Kombination. Für einen ähnlichen Kontrast eignen sich auch späte Narzissen.*

Der Hintergrund zählt

Pflanzen sind niemals isoliert. Bunte Blüten leuchten vor grünem Laub, Bäume heben sich vor dem Himmel ab, weiße Clematis an einem Spalier wirkt anders als an einer Backsteinmauer. Nehmen Sie den Hintergrund Ihres Gartens wahr und beziehen Sie ihn gezielt mit ein.

Unkomplizierte Hintergründe

Manche Hintergründe sind ganz problemlos. Ideal ist beispielsweise eine dunkle, immergrüne Eibenhecke *(Taxus baccata)*, vor der alle anderen Farben strahlen. Besonders attraktiv sind weiße Kübel mit weiß blühenden Pflanzen. Ist keine Eibenhecke vorhanden, könnte man mit Efeu *(Hedera)* eine Mauer begrünen. Für eine Hintergrundbepflanzung sollte man eine dunkelgrüne Efeusorte wählen. Soll dagegen die Wand selbst interessanter wirken, empfehlen sich die vielen Efeusorten mit gelb oder weiß panaschierten Blättern. Sie sehen für sich dekorativ aus, eignen sich aber weniger als Hintergrund, weil die mehrfarbigen Blätter die Aufmerksamkeit von den blühenden Pflanzen ablenken.

Ziegelmauern

In kleinen Gärten machen Ziegel von Haus und Gartenmauern einen Großteil des Hintergrunds aus. Die meisten Zie-

◀ *Mit mehrfarbigen Gräsern lassen sich interessante Effekte erzielen. Die Styroporstückchen müssen mit einem Nylonnetz fixiert werden.*

Kontrastfarben sehen vor einem neutralen Flechtzaun gut aus – hier Blau und Grün.

Terrakotta harmoniert gut mit Ziegeln. Zu klassischen Kübeln passen fast alle Pflanzen.

Bei intensiven Hintergrundfarben müssen Kübel und Pflanzen sehr behutsam gewählt werden.

gel sind rötlich oder gelblich. Die Versuchung ist groß, eine Ziegelmauer weiß zu streichen – widerstehen Sie jedoch. Die Hauptfarbe von Pflanzen ist Grün, das ausgezeichnet mit den sanften Farbtönen der meisten Ziegel harmoniert. Außerdem wachsen Pflanzen schnell, und dann verdecken ihre Blätter bald den frischen Anstrich. Solange die Pflanzen noch klein sind, kann eine weiße Wand sehr grell wirken und die Farben der Blüten blass aussehen lassen. Weil obendrein attraktive weiße Pflanzen vor einer weißen Wand nicht zur Geltung kommen, begrenzen Sie unnötigerweise Ihre Pflanzenwahl durch einen solchen Anstrich.

Kleine Gefäße vor natürlichem Hintergrund Pflanzen stehen nur selten allein, darum gilt die Grundregel „hohe Arten hinten, niedrige vorn" für große Gärten, kleine Beete und Kübelarrangements gleichermaßen. Töpfe und Kübel aus Terrakotta harmonieren mit den meisten Pflanzen. Neuen Töpfen gibt man schnell Patina, indem man sie mit Sauermilch oder Joghurt einpinselt, auf dem sich bald Moose und Flechten ansiedeln.

Achten Sie darauf, dass die Farbe der Kübel sowohl auf die Farben der Blätter als auch auf den Hintergrund abgestimmt ist. Schwierig könnte die Farbzusammenstellung eventuell bei einem Dachgarten werden. Um für Sicht- und Windschutz zu sorgen, kann man am Rand ein Spalier errichten und mit dichten Kletterpflanzen begrünen. Für den Dachgarten sind Kübel aus Fiberglas oder Kunststoff zweifellos die preiswerteste und beste Lösung, denn sie sind leichter als Kübel aus Ton, Stein oder Holz, außerdem kann man sie nach Belieben in jeder Farbe anstreichen.

▶ *Madonnen- und Königslilien sind ausgezeichnete Duftpflanzen für Kübel. Nur an sehr geschützten Plätzen kommen sie ohne eine Stütze aus.*

Kübel für Tür und Tor

Türen und andere Durchgänge sind besonders wichtige Bereiche in Haus und Garten. Die Haustür zeigt den Geschmack der Bewohner an. Ähnlich kündigt auch ein Durchgang im Garten das an, was dahinter liegt. Folglich müssen gerade hier die Kübel sehr sorgfältig ausgewählt werden.

Der formale Eingang

Ein beliebtes Gestaltungsthema für den Eingangsbereich älterer Stadthäuser sind zwei formale Kübel im Versailles-Stil, bepflanzt mit Lorbeer-Hochstämmchen *(Laurus nobilis),* die zu sauberen Kugeln gestutzt sind. Weitere Pflanzen sind nicht nötig, man kann auf die Erde der Kübel aber eine Schicht hellen Kies oder Splitt geben. Beschnittener Buchsbaum *(Buxus)* in antiken Terrakottakübeln, vielleicht zu spiralförmigen Hochstämmen geformt, ist eine gute Alternative. Wer lieber etwas Farbe hätte, könnte stattdessen einen Margeriten-Hochstamm *(Argyranthemum)* mit silbrigem Laub und weißen Blüten wählen.

Farbenfrohe Begrüßung Für weniger formale, aber geräumigere Eingangsbereiche bieten sich ganz andere Lösungen an – je nachdem, ob ein Vorgarten vorhanden ist oder vielleicht eine gepflasterte Fläche für einige Kübel. In einem ländlichen Garten könnte man eine Kletterrose, etwa die Sorte 'Iceberg' über die Tür leiten. Ihre nickenden, weißen Blüten sehen von unten besonders zart aus. Zum Einrahmen der Rose eignen sich mehrere Kübel und Töpfe mit blau und weiß blühenden Pflanzen, beispielsweise Storchschnabel (*Geranium* 'Johnson's Blue'), dunkelblauer Lavendel (*Lavandula angustifolia* 'Hidcote'), weiße Petunien oder Bartfaden (*Penstemon* 'White Bedder').

◀ Ein bezaubernder Garten mit Kübeln voll Hosta *und* Dicentra. *Das Geißblatt am Rundbogen muss kräftig beschnitten werden.*

Formale Bögen

Ein Bogen in einer immergrünen Hecke, flankiert von Terrakotta- oder Steinkübeln mit einer konsequent einfarbigen Bepflanzung, ist in jedem Garten ein faszinierender Anblick. Für solche Zwecke gibt es keine bessere Wahl als Weiß, das vor dem dunklen Grün leuchtet. Reizvoll kann aber auch eine Kombination in Blau und Weiß aussehen. Wichtig ist, dass die Kübel zur Hecke passen. Vor einer formalen Eibenhecke sind beispielsweise elegant geformte Gefäße aus Terrakotta sehr stilvoll.

Eine Tür einrahmen

1 Zuerst den Bereich rings um die Tür ausmessen und ein Spalier aus Leisten andübeln. Wer mag, verwendet statt eines Spaliers Spanndrähte.

2 Passende Kübel für die Pflanzen wählen und auf Ziegelsteine stellen, damit überschüssiges Gießwasser abfließen kann.

3 *Clematis* 'Jackmanii Superba' und die nahezu stachellose Rose 'Zéphirine Drouhin' sind harmonische Partner und sorgen für sommerliche Farbe.

Pflanzenpflege Wer sich für zwei Lorbeerhochstämmchen oder andere formale Pflanzen in identischen Kübeln entschieden hat, muss sie regelmäßig in Form schneiden, gießen und düngen. Einjährige sind preiswert und werden nach der Blüte ersetzt. Ein stattlicher Hochstamm ist hingegen eine wesentlich größere Investition, doch bei guter Pflege hat man an ihm viele Jahre Freude. Koniferen und sogar Olivenbäumchen *(Olea europaea)* in formalen Kübeln sind ebenfalls gute Türsteher. Olivenbäume sind frostempfindlich und müssen bei Forst ins Haus oder Gewächshaus.

Auf stimmige Proportionen achten

Beim Einrahmen einer Tür mit Pflanzen muss die Höhe der Tür berücksichtigt werden. Die Proportionen zwischen Tür und Kübeln sollen ausgewogen sein. Zu kleine Kübel wirken nicht, während zu große die Tür sehr einengen können. Stellen Sie die Kübel probeweise auf und stellen Sie sich vor, wie hoch die gewünschten Pflanzen werden. Achten Sie auch darauf, dass die Kübel mit dem Stil des Hauses harmonieren. Verwitterte Terrakottakübel passen zu ländlichen Backsteinhäusern. Für ein modernes Stadthaus sind schlichte Gefäße ohne jeden Schnörkel besser geeignet.

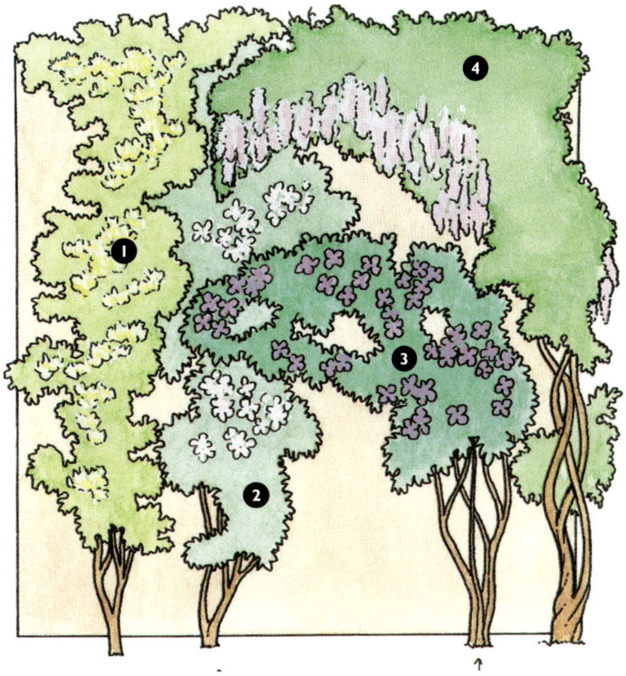

◀ *Zum Einrahmen einer Haustür eignen sich verschiedene Pflanzen. Geißblatt duftet herrlich, sieht aber etwas unordentlich aus.* Clematis montana *ist sehr schnellwüchsig. Glyzinien* (Wisteria) *müssen sorgfältig beschnitten werden und gedeihen am besten direkt im Erdreich.*

1. Geißblatt *(Lonicera)*
2. *Clematis montana*
3. *C.* 'Jackmanii Superba'
4. Glyzinie *(Wisteria sinensis)*

Kübel für Stufen und Wege

Ausgesprochen edel sehen Kübel aus, die eine formale Treppe flankieren. Stufen können auch aus dem Souterrain des Hauses zum Garten führen oder im Grenzbereich zwischen zwei Ebenen im Garten liegen. An solchen Plätzen sind Kübel ein besonderer Blickfang.

Kübel auf den Garten abstimmen

Zunächst muss der Stil der Treppe berücksichtigt werden. Schmale, rustikale Stufen aus Ziegelsteinen oder alten Eisenbahnschwellen in einem ländlichen Garten vertragen sich am besten mit kleinen Töpfen oder Kübeln, die passend zur Umgebung bepflanzt sind. Zu einer schwarzen Feuertreppe an einem Stadthaus passen Tontöpfe mit leuchtend roten Pelargonien. Am Fuß einer einfachen Treppe, die zum Haus führt, könnte man auch Kübel mit Kletterpflanzen wie Clematis aufstellen. Flicht man die Triebe durch die Streben des Geländers, wirkt auch dies gleich nicht mehr so kühl und technisch. Breite Stufen in großen, formalen Gärten verlangen nach stattlichen, klassischen Kübeln mit passenden Pflanzen, etwa weißen Hortensien. Sie lenken den Blick auf die Stufen und laden in die nächste Ebene ein; das gilt besonders für Stadthäuser, aus deren Souterrain eine Treppe in den Garten führt.

▶ *Der Weg aus Ziegelsteinen wird begleitet von Rosen, Fingerhut und* Heuchera. *Die Statue neben dem Kübel wirkt geheimnisvoll.*

Engen Raum gut nutzen

In vielen Gärten ist der Platz knapp, doch kann man Stufen oder Wege, etwa vor der Küche, ausgezeichnet nutzen. Küchenkräuter sind hier bestens platziert. Viele gedeihen in der Sonne und im Halbschatten, und der Koch muss nur wenige Schritte gehen, um frisches Grün für den Salat zu ernten. Natürlich kann man auch dunkle Bereiche mit Pflanzen

▶ *Im Sommer kann man kahle Treppen bestens mit Töpfen voll leuchtender Einjähriger dekorieren: Pelargonien, Petunien und Verbenen bieten sich an.*

1. *Pelargonium* Horizon-Serie
2. *Verbena × hybrida*
3. *Pelargonium* Horizon-Serie
4. *Pelargonium* Horizon-Serie
5. *Pelargonium* Horizon-Serie

beleben, etwa den seitlichen Durchgang neben einem Reihenhaus. Wer hierfür allerdings Blühpflanzen wählt, die viel Sonne brauchen, sollte sie regelmäßig mit anderen austauschen, damit sie ausreichend Licht bekommen. Die Mühe können Sie sich aber auch sparen, wenn Sie gleich Schattenpflanzen bevorzugen.

Kübel in Durchgängen

In Durchgängen sind die Lichtverhältnisse weiter oben an den Wänden naturgemäß besser als unten. Auf dem Boden ist es generell sehr schattig. In diesem Fall sollte man Töpfe an den Wänden befestigen, vor allem, wenn dorthin stundenweise Sonne fällt. Dadurch bleibt die Bodenfläche frei für Fußgänger, Fahrräder und Kinderspielzeug. Auch beim Dekorieren von Treppen muss darauf geachtet werden, dass die Benutzbarkeit durch die Kübel nicht eingeschränkt wird. Das gilt besonders für Feuertreppen und Fluchtwege.

Sonne und Schatten

Achten Sie bei der Planung der Bepflanzung immer auf die Himmelsrichtung. Kübel, die vor einer Südwand stehen, können sich stark aufheizen. Man bepflanzt sie am besten mit Arten, die trockene Hitze gut vertragen. Günstig sind Pflanzen aus dem Mittelmeerraum, etwa Lavendel und Rosmarin. Nordwände und schattige Bereiche verlangen nach Pflanzen, die mit wenig Licht auskommen. Geeignete Arten sind auf den Seiten 238–241 aufgeführt.

▲ *Eine Wendeltreppe aus Schmiedeeisen sieht in einem kleinen Garten gut aus. Lupinen, Fingerhut und Lilien sorgen im Sommer für Farbe.*

▲ *Sukkulenten dürfen im Sommer im Freien stehen. Die blaugrauen Blätter der Agave harmonieren mit den scharlachroten Pelargonien.*

Kübel für den Garten

Fast alle Gärten können durch Pflanzkübel zusätzlich verschönert werden. Je kleiner der Garten, desto sinnvoller ist es, auf diese Art der Bepflanzung zurückzugreifen. Und wenn ein Garten winzig ist, bieten sie manchmal die einzige Möglichkeit, überhaupt Pflanzen zu halten.

Planung und Entwurf

Bei der Planung eines neuen Gartens müssen zuerst die Bedürfnisse der Familienmitglieder bedacht werden. Wie soll der Garten genutzt werden? Ist Platz für Tisch und Stühle vorhanden? Außerdem sind noch Bodenbeschaffenheit und Himmelsrichtung von Belang.

Die Bodenqualität

Wenn der Garten ausschließlich aus Kübeln besteht, können Sie die Beschaffenheit der Pflanzerde frei bestimmen. Im Fachhandel sind verschiedene Substrate für alle Pflanzen erhältlich: saure, basische und neutrale Erde. Möchten Sie aber ein kleines Hochbeet am Rand der Terrasse bauen oder das vorhandene Erdreich bepflanzen, sollten Sie den Säuregehalt prüfen. Das lässt sich ganz einfach mit einem pH-Testset bewerkstelligen, das man im Baumarkt oder Gartencenter kaufen kann. So ein Test ist sehr wichtig und kann Ihnen Kummer und Kosten ersparen.

▲ *Die zart duftende Schlüsselblume* (Primula vulgaris) *braucht feuchten Boden im Halbschatten, sonst gedeiht sie nicht.*

Wählerische Pflanzen Pflanzen haben unterschiedliche Bedürfnisse. Einige Arten, etwa Kamelien und Heidelbeeren, gedeihen nur in saurem Substrat, dessen pH-Wert unter 6,5 liegt. Setzt man sie in basischen (alkalischen) Boden, verfärben sich die Blätter gelb, die Pflanzen entwickeln eine Chlorose und sterben schließlich ab. Zu den Säure liebenden Pflanzen gehören auch einige Beerenarten, etwa Erdbeeren und Himbeeren. Andere Pflanzen dagegen, unter ihnen Kreuzblütler und Akelei, bevorzugen einen basischen Boden und verkümmern in saurem Substrat.

Himmelsrichtung als Konstante

Die Himmelsrichtung ist enorm wichtig. Beobachten Sie den Weg der Sonne durch den Garten – nicht nur im Sommer, sondern auch im Winter. Manche Pflanzen bevorzugen Schatten. Ein Beispiel ist die Schlüsselblume *(Primula vulgaris)*. Andere hingegen brauchen täglich mehrere Sonnenstunden, um zu blühen. Manche Rosenarten fühlen sich auch an einer Nordwand wohl, während andere einen Sonnenplatz brauchen. Wer

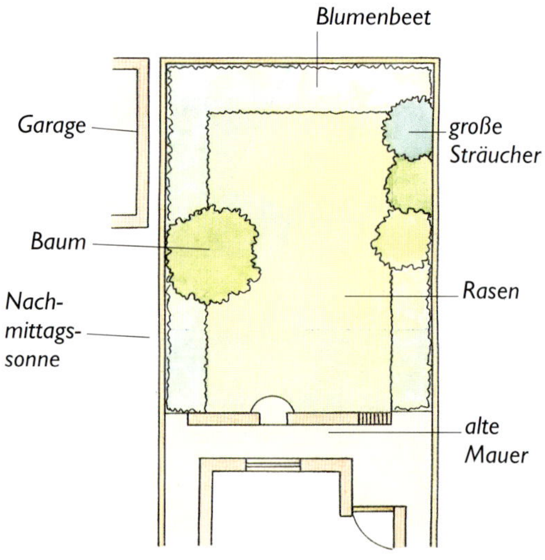

▲ *Ein nach Norden weisender Stadtgarten bekommt tagsüber kaum Sonne und liegt, wie die Zeichnung zeigt, auch abends im Schatten.*

▲ *Auf einer sonnigen Terrasse fühlen sich bunte Einjährige wohl, aber auch Gemüse wie Tomaten und Paprika.*

Sonnenblumen
Sonnenblumen
beschnittener Lorbeerbaum
Petunie
Stiefmütterchen
Ringelblumen
Lavendel
Rosen
Kalifornischer Kappenmohn
Apfelbaum
Stangenbohnen
Tomaten 'Tumbler'

schon bei der Pflanzung auf solche Belange achtet, erspart sich am Ende kostspielige Erfahrungen. Die Pflanzenlisten im letzten Kapitel dieses Buches helfen bei der Auswahl der geeigneten Arten für jeden Standort.

Die richtige Vorarbeit

Zuerst wird der Garten genau vermessen, dann wird eine maßstabsgetreue Skizze auf Kästchenpapier gezeichnet. Überlegen Sie, was sich auf dem vorhandenen Platz unterbringen lässt. Achten Sie auf die Himmelsrichtung und auch auf Gebäude, die den Garten oder Teile davon zu manchen Tageszeiten beschatten könnten. Stadtgärten inmitten hoher Gebäude bekommen manchmal nur wenig Sonne, selbst wenn sie nach Süden weisen. Schlagen Sie in der Pflanzenliste im letzten Kapitel nach, welche Pflanzen sich für Ihre Gegebenheiten eignen. Erst dann folgt der Einkauf im Gartencenter oder in einer Spezialgärtnerei. Und dann müssen Sie Geduld haben. Ein Garten ist ein Langzeitprojekt. Es braucht seine Zeit, bis Sträucher, Bäume und Stauden heranwachsen. Neu angelegte Gärten entfalten erst nach einigen Jahren ihr ganzes Potenzial.

▶ *Wenn eine Neuanlage oder größere Änderungen der Aufteilung geplant sind, muss genau Maß genommen werden.*

In die Höhe

Stellen Sie sich vor, wie langweilig ein Garten ohne Höhenunterschiede wäre. Es gibt eine Reihe kleiner Bäume, die gut in Kübeln oder alten Fässern gedeihen. Und reicht der Platz nicht einmal für einen Baum, können Mauern und Zäune mit Kletterpflanzen und Sträuchern begrünt werden.

Kleine Bäume für den Kübelgarten

Wer einen kleinen Baum pflanzen möchte, sollte einen Zwergobstbaum ins Auge fassen. Eine gute Wahl sind auch Koniferen. Und reicht der Platz für zwei oder drei Kübel aus, sollten Sie auf Abwechslung in der Blattfarbe achten. Hübsch sind auch Trauerbirken, etwa *Betula pendula* 'Purpurea' mit violett überhauchter Rinde und dunkelvioletten Blättern oder *B. p.* 'Youngii' mit silbrig weißer Rinde. Es dauert einige Jahre, bis diese Arten ausgewachsen und damit zu groß für einen Kübel sind. Sehr gut geeignet sind auch zwergwüchsige Formen des japanischen Fächerahorn *(Acer palmatum)*, die unbedingt sauren Boden brauchen. Im Herbst sind sie mit ihrer leuchtenden Blattfärbung auffälliges Highlight im kleinen Garten.

Kletterpflanzen und Wandsträucher für den Kübelgarten

Wie immer beim Gärtnern sollten Sie sich vor der Pflanzenwahl einige Fragen stellen. Möchten Sie einen Zaun oder eine Mauer ganzjährig begrünen, oder nur im Sommer? Für eine ganzjährige Abdeckung empfehlen sich Immergrüne. Manche Immergrüne sind extrem starkwüchsig, selbst wenn sie im Kübel gehalten werden, und darum für kleine Gärten ungeeignet. Ist Ihr Garten geschützt und warm, oder liegt er in einer eher rauen Region? Im letzteren Fall

◄ *Die Keulenlilie* (Cordyline australis *'Variegata'*) *als Blickfang in einem großen Kübel. Sie ist allerdings frostempfindlich.*

Immergrüne Kletterer – rund ums Jahr schön

1 Wer reichlich Platz hat, könnte die immergrüne, sehr wüchsige *Clematis armandii* erwägen. Sie hat ledrige, große Blätter und trägt duftende, weiße Blüten.

2 Der panaschierte Efeu *Hedera colchia*, auch als 'Paddy's Pride' bekannt, hat interessante, gelb-grün gezeichnete Blätter. Sternjasmin duftet sehr intensiv.

3 Feuerdorn gedeiht an fast jedem Standort. Er trägt im Frühling weiße Blüten und – je nach Sorte – im Herbst rote oder gelbe Beeren.

sollten Sie auf frostempfindliche Kletterpflanzen verzichten. Gefällt Ihnen eine leuchtende Blattfärbung im Herbst? Dann könnten Sie sich für eine Kletterpflanze mit flammend rotem Herbstlaub entscheiden, etwa die Jungfernrebe *(Parthenocissus tricuspidata)*. Aber Vorsicht, die Pflanze braucht viel Platz und muss jährlich beschnitten werden, damit sie nicht unter die Dachpfannen kriecht. Wollen Sie eine Nord- oder eine Südwand begrünen? Informieren Sie sich, welche Arten für den Standort geeignet sind.

Immergrüne Kletterpflanzen für Nord- und Ostwände Der Korallenstrauch *(Berberidopsis corallina)* mit den hübschen, roten Blüten ist gut geeignet, jedoch nur bedingt winterhart. Er bevorzugt sauren Boden und wächst nicht ganz leicht an. Dekorativ ist die wüchsige *Clematis armandii* mit ihren ledrigen, länglich zugespitzten Blättern und den duftenden, weißen Blüten im Frühling. Auch sie braucht einen Winterschutz und außerdem viel Platz. Efeu *(Hedera helix)* mag etwas langweilig klingen, doch es gibt viele Sorten mit attraktiv panaschiertem Laub, etwa 'Goldherz'.

Immergrüne Kletterer für Süd- und Westwände Der etwas empfindlichere kanarische Efeu *(Hedera canariensis)* hat viele Sorten mit cremefarbig gezeichneten Blättern. Attraktiv ist der Sternjasmin *(Trachelospermum jasminoides)*, der sauren Boden verlangt. Kletternder Nachtschatten *(Solanum jasminoides)* und sein Verwandter, der chilenische Nachtschatten (*S. crispum* 'Glasnevin'), sind beliebt und mit den violetten Blüten dekorativ, beide werfen aber im Winter das Laub ab.

▶ *Auch Töpfe kann man in der Höhe staffeln. Hier fällt der hohe Kübel durch das panaschierte Laub der Pelargonien besonders ins Auge.*

Nichts als Kübel

In winzigen Gärten und in Dachgärten können Pflanzen ausschließlich in Kübeln gehalten werden. Ist mehr Platz vorhanden, könnte man in der Mitte des Gartens oder an der Seite auch ein Hochbeet bauen. Dadurch erhöht sich die Zahl der Arten, die gepflanzt werden kann, erheblich.

Kübel auf kleinem Raum anordnen

Zuerst müssen Sie ein Sortiment Kübel kaufen, das gut in den Garten passt und auch mit den umgebenden Mauern harmoniert. Tipps zu Auswahl und Einkauf der Kübel finden Sie auf Seite 74–81. Am besten wirken Kübel, wenn man sie in Gruppen arrangiert. Skizzieren Sie den Garten maßstabsgetreu auf Kästchenpapier, und zeichnen Sie alle fixen Elemente wie Türen, Fenster, Mauern, Zäune, Wasserhahn und Außensteckdosen ein. Legen Sie die Positionen der Kübel fest, und zeichnen Sie sie mit Kreide auf den Boden des Gartens, um eine konkretere Vorstellung zu bekommen, oder stellen Sie provisorisch Papierkörbe auf. Gehen Sie umher, und verändern Sie die Anordnung nach Belieben. Kübel kann man auch später noch umstellen, schwerer wird es, wenn sie mit Substrat gefüllt sind. Ideal sind Kübel in Gruppen mit ungerader Anzahl und unterschiedlicher Größe und Höhe. Noch wichtiger sind diese Vorbereitungen natürlich, wenn Sie ein Hochbeet bauen möchten.

◀ *Die Kletterhortensie* (Hydrangea petiolaris) *wächst und blüht auch an einer Nordwand. Sie muss regelmäßig zurückgeschnitten werden.*

Ein Gerüst aus Pflanzen Jeder Garten braucht ein Gerüst aus Pflanzen, und im Idealfall übernehmen Bäume und Sträucher diese dauerhaft tragende Rolle. Eine gute Möglichkeit für den kleinen Kübelgarten sind Obstbäume, die auf einer speziellen, sehr schwachwüchsigen Unterlage veredelt sind. Sie sind zwar nicht ganz billig, doch sie danken etwas liebevolle Pflege mit zauberhaften Frühlingsblüten und Früchten im Herbst.

Sommergrüne Kletterpflanzen und Wandsträucher

Wer die Wände nicht unbedingt ganzjährig begrünen möchte, hat die Wahl zwischen vielen schönen sommergrünen Arten. Geeignete Kletterpflanzen für den Kübel sind beispielsweise Clematis, Jungfernrebe *(Parthenocissus)* und echter Jasmin *(Jasminum officinale)*, der in milden Lagen halbimmergrün ist, aber nach der Blüte kräftig zurückgeschnitten werden muss.

Zu den besten Wandsträuchern gehören die Kletterrosen, die während des ganzen Sommers und bis in den Herbst hinein mit Farbe und Duft betören. Die Sorte 'Iceberg' blüht, sofern der Herbst mild war, oft noch bis zum ersten Frost. Einige Rosen gedeihen sogar an einer Nordwand, allerdings meist nur einmal im Jahr. Ein ausgezeichneter selbstklimmender Wandstrauch ist die Kletterhortensie *(Hydrangea petiolaris)*. Sie trägt im Sommer weiße Blütendolden und hat dunkelgrünes Laub, das sich im Herbst gelb färbt.

Farbe und Form Unabhängig von persönlichen Vorlieben sollten Farben und Formen im Kübelgarten ausgewogen sein. Wählen Sie attraktive Pflanzgefäße, und achten Sie auf Abwechslung bei Blattformen und -farben. Denken Sie auch an zwei oder drei immergrüne Blattpflanzen, die im Winter für Farbe sorgen, sowie an höhere Pflanzen oder Sträucher zur optischen Auflockerung. Geeignet wären Lorbeerbäumchen in Kübeln und Töpfe mit gold- oder rotlaubigen Kräutern, die in Gruppen interessante Kontraste ergeben.

▲ Töpfe mit hohen Pflanzen, als Reihe auf einer halbhohen Mauer aufgestellt, wirken wie eine Hecke, die Durchblicke in den Bereich dahinter erlaubt. Hier werden die senkrecht aufragenden Königskerzen durch Nelken, Hosta, Veronika, Euphorbien und Iris ergänzt.

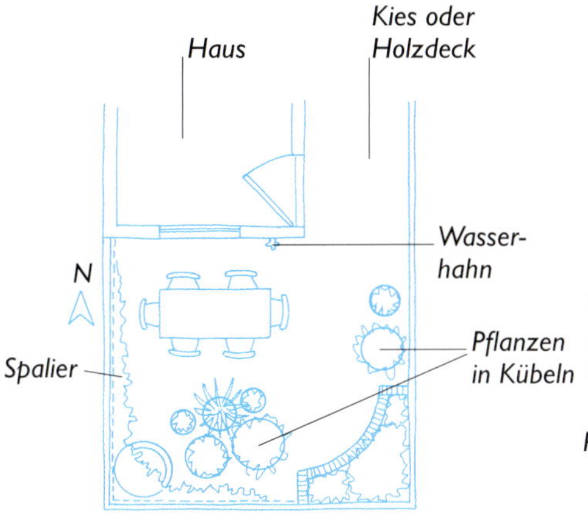

▲ Dieser Grundriss zeigt Gruppen von Kübeln und ein kleines Hochbeet in einer Ecke. Freier Zugang zum Tisch ist hier gewährleistet.

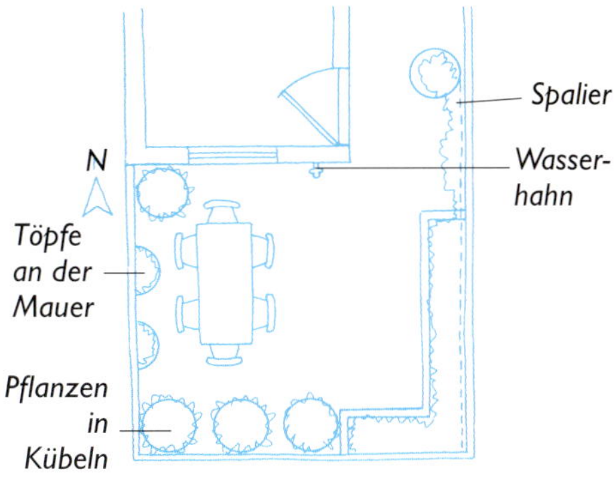

▲ Das L-förmige Hochbeet schafft Platz für viele Pflanzen. Töpfe mit bunten Einjährigen an der Mauer lenken den Blick in die Höhe.

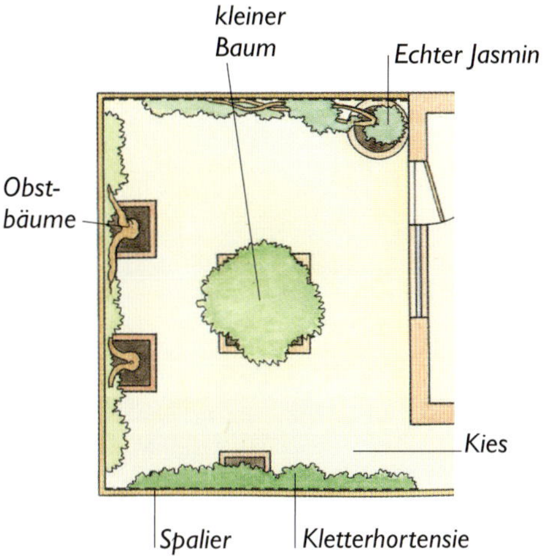

▲ In ein Hochbeet in der Mitte des Gartens kann man sogar einen Baum als Blickfang pflanzen, etwa Fächerahorn (Acer palmatum).

Pflanzen und Arrangieren

Sind die Hauptelemente des Kübelgartens – Bäume, Sträucher und Kletterpflanzen – verteilt, kommen die übrigen Pflanzen an die Reihe. Mit wenig Pflegeaufwand lassen sich Kräuter, Obstgehölze und sogar Gemüse im Kübel heranziehen.

Benutzen Sie den Garten nur im Sommer? Brauchen Sie also nur bunte, einjährige Sommerblumen? Oder wollen Sie in einige Kübel auch frühe Zwiebelblumen oder einige Stauden setzen? Möchten Sie Kräuter, Obst oder Gemüse ziehen? Lieben Sie Duftpflanzen? Oder hätten Sie gern Töpfe mit leuchtenden Einjährigen an der Mauer? Das sind nur einige der Möglichkeiten.

Ehe Sie zum Pflanzenkauf aufbrechen, sollten Sie auch überlegen, wie lange der Garten farbig und interessant sein soll. Es ist ganz einfach, Kübel und Töpfe mit Sommerblumen zu bepflanzen und sie kurzerhand einfach zu vergessen, wenn sie beim ersten Frost absterben. Man könnte die Sommerblumen auch durch Herbstblumen ersetzen. Mit etwas Pflege und Überlegung kann so der Kübelgarten rund ums Jahr mit leuchtenden Farben aufwarten. Ideen für die Herbst- und Winterbepflanzung finden Sie auf Seite 176–193.

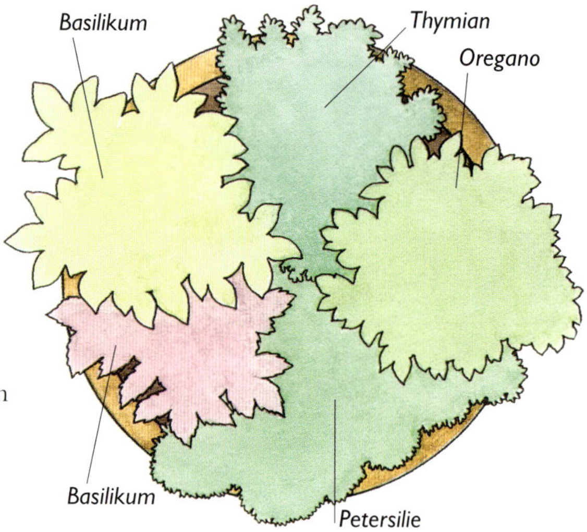

◀ Frostempfindliche Kräuter, in kleinen Töpfen gekauft, eignen sich gut für die Kübelbepflanzung. Thymian und Oregano überstehen den Winter auch im Freien, wenn sie vor Frost geschützt werden.

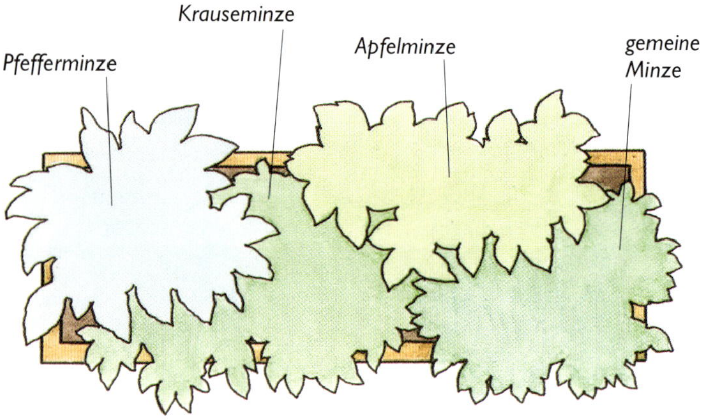

◀ Ein Kasten mit verschiedenen Minzearten bereichert das Würzrepertoire. Blattformen und -farben der Arten sind verblüffend unterschiedlich.

Kräuterbeet im Kübel

Viele Gärtner ziehen Kräuter in Kübeln, und selbst der winzigste Terrassengarten sollte wenigstens einen Topf für Küchenkräuter beherbergen. Einige Kräuter, darunter Minze, sind im Kübel sogar besser aufgehoben, weil sie im offenen Beet zum Wuchern neigen. Andere Kräuter sind frostempfindlich und müssen im Herbst ins Haus geholt oder mit Vlies geschützt werden.

Beschränken Sie sich anfangs auf die unkomplizierten Kräuter, die während des ganzen Sommers geerntet werden: Petersilie, Thymian, Basilikum und Oregano. Perfekt sind auch die vielen Minzearten, darunter Pfefferminze, Krauseminze, Apfelminze und Bowles' Minze. Schnittlauch ist dekorativ und würzt sommerliche Suppen, während strauchige Kräuter wie Rosmarin und Lorbeer dem Kräuterkübel mehr Struk-

◀ Schnittlauch mit dem milden Zwiebelaroma gedeiht gut im Topf. Die essbaren Blüten kann man als Dekoration verwenden. Petersilie sät man am besten mehrmals portionsweise während des Sommers aus, sodass immer frische Blätter geerntet werden können.

Himbeeren zu ziehen ist nicht einfach, denn sie brauchen Platz, um sich auszubreiten. Günstiger sind Zuchtformen wie Boysenbeeren oder Kulturbrombeeren, die sich auch an einer Wand ziehen lassen. Heidelbeeren gedeihen gut im Kübel, sofern sie in Moorbeeterde (sauer) gepflanzt werden. Erdbeeren sind unkompliziert, oft werden sie bereits in Töpfen oder Ampeln verkauft. Gut geeignet sind die traditionellen Erdbeertöpfe, man kann aber ebenso andere Gefäße verwenden. Hübsch sieht es aus, wenn man Töpfe auf Treppen aufstellt oder zu Pyramiden anordnet, von denen die Früchte herabhängen.

tur geben. Wer mehr Ehrgeiz hat, kann auch einen Kübel mit duftenden, sonnenhungrigen Kräutern bepflanzen, etwa Thymian, Oregano, Majoran, Rosmarin und Salbei. Letzteren gibt es in vielen Sorten, etwa mit silbrigen, grünen, violetten und panaschierten Blättern.

Gemüse ziehen

Selbst auf einer kleinen Terrasse können Sie Gemüse ernten. Erbsen und Stangenbohnen gedeihen gut in Kübeln, wenn man sie an Pyramiden aus Stangen zieht. Dadurch gewinnt der Garten einerseits an Höhe, andererseits sehen Sorten mit gelben oder violetten Früchten besonders dekorativ aus. Auch Salatsorten mit ihren vielen Farben und Blattformen eignen sich gut für den Kübel. Inzwischen gibt es sogar spezielle Zwergsorten, die eigens für die Kübelkultur gezüchtet wurden.

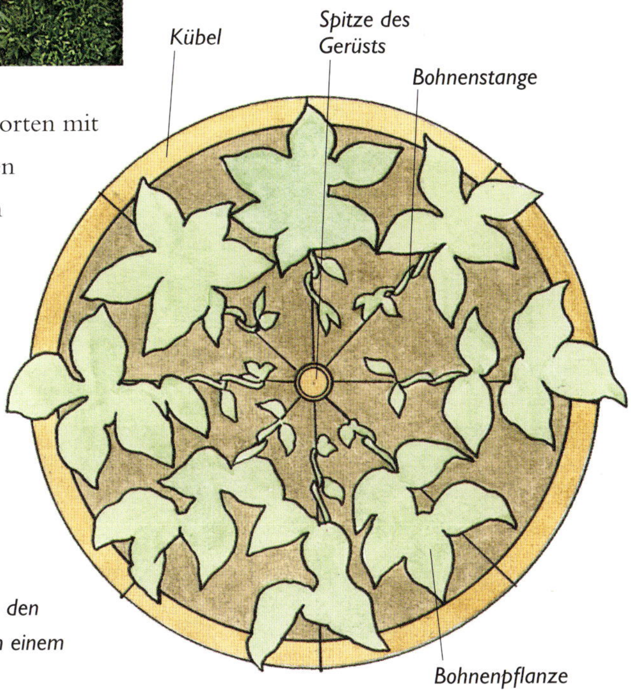

▶ Stangenbohnen pflanzt man an den Rand eines Kübels und zieht sie an einem Zeltgerüst aus Bambusstäben.

Kübel gruppieren

Einer der Vorteile von Pflanzkübeln ist, dass man sie umstellen kann, um neue Kombinationen auszuprobieren. Sie können auch drei gleiche Pflanzen, etwa hängende Lobelien oder Petunien, in Töpfe unterschiedlicher Höhe setzen, sodass jede von ihnen anders wirkt.

Sind in einem Garten zahlreiche Kübel und Töpfe vorhanden, könnte man einige auf eine Pflanzentreppe (Etagère) stellen. So erscheinen mehrere Reihen hintereinander, und es entsteht ein breites, farbiges Band. Diese Technik eignet sich auch gut, um den Garten in Bereiche zu gliedern. Manche Gärtner stellen Töpfe mit Gemüsepflanzen auf diese Weise auf, alternativ könnte man aus hängenden Pflanzen eine blühende Kaskade gestalten. Es ist sogar möglich, eine Hecke in Kübeln wachsen zu lassen, die einen Gartenraum abgrenzt. Dazu werden die Töpfe auf Sockel gestellt und mit kleinen Sträuchern bepflanzt, vielleicht mit herrlich duftendem Lavendel.

▲ Rankende Kapuzinerkresse gehört zu den beliebtesten Einjährigen. Hier sieht sie fast aus wie Flammen, die aus der Mündung einer alten Kanone schlagen. Blätter und Blüten sind essbar, zudem vertreibt Kapuzinerkresse verschiedene Schädlinge und eignet daher sich gut für gemischte Pflanzungen.

Von den Floristen lernen

Zu den Grundregeln der Floristik gehört, dass erst durch Variationen in Höhe und Farbe ein ausgewogenes Bild entsteht. Diese Regel kann der Kübelgärtner übernehmen und vereinfacht in vergrößertem Maßstab anwenden. Es wäre aber ein Fehler, Höhenunterschiede durch verschiedene Pflanzenarten erzielen zu wollen, wie man es in einem klassischen Staudenbeet täte. Vielmehr sollte die Größe des Kübels die Höhe des Arrangements bestimmen. Dabei kann alles verwendet werden – vom Minitopf bis zur wuchtigen Amphore. Gruppen

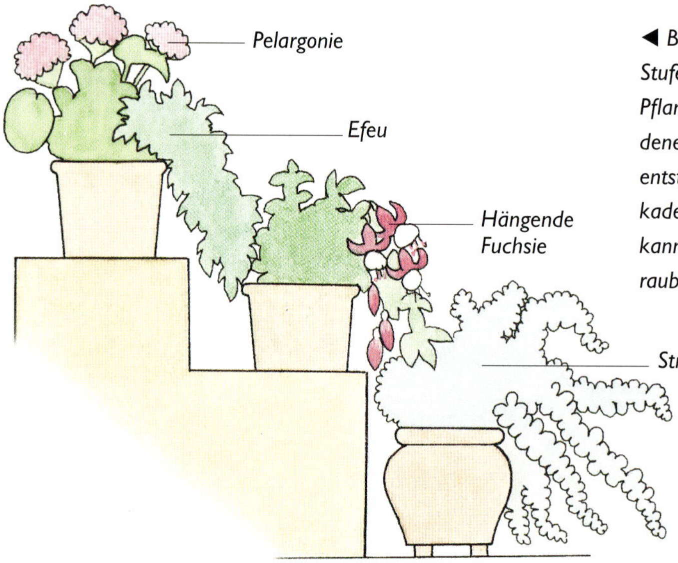

◀ Bepflanzt man Töpfe auf Stufen oder einer speziellen Pflanzentreppe mit verschiedenen hängenden Arten, entsteht eine blühende Kaskade. So ein Arrangement kann im Sommer atemberaubend aussehen.

Hängende Pflanzen

Viele Pflanzen hängen von Natur aus über Mauern und Stufen herab, andere wurden speziell für Ampeln und Blumenkästen gezüchtet. Kleinblättriger Efeu wie *Hedera helix* 'Glacier' (dunkelgrün mit weißen Rändern) oder *H. h.* 'Green Ripple' (dunkelgrün und zugespitzt) sind schöne Immergrüne. Als Einjährige bieten sich an: hängende Petunien (vor allem die Zuchtsorten Kaskade und Surfinia), hängende Fuchsien und Verbenen.

mit einer ungeraden Anzahl von Kübeln sehen generell besser aus als solche mit gerader Zahl. Zudem sollten auch die Kübel miteinander harmonieren. Bunt bemalte Eimer und große Dosen mögen am richtigen Platz eine originelle Idee sein und einen exzentrischen Akzent setzen – vielleicht auf einer Fensterbank in der Stadt. Sie passen aber nicht zu gealterten Terrakottakübeln vor einer Ziegel- oder Natursteinwand.

Den Garten wachsen lassen

Was auch immer Sie planen, wie sorgfältig Sie die Gefäße und Pflanzen für den Garten auch auswählen, Sie werden feststellen, dass sich Ihre Ideen im Laufe der Zeit verändern. Ich habe schon betont, dass das Gärtnern Geduld verlangt und dass Pflanzen Zeit zum Wachsen brauchen. Nur durch Erfahrung lernen Sie, welche Arten in Ihrem Garten gut gedeihen – und welche nicht. Konzentrieren Sie sich auf die ersteren, Ihr Garten wird davon profitieren.

Eine der treffendsten Beschreibungen für manche Stadtgärten beinhaltet der Begriff „Schrumpfrasensyndrom". Der begeisterte Gärtner möchte laufend neue und andere Pflanzen ausprobieren, die Beete werden immer größer und die Rasenfläche immer kleiner. Ähnliches gilt für manche Kübelgärten. Allzu gern möchte man noch mehr Kübel hineinzwängen, um weitere Pflanzen kultivieren zu können.

▶ *Lavendel ist ein niedriger Strauch, der gut im Kübel gedeiht. Im Frühling sollte er kräftig zurückgeschnitten werden.*

Thematische Bepflanzung

Alle Hobbygärtner suchen Möglichkeiten, ihren Garten reizvoller zu gestalten, beispielsweise indem man ein Thema wählt und dies von Kübel zu Kübel variiert. So entsteht eine ansprechende, optische Spannung, die der Schlüssel gelungener Gartengestaltung ist.

Ideen für duftende Kübel

Eines der besten Themen für einen sommerlichen Kübelgarten ist der Duft. Es gibt eine Fülle duftender Pflanzen, darunter auch Kletterer und Einjährige, und viele schöne Sorten lassen sich in Kübelgärten unterschiedlichen Stils bestens integrieren.

Als duftende Kletterpflanzen eignen sich, sofern ausreichend Platz vorhanden ist, *Clematis armandii* und Blauregen *(Wisteria sinensis)*. Neu gepflanzter Blauregen muss sorgfältig beschnitten werden. Zu den duftenden Kletterrosen zählen 'Golden Showers' (gelb), 'Maigold' (bronzegelb) und 'Zéphirine Drouhin' (rosa), die alle auch in Schattenlagen und an Nordwänden gedeihen. 'Compassion' (rosa-gelblich), 'Climbing Ophelia' (zartrosa), 'Constance Spry' (dunkelrosa) und 'Sympathier' (karminrot) sind ebenfalls gute Duftrosen. 'Climbing Iceberg' und 'White Cockade' sind zwei zauberhafte, weiße Kletterrosen, die sich speziell für den kleinen Stadtgarten eignen, aber nicht so intensiv duften.

Unter den Duftsträuchern dürfen Floribunda-Rosen nicht fehlen, etwa 'Margaret Merril' (weiß) und 'English Miss' (rosa). Auch Lavendel mit silbrig grünem Laub und blauvioletten oder blassfliederfarbenen Blüten gehört dazu. Seidelbast *(Daphne odora)* ist eine Immergrüne mit dunkelvioletten oder weißlichen Blüten im Spätwinter und zeitigen Frühling. *Sarcococca hookeriana* braucht sauren Boden, ebenso die zahlreichen Rhododendren, darunter *Rhododendron luteum* mit duftenden, gelben Blüten. Der Schneeball *(Viburnum carlesii)* trägt rosafarbene Knospen, die sich zu weißen,

◀ *Duftpflanzen eignen sich für eine Gruppe, auch wenn sie zu unterschiedlichen Jahreszeiten blühen. Die Kübel können immer an ihrem Platz bleiben oder bei Bedarf umgestellt werden.*

1. Rose 'English Miss'
2. Schneeball
3. Rosmarin
4. Rose 'Margaret Merril'
5. Nelken
6. Seidelbast
7. Heliotrop
8. Nelken
9. Maiglöckchen
10. Blauregen

duftenden Blüten öffnen. Rosmarin *(Rosmarinus officinalis)* hat duftendes Laub und trägt im Frühling blauviolette Blüten.

Zu den schönsten Duftstauden zählen altmodische Nelkensorten *(Dianthus)* wie 'Mrs Sinkins' mit ihren fiedrigen weißen Blüten. Daneben gibt es eine Fülle anderer Nelkensorten in vielen Farben mit dem charakteristischen Gewürznelken-Duft. Auch Maiglöckchen *(Convallaria majalis)* duften intensiv.

Eine spektakuläre Knollenpflanze ist die weiß blühende Königslilie *(Lilium regale)*. Die Stiele müssen gestützt werden, erfüllen aber einen kleinen Garten schnell mit ihrem schweren Duft.

Duftende Einjährige Viele Einjährige duften intensiv. Ganz oben auf der Liste steht der Ziertabak *(Nicotiana)*, daneben duften auch Ringelblumen, Phlox und Levkojen *(Matthiola)* angenehm. Ausgezeichnete Duftkräuter sind Heliotrop *(Heliotropium arborescens)*, Nachtviole *(Hesperis matronalis)*, Ysop *(Hyssopus officinalis)*, Bergamotte *(Monarda* spp.) mit scharlachroten Blüten, Süßdolde *(Myrrhis odorata)* sowie Duftblattpelargonien.

Unter den blühenden Heilkräutern sind Steinquendel *(Calamintha grandiflora)*, Kalifornischer Kappenmohn *(Eschscholzia)*, Kornblumen *(Centaurea cyanus)* und Grasnelke *(Armeria maritima)* zu erwähnen, die alle in den Sommermonaten blühen.

Grau- oder silberlaubige Pflanzen sollten in keinem Pflanzschema fehlen. Zu den schönsten gehören Wollziest *(Stachys byzantina)*, Lavendel, die verschiedenen Beifuß- und Wermutarten *(Artemisia)* sowie das Greiskraut *(Senecio)*.

KÜCHENGARTEN IM KLEINFORMAT

Gemüse ist auch ein denkbares Thema für den Kübelgarten. Viele Arten gedeihen ausgesprochen gut im Kübel, die besten werden auf den Seiten 194–211 vorgestellt. Außerdem sehen Gemüsepflanzen keinesfalls immer langweilig aus. Viele haben attraktive Blätter, manche sind auch mehrfarbig panaschiert. Violette Bohnen sind auch sehr hübsch. Ein Kübel voller Gemüse, überragt von leuchtend roten Kirschtomaten, sorgt ganz sicher für Gesprächsstoff.

▶ Eine Gruppe aus duftenden, Kräutern und feinen Gemüsesorten.

1. Kalifor. Kappenmohn
2. Grasnelke
3. Duftblattpelargonien
4. Roter Mangold
5. Schnittlauch
6. Panaschierte Minze
7. Heliotrop
8. Bergamotte
9. Mondviole
10. Kornblume
11. Wollziest
12. Beifuß
13. Süßdolde
14. Pelargonien
15. Rote Bete
16. Grasnelke

Kübel für Terrasse und Hof

Terrasse und Hof sind nicht das Gleiche. Ein Gartenhof ist klein, hat einen gepflasterten Boden und ist meist von Mauern umschlossen. Unter Terrasse versteht man dagegen meist einen Sitzbereich zwischen Haus und Garten. Aber beide bieten Platz für Kübel und Kästen.

Planung und Entwurf

Wieder steht die Platzfrage an erster Stelle. Messen Sie Hof oder Terrasse aus, und fertigen Sie eine maßstabsgetreue Skizze an. Dann werden Tisch und Stühle eingezeichnet. Wer schon Gartenmöbel besitzt, sollte sie aufstellen und probieren, ob sie gut passen.

Nachdem die Stellplätze für die Möbel festgelegt sind, können Sie sich mit der Dekoration von Hof oder Terrasse beschäftigen. Auch dabei spielt das Platzangebot eine Rolle. Es macht keinen Sinn, so viele Kübel aufzustellen, dass man sich nicht mehr bequem bewegen und Tabletts, Teller oder Gläser transportieren kann. Setzen Sie Prioritäten: Was ist der Hauptzweck der Terrasse? Soll sie eher Treffpunkt für Gäste oder hauptsächlich Miniaturgarten sein? Geht es Ihnen um den Sitzplatz, dann muss die Bewegungsfreiheit der Benutzer im Vordergrund stehen.

Geeignete Pflanzen

Es macht Spaß, Hof oder Terrasse mit Kübeln voller Pflanzen in ein farbenfrohes Zimmer im Freien zu verwandeln. Einige Aspekte sollten Sie bei der Pflanzenwahl aber beachten. Platzieren Sie Rosen, Euphorbien und Raute nicht so,

◀ Strauchrosen und Frauenmantel in einem modernen Kübel bilden einen hübschen Kontrast zu der schlichten Terrasse.

dass man sie versehentlich oft streift. Rosen haben Stacheln, Euphorbien und einige andere Pflanzen können bei Hautkontakt Reizungen oder Ausschlag verursachen, vor allem bei Sonnenschein. Fragen Sie vor dem Kauf in der Gärtnerei lieber nach. Andere Pflanzen hingegen geben erst bei Berührung ihren Duft frei und dürfen oft berührt werden. Gute Beispiele sind Duftblattpelargonien und Zitronenverbene. Solche Pflanzen sind nah am Sitzplatz ein Gewinn.

▲ *Der Tisch ist so aufgestellt, dass rundum reichlich Platz bleibt. Im Beispiel rechts sind die Pflanzen dem Tisch näher.*

▲ *In einem kleinen Garten reicht der Platz selten für einen großen Tisch. Eventuell passt ein rundes Modell besser.*

Abgrenzung

Ist die Terrasse groß genug, kann man sie durch eine Hecke in Kübeln vom angrenzenden Rasen trennen. Gut geeignet ist eine Reihe immergrüner Koniferen, die allerdings im Sommer etwas langweilig aussehen und auch recht teuer sind. Leuchtende Pelargonien, kombiniert mit Efeu und hängenden Lobelien, eignen sich für eine Sommerbarriere in formalen wie in zwanglosen Gefäßen.

Es wäre auch denkbar, ein Spalier als Sichtschutz aufzustellen, vielleicht mit einem Rundbogen, der von Kübeln oder einer kleinen Hecke flankiert ist. Das sieht sehr gut aus. Neben Buchsbaum eignet sich Lavendel für eine niedrige Hecke sehr gut; er duftet wunderbar und wird nach der Blüte zurückgeschnitten. Eine höhere Hecke ist ungünstig, weil sie einerseits dem Haus Licht nimmt und andererseits die reizvollen Ausblicke auf den Garten versperrt.

▶ *Ein Kübelgarten auf einer Ausstellung mit Schopflavendel, Akelei, Zierlauch und Fingerhut (von links unten nach rechts oben).*

Einen Gartenhof planen

Bei der Planung eines Gartenhofs ist besondere Sorgfalt nötig. Vielleicht reicht der knappe Platz gerade für ein paar Kübel neben der Hintertür aus. Messen Sie genau und überlegen Sie, was machbar und wünschenswert ist. Dann versuchen Sie, Ihre Pläne umzusetzen.

Mit Kübeln Räume schaffen

Wenn der Platz ausreicht, könnten Sie die Form des Hofes manipulieren, beispielsweise ihn teilen, durch Gruppen von Kübeln die Ecken abrunden, Kübel in weichen Kurven und unterschiedlichen Höhen aufstellen, um für optische Abwechslung zu sorgen.

Kleine Höfe unterteilen Bei Doppelhäusern und manchen Reihenhäusern befindet sich seitlich vom Haus ein Durchgang. Führt man die Linie von der Hausecke bis zum Ende des Grundstücks mit Kübeln oder einem Spalier fort, wird die Fläche automatisch unterteilt. Fällt genug Sonne in den Gartenhof, könnte man eine Hälfte mit farbenfrohen, sonnenhungrigen Pflanzen gestalten und für die andere Hälfte Schattenpflanzen wählen. Denkbar ist auch, den Bereich durch eine „Hecke" aus Kübeln oder aus Töpfen auf einem Unterbau zu gliedern. Auf einer Seite könnte man Blumen pflanzen, auf der anderen Kräuter, von denen viele auch im Halbschatten gedeihen. Die genaue Unterteilung richtet sich nach der Größe und Form des Gartenhofes und nach der Himmelsrichtung.

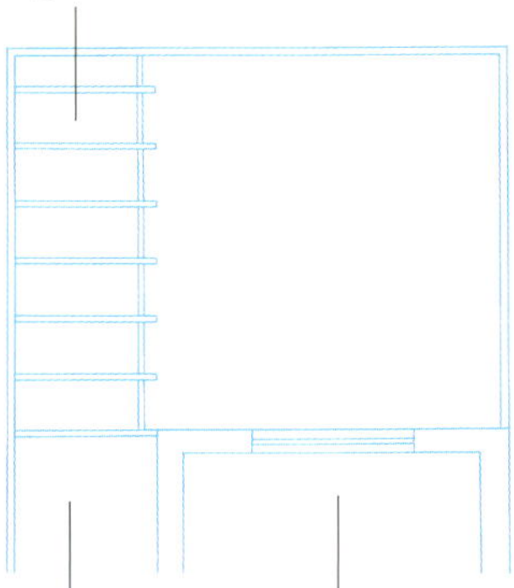

▲ *Der seitliche Durchgang neben einem Doppelhaus setzt sich unter der Pergola bis ans Ende des Grundstücks fort.*

▲ *Im Bogen aufgestellte Töpfe schaffen weiche Konturen. Lassen Sie einen schmalen Weg hinter ihnen frei.*

Ecken abrunden

Ist eine Unterteilung nicht möglich, kann man die Form des Gartenhofs verändern, indem man an den Grenzen Kübel unterschiedlicher Höhe in gerundeten Linien aufstellt. Platziert man die höchsten Gefäße der Tür gegenüber und stuft sie zur Tür hin kleiner werdend ab, wirkt der Bereich breiter und interessanter. Ein kleines Wasserspiel in einer Ecke, halb versteckt zwischen zwei Kübeln mit Hosta, kann den Minihof ebenfalls verzaubern. Sie könnten auch Töpfe mit Solitärpflanzen und größere Tröge voll Salat in verschiedenen Farben kombinieren oder eine Gruppe von Salbei mit hübschen, mehrfarbigen Blättern wählen, die auch in der Küche von Nutzen sind. Besonders attraktiv sind *Salvia officinalis* 'Purpurascens' und *S. o.* 'Tricolor'.

Ein Hauch von Asien Schön sind einzelne Töpfe mit immergrünen Gräsern, die auch im Winter ansehnlich bleiben. Weil sich die Halme beim kleinsten Windhauch biegen, sorgen sie außerdem für sanfte Bewegung und eine beruhigende Geräuschkulisse. Gartenhöfe in der Stadt sind oft sehr geschützt und gewinnen durch die Bewegung von Pflanzen oder einem Wasserspiel.

Wände bekleiden In einem winzigen Gartenhof mag der Platz nicht für große Kübel ausreichen, jedoch könnte man die Wände begrünen, wenn man Wandsträucher in Einzelcontainern wie eine Hecke aufstellt. Auch Efeu gedeiht gut in Kübeln. Er bedeckt Mauern schnell und bildet einen immergrünen Hintergrund für Blühpflanzen. Die schönsten Gärten, selbst wenn sie sehr beengt sind, profitieren von einem Thema.

Ein Thema finden

Wer Einjährige verwendet, könnte ein Farbthema wählen, etwa abgestufte Schattierungen von Pink über zartes Rosa bis zu Weiß. Für frühe Zwiebelblumen bietet sich die Palette der Gelbtöne an.

Man könnte die Pflanzen in separaten Gefäßen auch der Größe nach abstufen. Dabei sollten jeweils einige Arten gleichzeitig in Blüte stehen. Eine weitere Möglichkeit ist eine Auswahl mittelalterlicher Heilpflanzen. Ein begeisterter Koch wird sich für Töpfe und Kübel mit Kräutern entscheiden, dazu vielleicht einige Arten, die in den Abendstunden duften. All diese Pflanzideen machen einen Garten ganz unabhängig von seiner Größe interessanter. Mit etwas Fantasie wird der Gärtner durch enge Grenzen und wenig Platz gar nicht so stark eingeschränkt.

▲ *In dem kleinen Stadtgarten rahmen Petunien eine exotische Keulenlilie ein.*

▼ *Eine angenehm zurückhaltende Farbkombination mit Kandelaberprimeln, Steinkanten, weißem Kies und einer hellen Bank.*

Kübel auf Pflaster

In fast jedem Garten gibt es gepflasterte Bereiche, die durch einige Kübel gewinnen können. Im Gegensatz zum Gartenhof bildet die Pflasterung – etwa Treppen, Terrassen und ein Sitzrondell – hier nur einen Teil des Gartens, sodass Pflanzen und Kübel zur Gesamtanlage passen sollten.

Die Terrasse hinter dem Haus

In vielen Gärten findet man gleich bei der Hintertür einen gepflasterten Bereich, durch den man in den Garten gelangt. Leider übersehen Gärtner diesen Platz oft, doch er lässt sich vielfältig nutzen. Am einfachsten ist es, zwei oder drei Kübel mit Kräutern aufzustellen. So sind frische Kräuter für die Küche schnell zur Hand, niemand muss für etwas frische Petersilie weite Wege gehen. Im Idealfall liegt dieser Bereich in der Sonne, weil dann auch empfindliche Mittelmeerkräuter gut gedeihen. Man könnte den Platz auch als Sommerquartier für Zimmerpflanzen verwenden. Frische Luft tut Zitronenbäumchen, Clivien und vielen anderen Arten gut.

Ist der gepflasterte Bereich recht groß, kann er mit Kübeln vom restlichen Garten abgegrenzt werden, sodass der Eindruck eines separaten Raums entsteht. Einige Kübel kann man mit Immergrünen bepflanzen, nach Geschmack aber auch mit bunten Einjährigen, etwa Stiefmütterchen im zeitigen Frühjahr und leuchtenden Pelargonien im Sommer. So ist der Ausblick aus dem Küchenfenster gleich viel fröhlicher.

◀ Ein kunstvoll angelegtes Wasserbecken mit passenden Bänken. Die fantasievolle Bepflanzung ist sehr attraktiv.

Pflanzen am Wasser

Auch am Rand von Swimmingpools und Zierbecken kann man Kübel mit lebhaften Einjährigen wie Petunien und Pelargonien aufstellen. Am Swimmingpool müssen die Pflanzen in sicherem Abstand zum Wasser stehen. Wählen Sie nur Arten, die bei Hautkontakt keine

Reizungen verursachen. Viele vorgefertigte Wasserspiele werden mit integrierten Beeten geliefert; das Foto auf Seite 42 zeigt ein Beispiel. Durch eine Rinne fließt das Wasser in ein Zinkbecken, seitlich der Rinne liegen Beete, die wie Miniaturstaudenbeete mit Ziest, Zwergrosen, *Hosta, Sedum* und anderen bepflanzt sind. So eine Anlage sieht edel aus und lässt eine gepflasterte Fläche gleich viel lebendiger wirken.

Stufen und Treppen dekorieren

Viele Gärten haben verschiedene Ebenen. Für den Gärtner ergibt sich daraus die wunderbare Möglichkeit, die Stufen mit Kübeln voll leuchtender Sommerblumen zu dekorieren, die auf die Bepflanzung des übrigen Gartens abgestimmt werden können. Werden einige Immergrüne integriert, vielleicht rankender Efeu, sehen die Kübel auch im Winter nicht kahl aus. Neben vielen Treppen kann man sogar kleine Spaliere errichten, an denen Kletterpflanzen wie Clematis in die Höhe wachsen. Auf Backsteintreppen an alten Häusern sehen einzelne Pflanzen in einfachen Tonblumentöpfen sehr stimmig aus. Generell sollten Pflanzen und Gefäße zur Umgebung passen.

Kräuterkosmetik

Im 13. und 14. Jahrhundert wurden Kräuter vor allem von Mönchen für Heilzwecke verwendet. Hofdamen benutzten sie aber auch zur Pflege von Haut und Haar. Viele waren beliebt, um Pickel und Sommersprossen zu bekämpfen. Alpenveilchen und Brunnenkresse verwendete man als Haarwuchsmittel, Kamillenaufguss sollte blonden Haaren mehr Glanz geben. Ungarisches Wasser, ein alkoholischer Auszug von Rosmarin, war die erste Schönheitslotion. Angeblich soll sie Königin Isabella von Ungarn bis ins hohe Alter ihre Schönheit bewahrt haben.

Tote Winkel nutzen

Manche Teile von Gärten werden kaum genutzt, vor allem die seitlichen Durchgänge zwischen Stadthäusern. Weil hierher nur wenig Licht einfällt, eignen sie sich ausschließlich für Schattenpflanzen. Das gibt ambitionierten Gärtnern die Möglichkeit, ihr Pflanzenspektrum zu erweitern. Für solche Bereiche eignen sich verschiedene Farne, mehrere Hosta-Arten, Lungenkraut sowie großes und kleines Immergrün *(Vinca major* und *minor).*

▲ *Alle Elemente eines Gartens sollten aufeinander abgestimmt sein. Hier zieren nach Maß gebaute Kästen eine moderne Treppe.*

▼ *Auf dem gepflasterten Plätzchen können Zimmerpflanzen „Sommerurlaub machen".*

Kübel im Hof

Der Begriff Hof ist vieldeutig und lässt auch an die grandiosen Außenanlagen königlicher Schlösser denken, mit großen Kiesflächen, geraden Baumreihen und dazwischen Kübeln mit Blumen und kleineren Sträuchern. Mit etwas Fantasie lässt sich solch ein Ambiente auch im eigenen Hof schaffen.

Der umfriedete Gartenhof

Die Stimmung ist kühl und friedlich, den wichtigsten Blickfang bildet eine Statue oder ein Springbrunnen im Zentrum. Anblick und Klang des Wassers tragen zur friedlichen Atmosphäre bei. Nur wenige Gärten sind so groß wie ein königlicher Park, doch in vielen lässt sich ein formaler Bereich gestalten, mit Arkaden oder Pergolen voll grüner Kletterpflanzen wie Goldhopfen (*Humulus lupulus* 'Aureus') und vielleicht einer klassischen Sonnenuhr oder einem kleinen Brunnen in der Mitte. Für einen solchen Effekt stellen Sie gleiche Kübel an jedem Fuß des Bogens auf. Die gewählten Kletterpflanzen werden in geeignetes Substrat gepflanzt und an den Bogen gebunden. Optimal ist ein Farbschema in Grün mit weißen Akzenten.

Der formale Hof

In einem formalen Gartenhof liegt der Schwerpunkt auf der Raumaufteilung. Wie im Knotengarten aus dem elisabethanischen Zeitalter basieren auch heutige Anlagen auf streng geometrischen Mustern und der exakten Anordnung aller Elemente innerhalb der Mauern. Dient der Hof als Eingangsbereich, darf natürlich der Zugang zum Haus nicht behindert werden. In diesem Fall sollten die gedachten Linien zwischen Bäumen und Kübeln den Eindruck von Räumen erwecken, sodass beispielsweise ein großer „Empfangsraum" in der Mitte liegt, umgeben von mehreren „Vorzimmern". Das gelingt, indem man formale Immergrüne wie Lorbeerbäumchen *(Laurus nobilis)* oder Koniferen in exakten Reihen aufstellt und mit Kübeln abwechselt,

◀ *Ein formaler Gartenhof mit üppigen Sträuchern und Blühpflanzen. Die Aphrodite passt ausgezeichnet in diese Komposition.*

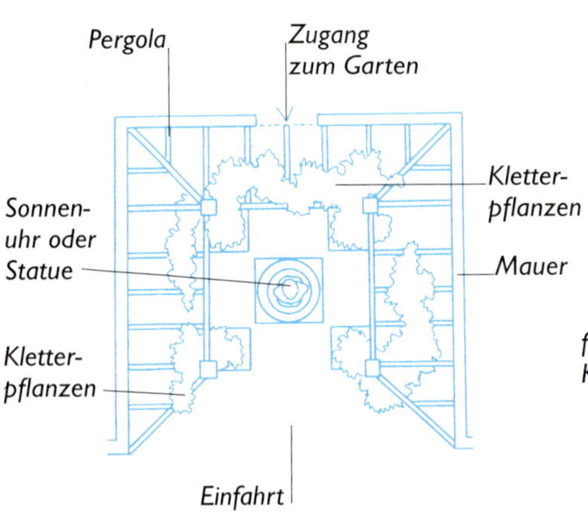

▲ *Ein kleiner Hof unter einer Pergola mit einer Statue oder Sonnenuhr in der Mitte. Diese Idee erinnert an einen stillen Klosterhof.*

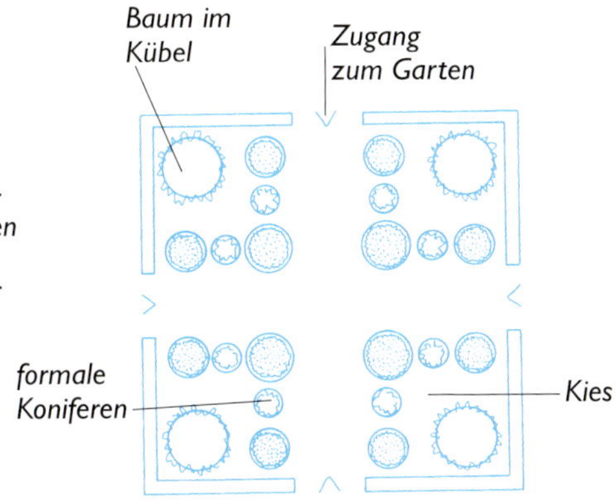

▲ *Reihen aus Koniferen in gleichen Kübeln unterteilen den Hof in mehrere kleine Räume. Dieser Plan eignet sich für größere Höfe.*

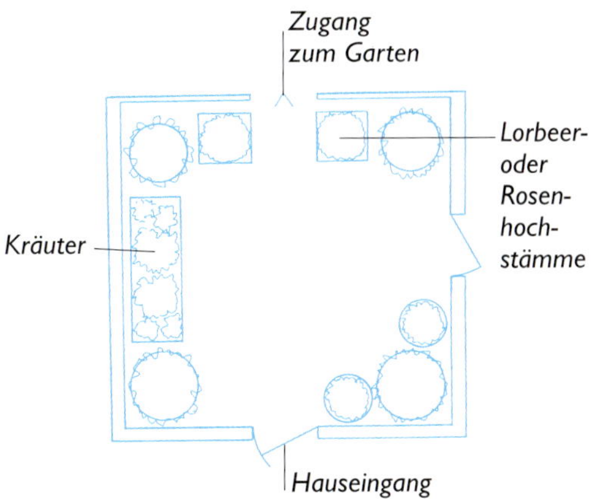

▲ *Ein „grünes Zimmer" mit Bäumen und Sträuchern in Kübeln. Nur neben dem Durchgang zum Garten stehen zwei identische Kübel.*

die mit leuchtend blühenden Akzentpflanzen ausgestattet werden. Wechselt man die Kübelbepflanzung mit den Jahreszeiten, wirkt der Gartenhof immer wieder anders.

Wer eine solche Gestaltung anstrebt, sollte die Aufteilung zuerst auf Papier entwerfen und dann mit Küchenstühlen oder anderen Möbelstücken oder Kartons ausprobieren. Stellen Sie sich vor, die Möbel wären Bäumchen oder Kübel mit Pflanzen. So fällt es manchem leichter, sich seine Ideen konkreter vorzustellen, ehe man für viel Geld stattliche Kübel und Terrakottatöpfe kauft.

Der Innenhof

Ein Hof dieser Kategorie kann viel zwangloser gestaltet sein. Grundsätzlich ist ein Innenhof eher ein Zimmer im Freien. Die Gestaltung kann auf das Innere des Hauses abgestimmt sein. Kübel in den Ecken können bunt gefüllt werden, um rund ums Jahr Farbe in das „grüne Zimmer" zu bringen. Gelangt man aus dem Innenhof in den Garten, könnten beiderseits der Tür oder des Durchgangs Blumenkübel aufgestellt werden. Denkbar sind auch Tröge oder Kästen mit Küchenkräutern, die wie Beete wirken und im Sommer durch bunte Blumen ergänzt werden.

Legen Sie ein Thema fest. Ringelblumen und Kapuzinerkresse sind fröhlich bunte Einjährige, die obendrein essbar sind. Auch viele Heilkräuter haben ausgesprochen attraktive Blüten.

▶ *Ein formaler Knotengarten mit niedrigen Buchsbaumhecken, klassischen Urnen und gestutzten Buchsbaumspiralen. Am Bogen klettert ein duftender Jasmin empor.*

Kübel für den Dachgarten

Der Dachgarten ist nur als Kübelgarten denkbar. Alle Pflanzen müssen samt Substrat und Gefäßen durch das Gebäude transportiert und aufgestellt werden. Dachgärten findet man hauptsächlich in Städten, und die besten sind Musterbeispiele für kreative Gestaltung und gelungene Ausführung.

Praktische Überlegungen

Der erste Schritt zur Anlage eines Dachgartens besteht darin, die Stabilität des Daches durch einen Bauingenieur prüfen zu lassen. Kübel, Substrat und Pflanzen sind schwer, vor allem nach dem Gießen, darum muss das Dach sie tragen können. Eventuell ist eine Verstärkung erforderlich.

Wind- und Sichtschutz

Bei Dachgärten ist fast immer ein Wind- und Sichtschutz wünschenswert. Damit solche Konstruktionen sicher und stabil sind, sollten Sie sie von einem Fachmann bauen lassen. Alle Bauelemente und Pflanzen müssen absolut sicher stehen, damit sie nicht bei starkem Wind umgeworfen werden, vom Dach fallen und Passanten auf der Straße verletzen.

Bodenbelag

Ein Dachgarten braucht einen Bodenbelag, der möglichst leicht sein sollte, um die Dachkonstruktion nicht zusätzlich zu belasten. Leichte Fliesen, ein Holzdeck oder Kies sind denkbar. Ihre Wahl wird letztlich vom Stil des Dachgartens und der Art seiner Nutzung abhängen. Kies ist besonders hübsch, wenn die Anlage wie ein Landhausgarten aussehen soll.

Bewässerung

Ein weiterer wichtiger Aspekt für alle Dachgärtner ist die Bewässerung. Vor allem auf dem Dach müssen die Kübel im Sommer mindestens einmal täglich bewässert werden. Darum sollte unbedingt ein leicht zugänglicher Wasserhahn vorhanden sein. Ein automatisches Bewässerungssystem ist durchaus empfehlenswert, mindestens aber sollten Sie einen Außenwasserhahn installieren lassen.

◄ Zierlauch und Stuhl sind farblich genau aufeinander abgestimmt. Der Lorbeerbaum lenkt den Blick in die Höhe.

Wer einen Dachgarten anlegt, muss unbedingt darauf achten, dass die Drainage des Daches dadurch nicht beeinträchtigt wird. Selbst das flachste Flachdach hat ein leichtes Gefälle, sodass Regenwasser abfließen kann. Dieses Gefälle darf keinesfalls unterbrochen werden, sonst drohen Schäden am Dach.

Geeignete Kübel

Denken Sie zunächst über den Zugang zum Dach nach. Ist Platz genug vorhanden, um große Kübel aufs Dach zu bringen, oder gelangt man nur über eine schmale Dachbodentreppe hinauf? Wenn der Zugang vom Haus aus schwierig ist, müssen Sie sich entweder auf kleinere Gefäße beschränken oder Holz und Werkzeug aufs Dach bringen und Kästen dort selbst bauen. Verwenden Sie möglichst Gefäße aus leichten Materialien wie Fiberglas oder Tuffstein anstelle von Naturstein und Terrakotta. Weil Dachgärten oft sehr klein sind, fällt jede Kleinigkeit ins Auge, darum sollten Sie mit viel Liebe zum Detail gestalten.

Himmelsrichtung Achten Sie auf die Himmelsrichtung des Dachgartens, die auch in diesem Fall ein wichtiger und unabänderlicher Faktor ist. Viele Dachgärten sind offen und sonnig, manche liegen aber auch im Schatten höherer Nachbargebäude oder der eigenen Hausmauern. Ehe Sie Stil und Bepflanzung festlegen, prüfen Sie, ob reichlich Sonne auf das Dach fällt – es könnte weniger sein, als Sie vermuten. In diesem Fall wählen Sie Schattenpflanzen.

◀ Diese modernen Pflanzkübel sind klassischen Vorbildern nachempfunden. Alle Kübel nehmen im Freien mit der Zeit Patina an.

▶ Dieser große Balkon hat zwei Wände und liegt meist im Schatten. Wählen Sie Kletterpflanzen, die ohne viel Sonne auskommen.

▲ Eine Sammlung von Ziergräsern, mit denen die breitblättrige Hosta kontrastiert. Anstelle der blauen Sterne könnte man bemalte Natur- oder Tuffsteine verwenden.

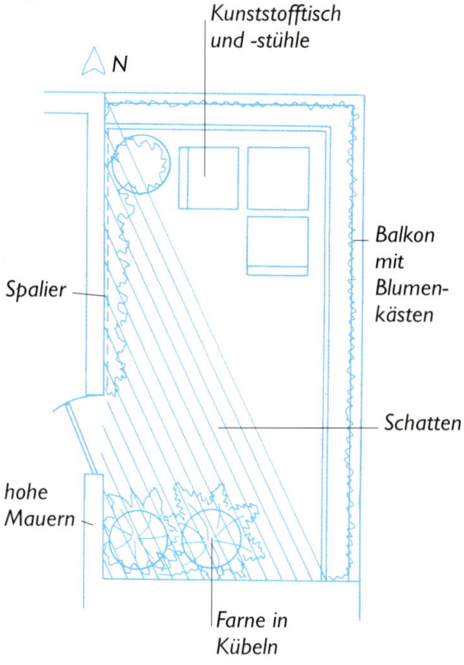

Das grüne Zimmer planen

Große Dachgärten bieten viele Möglichkeiten. Man kann sie als großen, offenen Raum konzipieren oder in Bereiche aufteilen, von denen jeder einen speziellen Charakter hat. Lässt sich die Fläche halbieren, könnte ein Teil für einen Essplatz mit Tisch und Stühlen genutzt werden, umgeben von bunten Blüh- oder Duftpflanzen. Der zweite Teil könnte formaler gestaltet werden, vielleicht mit Kübeln mit Rosen und kleinen Sträuchern oder als Miniküchengarten mit Kräutern und Gemüsen.

Wenn der Platz ausreicht, sind verschiedene Unterteilungen möglich. Die Abgrenzung kann einfach aus einer Reihe von Kübeln bestehen, sie kann aber auch strenger sein. Für feste Unterteilungen eignen sich stabile Rankgitter, ebenso eine Reihe von Bäumchen in Kübeln oder Spaliere mit Obstgehölzen. In einem Dachgarten finden sogar frei stehende Bäume Platz. Kleine Obstbäume, etwa Apfel- oder Pflaumenbäume, fühlen sich hier auch ohne Wandspalier wohl. Eine schöne Unterteilung ist auch eine Reihe immergrüner Koniferen in Kübeln. Manche Gärtner stellen Töpfe mit kleinen Sträuchern in unterschiedlichen Höhen auf und gestalten so eine „Hecke" in Augenhöhe. Sehr gut geeignet ist dafür duftender Lavendel.

Jede Form von Gliederung muss genau geplant werden. Eventuell müssen maßgenaue Pflanzgefäße an Ort und Stelle gebaut werden, um den vorhandenen Platz optimal zu nutzen.

▲ *Eine Reihe von Kästen mit Lavendel bildet eine niedrige Hecke. Diese Idee lässt sich auch mit leichteren Pflanzgefäßen verwirklichen.*

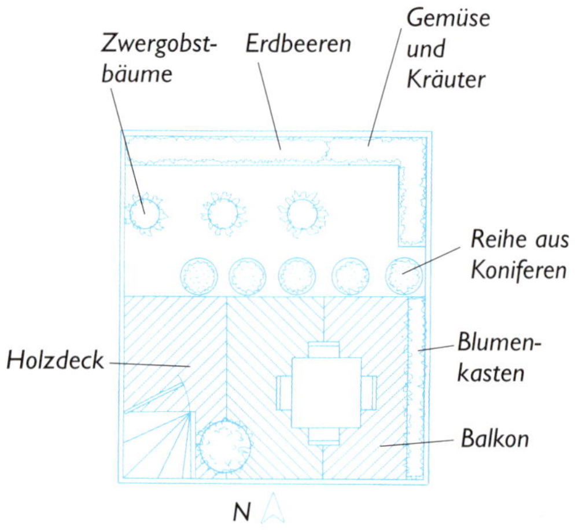

▲ *Ein großer Balkon, unterteilt von einer Reihe Koniferen. In den Kübeln an den Seiten wachsen verschiedene Kräuter und Gemüse.*

Der kleine Dachgarten

Die meisten Dachgärten sind eher klein. Gerade dann kommt es auf Charme und Originalität an. Wählen Sie ungewöhnliche Kübel, etwa Metalleimer, und lackieren Sie sie in abgestimmten Farben. Suchen Sie attraktive Pflanzen aus, und stellen Sie sich darauf ein, sie mehrmals im Jahr auszutauschen. Reicht der Platz nur für wenige Kübel aus, sollten Sie Pflanzen in ruhigen, hellen Farben bevorzugen und Pflanzen mit leuchtend roten oder violetten Blüten meiden. Solche intensiven Farben wirken allzu leicht aufdringlich und lassen den kleinen Raum noch winziger wirken. Helle Farben wie Weiß, zartes Rosa, Lavendel und Grau weichen optisch zurück und lassen den kleinen Dachgarten geräumiger erscheinen. Manche Dachgärten verlangen eine eher formale Gestaltung, etwa ein großer Balkon vor einem Schlafzimmer, auf den man durch eine zweiflügelige Glastür gelangt. Hier sollte die Bepflanzung die Gestaltung des Raums aufnehmen. Die schlichtesten Lösungen sind oft besonders effektvoll; so könnte eine ausgewählte Pflanze in einem edlen Kübel ausreichen, etwa eine weiße Hortensie *(Hydrangea macrophylla)* oder eine Passionsblume (*Passiflora* spp.) an einem zierlichen Spalier.

Sinn fürs Detail Ein wirklich gelungener Dachgarten muss sorgfältig geplant sein, damit jedes Detail so perfekt wie möglich ausfällt. Spaliere beispielsweise sollten zur Umgebung passen; sind mehrere vorhanden, sollten sie die gleiche Größe haben. Ordnen Sie auch die Töpfe und Kübel so an, dass die Pflanzen gut miteinander harmonieren und Gefäße und Gewächse im besten Licht präsentiert werden. Wenn Sie beispielsweise in einem Dachgarten Tomaten, Paprika oder Bohnen in Erdbeuteln ziehen wollen, verstecken Sie die Plastikbeutel in Kästen, die nach Maß gebaut werden. Seien Sie mutig und ehrgeizig. Manche Dachgärten sind grüne Oasen mitten in der Stadt, überschattet von stattlichen Bäumen, mit Obstbäumen und Sträuchern, weiß gestrichenen Spalieren und Spazierwegen zwischen Kübeln voll Pflanzen in vielen Farben mit immer anderen Nuancen von Blattgrün.

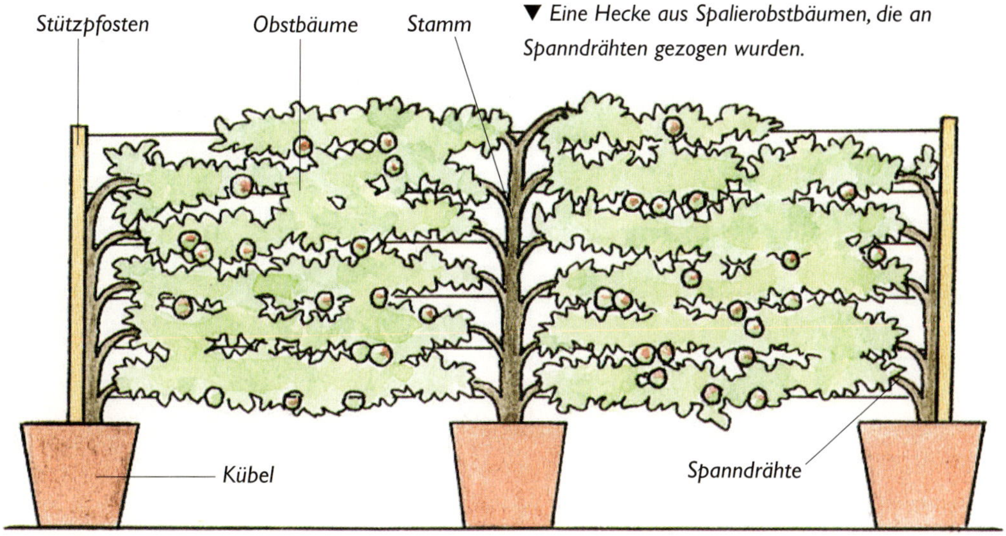

▼ *Eine Hecke aus Spalierobstbäumen, die an Spanndrähten gezogen wurden.*

▶ *Obstgehölze, die auf zwergwüchsiger Unterlage veredelt sind, eignen sich gut für die Kübelkultur. Im Frühling tragen sie hübsche Blüten und im Herbst saftige Früchte.*

Planung in der Praxis

Die erste praktische Erwägung ist die Größe, die zweite die Himmelsrichtung. Wie groß ist der Garten? Muss ein Windschutz gebaut werden? Herrscht starker Luftzug oder ist er an einer oder zwei Seiten von Mauern geschützt? Den Bau des Windschutzes sollte ein Fachmann übernehmen.

◀ *Grundriss eines großen Dachgartens, der mithilfe von aufeinander abgestimmten Pflanzbehältern in vier Bereiche gegliedert wurde.*

Gut geschützt

Wer ein Spalier oder einen Flechtzaun als Sichtschutz errichtet hat, möchte diese sicherlich mit Kletterpflanzen begrünen. Efeu ist ein beliebter immergrüner Kletterer. Sternjasmin *(Trachelospermum jasminoides)* ist ebenfalls attraktiv, braucht aber den Schutz einer sonnigen Rückwand. Efeu hält sich mit Luftwurzeln an seinem Untergrund fest, sollte aber anfangs angebunden werden, bis er festen Halt gefunden hat.

Die Auswahl an sommergrünen Kletterpflanzen ist größer. Alle Clematis-Sorten sind empfehlenswert, ausgenommen die immergrüne Art *C. armandii,* die ungewöhnlich wüchsig ist und einen geschützten Platz braucht. Winterjasmin *(Jasminum nudiflorum)* und Hängeforsythie *(Forsythia suspensa)* müssen angebunden und nach der Blüte beschnitten werden. Sie könnten auch eine Kletterrose pflanzen und an einem Spalier oder einer Wand ziehen. Clematis und Rosen harmonieren ausgezeichnet. Jungfernrebe (*Parthenocissus* spp.) und Geißblatt sind ebenfalls zu starkwüchsig, geeignet ist aber Zierwein (*Vitis vinifera* 'Purpurea') oder Hopfen *(Humulus lupulus).* Einjährige Kletterpflanzen wie Prunkwinde oder Kapuzinerkresse können im Frühjahr aus Samen gezogen werden.

Innere Gliederung

Wenn der Dachgarten groß ist, kann man ihn in zwei oder drei Bereiche gliedern. Als Abgrenzung eignen sich echte Barrieren ebenso wie aufgereihte Töpfe mit gleichartigen Pflanzen. Für diesen Zweck eignen sich verschiedene kleine und größere Heckenpflanzen. Für eine niedrige Abtrennung ist Lavendel ideal. Er ist immergrün, duftet wunderbar und trägt im Sommer hübsche Blüten. Damit die Pflanzen wie eine Hecke wirken, müssen die Kübel jedoch relativ hoch sein. Buchsbaum kann in sehr dicht stehenden Gefäßen auch für eine formale, sehr niedrige Hecke verwendet werden.

◀ *Dieser stattliche Dachgarten zeigt, was im Laufe einiger Jahre entstehen kann. Immergrüne Sträucher, Zwergkoniferen und die Trauerbirke sorgen dafür, dass die Anlage auch im Winter reizvoll aussieht.*

▼ *Ein minimalistisches Konzept mit Aluminiumkübeln und einem Glastisch. Die Bepflanzung beschränkt sich auf einige Bambusarten.*

Ein guter Raumteiler ist eine Reihe aus Koniferen. Probieren Sie Wacholderarten wie den niedrigen, breitwüchsigen *Juniperus communis* 'Compressa', die besonders kübeltaugliche Sorte *J. c.* 'Hibernica' oder *J. scopulorum* 'Skyrocket'. Die drei Arten ähneln einander in der Form, die beiden letztgenannten Arten wachsen aber etwas schneller. *Picea glauca* 'Albertiana Conica' mit den rauchblauen Nadeln sieht ebenfalls dekorativ aus. In milden Lagen eignet sich die immergrüne oder halbimmergrüne *Abelia × grandiflora* für eine blühende Hecke, die einen sonnigen oder halbschattigen Standort bevorzugt und auch in einer Zwergform erhältlich ist. Auch Obstbäume eignen sich zur Gestaltung einer Bereichsteilung. Spalierobst ist recht einfach zu ziehen, sofern zuerst ein Gerüst aus Spanndrähten errichtet wird, und erfreut mit den Blüten im späten Frühling sowie den Früchten im Herbst. In den meisten Gartencentern sind Obstbäume erhältlich, die auf einer speziellen, schwachwüchsigen oder eintriebigen Unterlage veredelt sind. Bevorzugen Sie möglichst so genannte Selbstbestäuber, die zur Fruchtbildung keine anderen Sorten in der Nähe brauchen.

Höhenvariationen

Wichtig ist, Pflanzen unterschiedlicher Höhe zu wählen. Stellen Sie beschnittene Lorbeerbäumchen *(Laurus nobilis)* oder Rosenhochstämmchen in größeren Kübeln auf. Bohnen und Paprika wachsen gut an Stangen in die Höhe. Viele Kletterpflanzen gedeihen auch im Schatten, darunter sogar einige Rosen. Kaschieren Sie Brüstungsmauern, indem Sie Kästen davor aufstellen und mit Efeu, Kletterhortensie *(Hydrangea petiolaris)* oder Spalthortensie *(Schizophragma hydrangeoides)* bepflanzen, die beiden Letzteren tragen weiße Blütendolden.

Töpfe und Kübel für den Balkon

Für den Balkongarten gibt es drei mögliche Ansätze. Ist er sehr klein, muss man sich vielleicht auf ein oder zwei formale Pflanzen in passenden Kübeln beschränken. Man könnte ihn auch mit zahlreichen Töpfen in ein Farbenmeer verwandeln. Die dritte Variante ist ein Kräutergarten in luftiger Höhe.

Ausrichtung – bunte Einjährige in der Sonne

Stil der Bepflanzung und Art der Pflanzen müssen sich nach den geografischen Gegebenheiten richten. Bekommt der Balkon fast den ganzen Tag lang Sonne, ist er ideal für sonnenhungrige Einjährige. Jeder kennt das Bild eines Schweizer Chalets mit Blumenkästen, aus denen rote und weiße Pelargonien, Efeu und Lobelien quellen. Hierfür braucht man unbedingt einen Südbalkon. Außerdem sind Kästen erforderlich, die die gesamte Brüstungslänge einnehmen. Im Laufe des Jahres wird die Bepflanzung ausgetauscht. Sinnvoll ist es, einige Immergrüne einzusetzen, etwa hängenden Efeu, um der Bepflanzung Rhythmus zu geben. Und denken Sie daran, dass das Substrat in der prallen Sonne schnell austrocknet, die Kästen müssen also mindestens einmal täglich gegossen werden. Von Einjährigen müssen regelmäßig welke Blüten entfernt werden.

◀ *Petunien und Pelargonien quellen von diesem Sommerbalkon. Solche Massenpflanzungen sollten sich auf eine Farbgruppe beschränken.*

Den eigenen Stil finden

Ihr Hof, Garten oder Balkon soll vor allem Ihnen selbst gefallen. Experimentieren Sie darum und probieren Sie verschiedene Pflanzen aus. Wenn eine Pflanze sich nicht Ihren Erwartungen gemäß entwickelt, trennen Sie sich bedenkenlos von ihr. Und ist eine Pflanze zu groß für ihren Kübel geworden, kann man sie leicht herausnehmen und verschenken. Danach wird neues Substrat eingefüllt und etwas Kleineres gepflanzt. Nichts ist scheußlicher als ein winziger Garten, der von einem zu groß gewordenen Baum oder Strauch beherrscht wird – und sei er noch so schön.

Der informelle Balkon

Stellen Sie so viele Töpfe und Kübel auf, wie der vorhandene Platz zulässt. Natürlich haben praktische Erwägungen oberste Priorität, darum müssen zuerst Tisch und Stühle oder Bänke ihren Platz bekommen. Dann folgen die Töpfe, die mit einer bunten Vielfalt aus Einjährigen, Stauden und Immergrünen bepflanzt werden. Auf engem Raum wirkt diese Mischung interessant. Denken Sie auch an einige Kletterpflanzen.

Wenn der Balkon sehr groß ist, können Sie auch Kletterpflanzen wählen, die für Dachgärten empfohlen werden. Sehr attraktiv ist der Strahlengriffel *(Actinidia kolomikta)*, dessen grüne Blätter sich mit der Zeit rosa und dann weißlich verfärben. Sie wächst kräftig und muss angebunden und beschnitten werden. Im Sommer trägt sie duftende weiße Blüten. Wo keine Kletterpflanzen möglich sind, sollten Sie hängende Ampeln mit fröhlichen Sommerblumen vorsehen, um den Blick in die Höhe zu lenken. Töpfe mit Knollen- und Zwiebelblumen für Frühling, Sommer und Herbst dürfen nicht fehlen. Die Königslilie *(Lilium regale)* ist eine großartige Kübelpflanze mit einem feinen Duft; für den Spätsommer empfehlen sich Schmucklilien *(Agapanthus)*. Komplett wird das Arrangement durch kleine Töpfe mit Hauswurz (*Sempervivum* spp.) oder Kakteen, die den Sommer im Freien verbringen.

▶ *Dieser Balkon hat durch die konsequente Beschränkung auf gelbe und weiße Blüten im Sommer eine vornehme Ausstrahlung.*

Der kleine, formale Balkon

Ein typischer Balkon an einem Stadthaus ist klein und hat ein Schmiedeeisengeländer. Der Platz ist knapp, und die Bepflanzung muss, passend zum Stil des Gebäudes, zurückhaltend bleiben. Günstig sind zwei gleichartige Pflanzen in passenden Gefäßen, die das Fenster einrahmen.

▶ Entwurf für einen formalen Balkon mit einer mittigen Glastür, die beiderseits von immergrünen Bäumchen flankiert ist. Reicht der Platz aus, kann noch ein Spalier mit einer Kletterpflanze wie Efeu oder Winterjasmin angebracht werden.

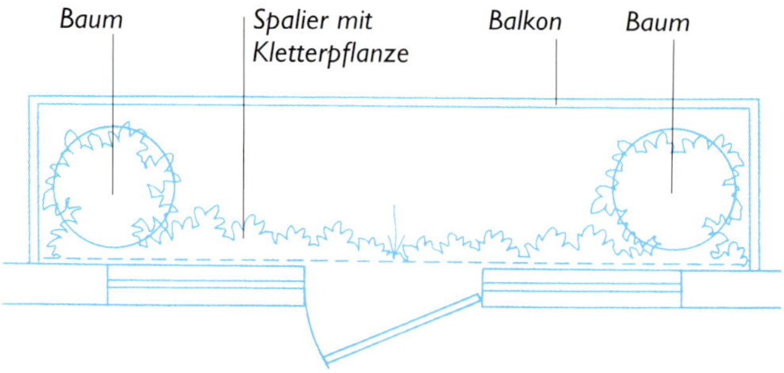

Als stilvolle Hochstämmchen für einen solchen Balkon bieten sich immergrüner Lorbeer und, sofern der Balkon schattig ist, Kamelien an. Im späten Frühling, nach der Blüte, können Kamelien durch einen kräftigen Rückschnitt in Form gehalten werden. Dekorativ ist auch Buchsbaum, der zu Kugeln oder Spiralen geformt wurde. Auf dem kleinen Stadtbalkon kommt es auf schnelle Wirkung an, darum lohnt es sich, größere Formschnittpflanzen in einer speziellen Gärtnerei zu kaufen. Schließlich dauert es

SCHATTENSEITE

Manche Balkone sind nach Norden ausgerichtet und liegen selbst im Hochsommer fast ganztägig im Schatten. In diesem Fall sind Pflanzen gefragt, die auch ohne viel Sonne für Farbe sorgen. Die typischen Sonnenkinder bilden bei Lichtmangel lange, dünne Triebe und wenige, blasse Blüten. Die Liste gegenüber enthält eine Auswahl von Pflanzen, die im Schatten blühen.

◀ Kübel verschiedener Höhe in einem Dachgarten. Die Keulenlilie betont die Vertikale, der Neuseeländer Flachs sorgt für Farbe.

viele Jahre, bis so eine Pflanze herangewachsen ist. Im Sommer passen als Ergänzung flache Schalen mit weißen Zuchtgänseblümchen *(Bellis)* oder Petunien sowie hängenden, blauen Lobelien zum Buchsbaum. Hier sollten Sie sich mit kräfigen Farben zurückhalten und Pflanzgefäße wählen, die gut zum Stil des Hauses passen.

Der Küchenbalkon

Südbalkone sind günstig für eine Reihe von Gemüsesorten, die in Beuteln oder Kübeln gepflanzt werden können. Beliebt sind Stangenbohnen, Tomaten und Paprika. Alle müssen während des Sommers regelmäßig gegossen und gepflegt werden. Am besten beschränken Sie sich auf Arten, die schnell heranreifen und obendrein auf kleinem Raum für attraktive Farbe sorgen.

Kräuter auf dem Balkon

Kräuter, die aus dem Mittelmeerraum stammen, lieben einen trockenen, sonnigen Standort und gedeihen prächtig auf einem Balkon, der viel Sonne bekommt. Zeigt Ihr Balkon nach Süden, könnte Ihr Kräutergarten Salbei, Thymian, Schnittlauch, Basilikum und Dill beherbergen, sowie Rosmarin, der im Frühling hübsche, hellblaue Blüten trägt.

Wohnen Sie auf der anderen Seite des Hauses, wählen Sie Schattenkräuter wie Petersilie (die aber auch in der Sonne gedeiht), Kerbel, fast alle Minzearten und Oregano. Trotz dieser Vorschläge sollten Sie experimentieren, vielleicht erleben Sie eine Überraschung.

▲ *Ein Balkon mit Gemüse und Kräutern in verschiedenen Farben kann sehr attraktiv aussehen.*

1 Stangenbohnen
2 Mohrrüben
3 Tomaten 'Tumbler'
4 Tomaten 'Tornado'
5 Apfelminze
6 Pfefferminze
7 Basilikum
8 Petersilie
9 Thymian

Pflanzen für schattige Balkone

Kletterpflanzen und Wandsträucher

Clematis – Viele der großblumigen Sorten wie 'Hagley Hybrid', 'Jackmanii Superba', 'Nelly Moser', 'Comtesse de Bouchaud' oder 'Guernsey Cream' gedeihen an einer Nordwand, ebenso die Arten *C. alpina* und *C. macropetala.*

Hängeforsythie *(Forsythia suspensa)*

Kapuzinerkresse *(Tropaeolum)*

Kletterhortensie *(Hydrangea petiolaris)*

Korallenstrauch *(Berberidopsis corallina)* – Bevorzugt feuchtes, saures Substrat. Frostempfindlich.

Rosen – 'Königin von Dänemark', 'Madame Legras de Saint Germain', 'Maigold'

Spalthortensie *(Schizophragma hydrangeoides)*

Winterjasmin *(Jasminum nudiflorum)*

Sträucher

Buchsbaum *(Buxus sempervirens)*

Efeu *(Hedera helix)*

Hortensien *(Hydrangea)*

Kamelien *(Camellia)*

Lorbeer *(Laurus nobilis)*

Lorbeerrose *(Kalmia latifolia)* – Die Sorte 'Elf' ist kleinwüchsig und blüht weiß. Alle brauchen feuchten, sauren Boden.

Rhododendron – Viele kleinwüchsige Arten gedeihen gut im Kübel mit saurem Substrat.

Skimmie *(Skimmia japonica* 'Rubella')

Stauden und Einjährige

Begonien *(Begonia-rex*-Hybriden)

Farne – Fast alle sind geeignet.

Fleißiges Lieschen *(Impatiens* Neu-Guinea-Gruppe)

Frauenmantel *(Alchemilla mollis)*

Fuchsien *(Fuchsia)*

Funkien *(Hosta)*

Primeln *(Primula)*

Veilchen *(Viola)*

Wände und Spaliere

Der begeisterte Kübelgärtner wird jede Möglichkeit nutzen, um auf geringem Platz viele Pflanzen unterzubringen. Was liegt da näher, als die Wände einzubeziehen und Spaliere anzubringen? Kletterpflanzen sind dekorativ und sorgen zudem für willkommenen Sicht- und Windschutz.

Wie Pflanzen klettern

Kletterpflanzen kann man in drei Gruppen einteilen. Zur ersten gehören die Selbstklimmer wie Efeu, Wilder Wein, Jungfernrebe und Kletterhortensie. Alle halten sich mit Luft- oder Saugwurzeln an ihrem Untergrund fest. Reißt man einen Trieb von der Wand ab, sieht man die Spuren der Luftwurzeln. Diese Arten bevorzugen eine glatte Fläche, etwa eine Mauer. Eine Kletterhilfe brauchen sie nicht. In die nächste Gruppe gehören die Rankpflanzen, darunter Clematis, Passionsblumen, Staudenwicke und Wein. Diese Arten schlingen ihre Blattstiele oder, wie Passionsblumen oder Wicken, spezielle kleine Halteranken um alles, was sich auf ihrem Weg nach oben dafür anbietet. Die dritte Gruppe bilden die Schlingpflanzen wie Blauregen, Stangenbohnen und Sommerjasmin, die ihren ganzen Stiel um Stangen, Spaliere und andere Kletterhilfen winden.

Außerdem gibt es eine Reihe von Pflanzen, die etwas Hilfe auf dem Weg nach oben brauchen. Bougainvillea, kletternder Nachtschatten, Winterjasmin und Rosen bilden lange Triebe, die angebunden werden müssen. Rambler-Rosen halten sich selbst mit ihren Stacheln an Bäumen oder Sträuchern fest, doch weil sie starkwüchsig sind, eignen sie sich nicht für den Kübelgarten.

▶ Farbige Spaliere können sehr schön aussehen, vor allem, wenn eine andersfarbig blühende Kletterpflanze sie erklimmt. Hier eine ansprechende Kombination aus Violett und Blau.

Kletterpflanzen im Kübel pflanzen

1 Zuerst Tonscherben in den Kübel geben, damit das Abzugsloch nicht verstopft. Dann Kies oder weitere Tonscherben als Drainageschicht einfüllen.

2 Ein kleines, passendes Spalier an der Wand anbringen. Den Kübel mit Substrat füllen, die Pflanze schräg einsetzen und gut andrücken. Gründlich gießen.

3 Als Starthilfe die Triebe der Pflanze anbinden. Während der ersten Wachstumsphase müssen die Triebe weiterhin angebunden werden.

Spaliere geschickt nutzen

Für die meisten Kletterpflanzen eignet sich ein handelsübliches Spalier. Selbst Efeu und Jungfernrebe kann man mit etwas Geschick daran ziehen. Wer eine Mauer begrünen möchte, aber die Pflanzen nicht direkt am Mauerwerk klettern lassen will, muss ebenfalls ein Spalier anbringen. Die Triebe werden daran angebunden; manche Pflanzen klettern auch selbstständig daran empor. Am besten befestigt man das Spalier an Leisten, die an die Mauer gedübelt werden. So kann auch hinter den Pflanzen Luft zirkulieren. Wird das Spalier unten mit einem Scharnier befestigt und oben mit Ringschrauben auf Haken gehängt, kann man es von der Wand lösen und mitsamt der Pflanze nach vorn klappen, wenn die Mauer einmal repariert oder gestrichen werden soll.

Geeignete Kübel für Kletterer

Wer eine langlebige Kletterpflanze in Kübel setzen will, sollte ihr ein möglichst großes Gefäß gönnen. Niemand möchte eine Kletterpflanze alle zwei Jahre vom Spalier reißen, nur weil sie umgetopft werden muss.

Im Idealfall wachsen Kletterpflanzen auf Dauer in großen Gefäßen oder in Beeten entlang der Wand. Für dichte und langlebige Kletterpflanzen ist dies unbedingt erforderlich. Selbst einige zierlichere Arten wie Clematis brauchen einen kühlen, feuchten Wurzelbereich, damit sie gut gedeihen. Das lässt sich am besten mit einen großen Kübel und einer Mulchschicht einrichten. Halbierte Fässer sind ideal für Clematis, weil sie im Winter nicht so starken Temperaturschwankungen unterworfen sind wie Kübel aus Stein oder Terrakotta.

▲ *Die blauen Blüten der Säckelblume leuchten im Frühsommer. Die Triebe müssen an einem*

Pflanztipps für Kletterer

Für kleine Kletterpflanzen gibt es im Fachhandel spezielle Spaliere mit zwei Beinen, die in den Kübel gesteckt werden. Man verwendet sie in Kombination mit gewöhnlichen Tonkübeln und steckt das Spalier direkt in das Substrat. Nach der Pflanzung werden die Triebe nur noch angebunden.

Soll eine Kletterpflanze frei auf einem Hof oder einer Terrasse stehen, wählen Sie eine kleinwüchsige Clematis, und pflanzen Sie sie in ein halbiertes Fass. Stecken Sie einige Stücke Gartenschlauch senkrecht in das Substrat, und schieben Sie lange Bambusstangen in die Schlauchstücke. Oben werden die Stangen wie ein Zeltgerüst zusammengebunden. Die Clematis muss möglichst tief eingepflanzt werden. Dann binden Sie die Triebe an den Stangen an.

▶ Hopfen ist ein schnellwüchsiger Kletterer. Im Herbst wird er dicht über dem Boden abgeschnitten. Nur weibliche Pflanzen tragen die dekorativen Blüten.

▼ Feuerdorn ist ein hübscher, immergrüner Wandstrauch. Seine Beeren leuchten im Winter. Im Frühling wird er kräftig zurückgeschnitten.

◀ *Die Zierquitte ist ein attraktiver Wandstrauch. Die Blüten erscheinen zeitig im Jahr, meist noch vor den Blättern.*

WANDSTRÄUCHER

Wandsträucher sind immer eine Bereicherung. Falls Sie also genug Platz zur Verfügung haben, sollten Sie einige Exemplare, die sich gut in Kübeln halten lassen, vorsehen. Zu den schönsten gehört der Feuerdorn *(Pyracantha)* mit den weißen Frühlingsblüten und den leuchtend roten, gelben oder orangefarbenen Beeren im Herbst. Der Strauch verträgt einen kräftigen Rückschnitt und lässt sich daher gut an der Wand formen. Sein Nachteil sind die langen, spitzen Dornen. Die Laub abwerfende Zierquitte *(Chaenomeles)* wird ebenfalls gern an Mauern gezogen. Die Blüten in Rosa, Rot oder Weiß erscheinen im Frühling noch vor den Blättern, ihnen folgen essbare Früchte. Obstbäume gedeihen ebenfalls gut an Mauern, und wer eine warme Südwand hat, kann sogar empfindliche Sorten wie Pfirsiche und Nektarinen kultivieren. Und schließlich gewinnt jeder Garten durch Kletterrosen. Sie müssen zwar regelmäßig an ein Spalier oder Drähte gebunden werden, doch bilden ihre Blüte und ihr Duft einen Höhepunkt des Sommers.

Kletterpflanzen im Überblick

Überraschend viele Kletterpflanzen gedeihen an einer Nordwand, aber nicht im Kübel. Empfehlenswert sind Akebie *(Akebia quinata)*, Korallenstrauch *(Berberidopsis corallina)*, einige Efeusorten *(Hedera)*, die Rostrote Rebe *(Vitis coignetiae)* sowie die ausdauernde Kapuzinerkresse *(Tropaeolum speciosum)*.

Zu den immergrünen Kletterern gehören Efeu *(Hedera)*, Korallenstrauch *(Berberidopsis corallina)*, *Clematis armandii*, *Clerodendrum splendens**, *C. thomsoniae**, Schönranke *(Eccremocarpus scaber*, in kühleren Regionen meist einjährig kultiviert), blaue Passionsblume *(Passiflora caerulea)*, Kranzschlinge *(Stephanotis floribunda**) und Sternjasmin *(Trachelospermum jasminoides)*. Viele der immergrünen Kletterpflanzen stammen aus den Tropen oder Subtropen und brauchen Schutz vor Frost. Die mit * gekennzeichneten Arten müssen im Haus überwintert werden, die anderen brauchen im Freien einen guten Winterschutz. Informieren Sie sich vor dem Kauf genau über die Winterhärte.

Viele Kletterpflanzen haben eine attraktive Herbstfärbung. Besonders beliebt sind die verschiedenen Formen der Jungfernrebe und des Wilden Weins. Kletterpflanzen mit schönem Laub sind: Strahlengriffel (*Actinidia kolomikta* mit Blättern in Rosa, Weiß und Grün), Goldhopfen (*Humulus lupulus* 'Aureus' mit goldgrünen Blättern), Jungfernrebe (*Parthenocissus tricuspidata* mit leuchtend rotem Herbstlaub) sowie Wein *(Vitis coignetiae* und *V. vinifera)* mit auffallender Herbstfärbung in Dunkelrot bis Violett.

Nicht alle Kletterpflanzen gedeihen gut in Kübeln. Zu den besten gehören: Bougainvillea (braucht viel Wärme), *Clematis alpina* und *C. macropetala,* viele Efeusorten, echter Jasmin *(Jasminum officinale)*, *Lapageria rosea* und die Passionsblume *(Passiflora caerulea)*. Als einjährige Kletterer für schnelle Effekte empfehlen sich Schönranke *(Eccremocarpus scaber)*, Prunkwinde *(Ipomoea tricolor)* und Schwarzäugige Susanne *(Thunbergia alata)*.

Blumenkästen

Attraktive Blumenkästen können in Bezug auf Gestaltung und Farbe ein Wunder an Einfallsreichtum sein. Allerdings brauchen sie relativ viel Fürsorge. Im Grunde ähneln sie langlebigen Blumenarrangements, darum lassen sich viele Regeln der Floristik auch auf Blumenkästen übertragen.

Praktische Aspekte

Der Kasten muss auf ein Fenstersims oder unter ein Fenster passen und absolut sicher befestigt sein. Ein Kasten voll Pflanzen und nasser Erde ist recht schwer, und wenn er über der Straße hängt, muss dafür gesorgt sein, dass er an seinem Platz bleibt. Normalerweise verschraubt man ihn mit Metallwinkeln an der Wand. Wer dabei unsicher ist, sollte sich von einem Fachmann helfen lassen.

▲ *Ein Blumenkasten mit panaschiertem Efeu, niedrigem Ziertabak, Verbenen, Strohblumen und Stiefmütterchen in abgestimmten Farben.*

Zusätzlich sollte ein solcher Kasten mit Ketten, die an Haken am Fensterrahmen oder an der Wand eingehängt werden, gesichert werden.

Blumenkästen sollten außerdem zum Gebäude passen. Meist bestehen sie aus Holz oder Kunststoff, und man kann sie problemlos im Farbton der Fensterrahmen anstreichen. Damit überschüssiges Gießwasser ablaufen kann, müssen im Boden einige Drainagelöcher vorgesehen sein. Soll ein Kasten auf einem geraden Fenstersims stehen, setzt man ihn am besten auf Holzleisten, um die Drainage zu verbessern. Sonst kann sich überschüssiges Wasser stauen, die Wurzeln faulen und die Pflanzen sterben ab. Holzblumenkästen können bei Staunässe obendrein verrotten.

Pflanzen in Kästen müssen regelmäßig gegossen und mindestens zweiwöchentlich gedüngt werden. Ihnen steht nicht viel Substrat zur Verfügung, darum sind die Nährstoffe schnell verbraucht und müssen ergänzt werden. Das gilt vor allem, wenn Sie Obst oder Gemüse im Kasten ziehen.

Blumenkasten selbst gebaut

Wer im Handel keinen passenden Blumenkasten für sein Fenster findet, kann ihn selbst bauen. Mit etwas handwerklichem Geschick und dem richtigen Werkzeug ist das nicht schwierig. Zuerst wird die Fensterbreite und das Holz genau ausgemessen. Nichts ist ärgerlicher, als am Ende festzustellen, dass der fertige Blumenkasten einen Zentimeter zu breit ist – und das geschieht leicht, wenn man beim Zuschnitt die Stärke der Seitenteile nicht berücksichtigt. Seitenteile und Boden werden zusammengesetzt und mit Leim fixiert. Dann schrauben Sie sie mit rostfreien Schrauben zusammen. Verwenden Sie keine Nägel, sie halten nicht zuverlässig, wenn das Holz arbeitet. Rohes Holz muss mit einem geeigneten Holzschutzmittel gestrichen werden. Verwenden Sie ein Produkt, das den Pflanzen nicht schadet. Bohren Sie Drainagelöcher in den Boden. Der fertige Kasten wird mit dicker Plastikfolie ausgelegt, die an den Oberkanten festgetackert wird. Zum Schluss wird die Folie über den Drainagelöchern durchstochen. Nun kann gepflanzt werden.

▶ *Gut durchdacht ist auch das Farbkonzept dieses Kastens mit Ginster, Efeu und Chrysanthemen.*

Den Blumenkasten zusammensetzen

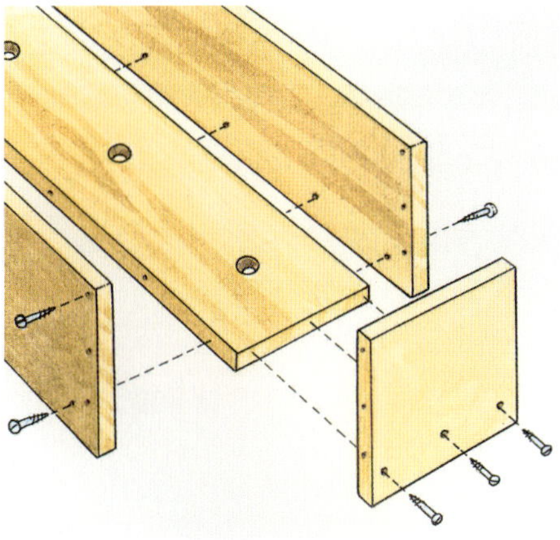

1 Die Fensterbreite ausmessen und alle Holzstücke zusägen. Löcher für die Schrauben vorbohren oder Boden und Seitenteile mit Leisten verbinden.

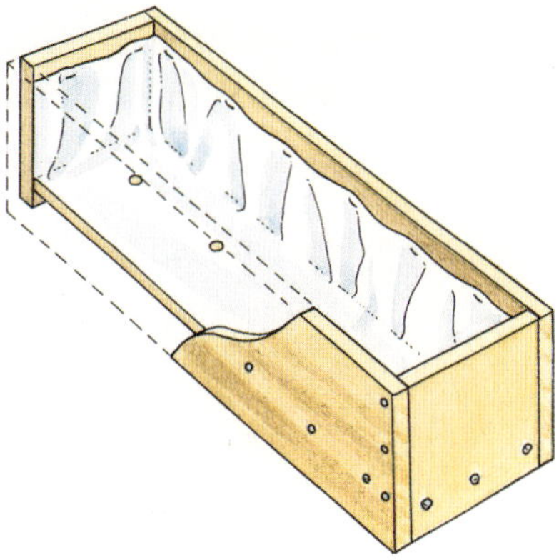

2 Nachdem der Kasten verschraubt ist, wird er mit stabiler Plastikfolie ausgelegt, damit das Holz nicht fault. Die Folie mit einem Tacker befestigen.

3 An der Wand wird der Blumenkasten mit Winkeln befestigt. Dübeln Sie die Winkel im Mauerwerk an und bringen Sie zusätzlich Sicherheitsketten an.

Blumenkasten-Vielfalt

Blumenkästen kann man auf vielerlei Weise bepflanzen. Gängig sind farbenfrohe Einjährige, es gibt aber auch andere Möglichkeiten. Sehr schön ist zum Beispiel eine Bepflanzung, die in der grauen Jahreszeit für Farbe sorgt, wenn nur wenige Blumen blühen.

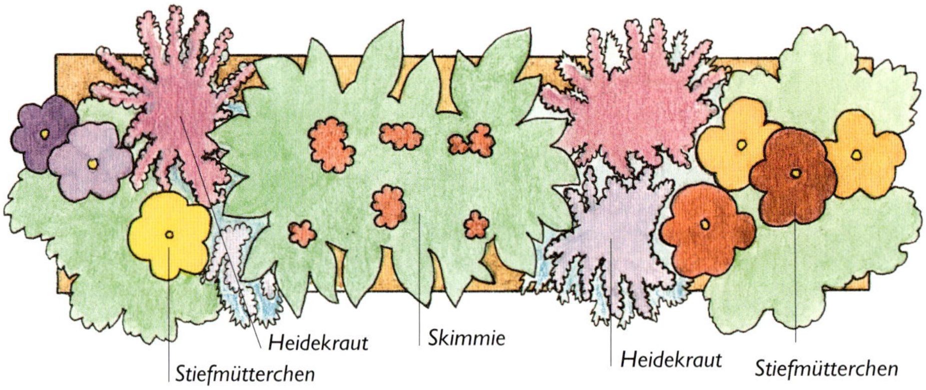

◀ *Eine einfache Pflanzidee für einen Blumenkasten, der einen ganzen Winter lang Farbe schenkt. Verwenden Sie unbedingt kalkfreies Substrat (Moorbeeterde), sonst geht das Heidekraut ein.*

Bunter Blumenkasten für den Winter

Viele Menschen meinen, dass Gärten im Herbst in den Winterschlaf fallen, aber das gilt keineswegs für Blumenkästen. Es gibt viele Pflanzen, die auch in den Wintermonaten für Farbe sorgen. Es gibt zwei Gruppen von Pflanzen, die im Winter blühen und zur Bepflanzung von Kästen geeignet sind. Es ist die Winterheide *(Erica carnea)* einerseits und die winterbühenden Stiefmütterchen *(Viola × wittrockiana)* andererseits. Eine Bereicherung für jeden Kasten sind die leuchtenden Beeren der kleinen immergrünen *Skimmia japonica reevesiana*. Sie haben einen kräftigen Scharlachrotton und halten sich mehrere Monate lang. Auch Heidekraut ist immergrün, allerdings ist ihr Laub recht unscheinbar. Es blüht in verschiedenen Rosa- und Pinktönen sowie in Weiß.

Wer für die Winterbepflanzung Heidekraut mit Stiefmütterchen kombinieren möchte, sollte eine weiße Heidesorte wählen, etwa *Erica carnea* 'Springwood White', *E. × darleyensis* 'White Glow' oder die etwas größere *E. × d.* 'White Perfection'. 'Springwood White' hat außerdem einen leicht hängenden Wuchs und verdeckt so geschickt die

◀ Erica x darleyensis *'Ghost Hills' trägt pinkfarbene Blüten, die bis zum zeitigen Frühling halten. Auch sie braucht unbedingt saure Erde.*

Kante des Blumenkastens. Manche Heidearten vertragen zwar auch basische Erde, aber alle fühlen sich in saurer Erde wohler. Achten Sie darum darauf, den Kasten mit kalkfreiem Substrat zu füllen, damit Sie lange Freude daran haben.

Frühlingskasten mit Zwiebelblumen

Viele Zwiebelgewächse gedeihen gut im Blumenkasten, doch das entzückende Schneeglöckchen zählt leider nicht dazu. Schneeglöckchen verwildern gern unter Bäumen oder auf Wiesen. Gleich nach der Blüte gräbt man große Horste aus, teilt sie und pflanzt die Zwiebeln wieder ein. Pflanzt man sie im Herbst, blühen sie meist erst im übernächsten Jahr. Nach der Blüte soll das Laub nicht abgeschnitten werden, sondern muss einziehen. Kein Kastengärtner, der auf sich hält, hat an diesem Anblick Freude. Aber Krokusse sind gut geeignet. Pflanzt man sie im Herbst in Kästen, blühen sie im folgenden Frühling. Sie lieben einen warmen Platz und sind ein bezaubernder Anblick, wenn sie in der ersten Frühlingssonne ihre Blüten öffnen.

Auch Zwergnarzissen (*Narcissus* spp.) gedeihen gut in Kübeln und Kästen. Pflanzt man Krokusse und Narzissen gemeinsam, die Narzissen jedoch etwas tiefer, blühen beide Arten nacheinander. Setzt man dazu noch einige hübsche Immergrüne, vielleicht hängenden Efeu, entsteht ein sehr schönes Arrangement. Kleine Tulpen blühen, sofern man die

▲ *Ein klassischer Frühlingskasten mit Narzissen und Vergissmeinnicht. Efeu rankt über die Brüstung und weicht die strenge Kontur auf.*

Zwiebeln tief genug pflanzt, ebenfalls gut in Kästen. Gut geeignet sind die niedrigen Zuchtsorten mit der Bezeichnung „Einfache, frühe“ (Gruppe 1) sowie die Sorten der Greigii-Gruppe (Gruppe 14). Achten Sie auf interessante Kontraste der Blütenfarben.

Zwiebeln sollten Sie immer bei einem Spezialanbieter mit einem umfangreichen Katalog kaufen. Beim Billigangebot aus dem Gartencenter laufen Sie Gefahr, dass verschiedene Sorten enthalten sind, die zu unterschiedlichen Zeiten blühen.

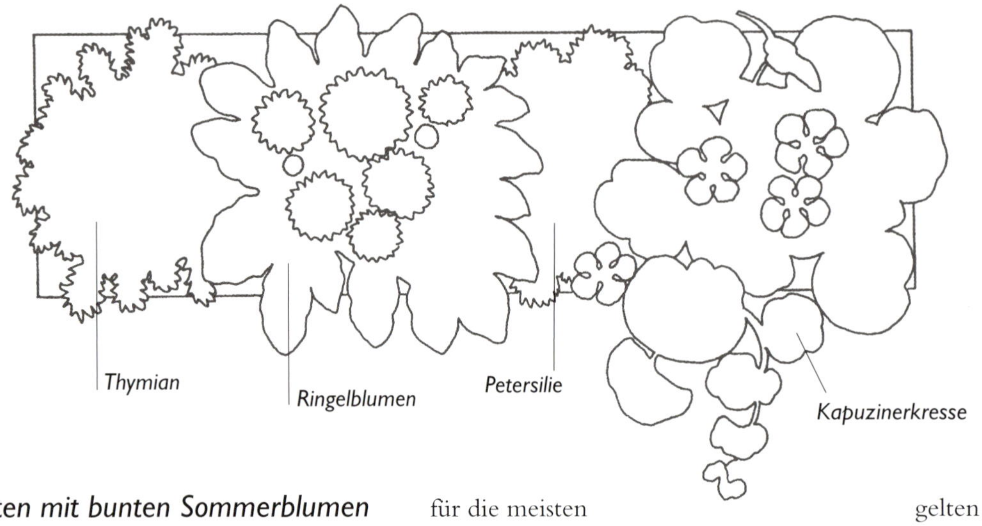

◀ *Pflanzplan für einen kleinen Kasten mit einer essbaren Mischung aus blühenden Einjährigen und Kräutern. Petersilie keimt sehr langsam. Darum wird sie in separaten Töpfen vorgezogen, die dann in den Kasten eingesenkt werden. Ringelblumen verwendet man für Tee und als Speisefarbe, Kapuzinerkresse schmeckt gut im Salat.*

Kästen mit bunten Sommerblumen

Besonders schön und farbenfroh sehen die Blumenkästen im Sommer aus, wenn sie mit Einjährigen bepflanzt sind. Einjährige sind ideal für Kübel und Kästen. Außerdem kann man mit ihnen wunderbar intensive Farbeffekte gestalten. Allerdings sollte die Farbe des Kastens auf die der Blüten abgestimmt sein. Weiß passt zu allen Farben gut, während ein sanftes Grün einen ruhigen Hintergrund für die meisten Pflanzen und ihre Blüten abgibt.

Alternativ könnten Sie den Kasten in einer leuchtenden Farbe streichen und mit einer Pflanzenkombination in Weiß oder Abstufungen einer einzigen Farbe bestücken. Kaufen Sie möglichst blühende Pflanzen für Ihre Kästen, denn nur wenige Gärtner können die exakte Blütenfarbe ihrer Jungpflanzen mit Sicherheit voraussagen. Beim Pflanzen selbst gelten die gleichen Grundregeln wie beim Gestalten eines Blumenstraußes. Fassen Sie Farben zu Gruppen zusammen, etwa Rot und Pink oder Flieder, Blau und Weiß. Setzen Sie leuchtende Farben in ruhigen Arrangements sparsam ein – oder lassen Sie die Kästen mit intensiven Farben überborden. Denken Sie an einige höhere Pflanzen und einige hängende Arten, die den Kastenrand verdecken. Eine Auswahl von einjährigen Sommerblumen finden Sie auf Seite 229–238.

Der nahrhafte Blumenkasten – Kräuter und Gemüse

Viele Leute ziehen in ihren Blumenkästen auch Kräuter für die Küche. Selbst Gärtner mit einem großen Gemüsebeet haben oft einen Kräuterkasten oder -kübel neben der Küchentür, damit sie jederzeit auf die Schnelle ein paar frische Stängel ernten können. Ehe Sie Ihren Kasten bepflanzen, achten Sie auf die

◀ *Solch ein Kasten mit Tomaten, Salat, Mohrrüben, Erdbeeren und Miniblumenkohl sorgt mitten in der Stadt bestimmt für Gesprächsstoff.*

◀ Ein Kasten in Blau und Weiß sieht im Sommer frisch und kühl aus. Petunien bilden hier die Hauptzutat.

Himmelsrichtung, denn manche Kräuter bevorzugen Schatten, während andere in der Sonne besser gedeihen. Probieren Sie einmal blühende Kräuter wie Kapuzinerkresse *(Tropaeolum majus)*, die würzig im Salat schmeckt. Die Blüten von Ringelblumen färben Speisen ähnlich wie Safran, während man aus den Blättern milden Tee kochen kann. Schnittlauch trägt hübsche Blüten in Pink, die aber nicht so gut zu den orangefarbenen und gelben Blüten der beiden erstgenannten Pflanzen passen. Natürlich sehen auch rotblättriges Basilikum, Salbei, panaschierte Minze und krause Petersilie in einem kleinen Kräuterkasten hübsch aus.

Ein Kasten mit Minigemüse Minigemüse ist eine witzige Idee. Es gibt inzwischen eine große Auswahl, und viele Arten gedeihen ganz ausgezeichnet in einem kulinarischen Blumenkasten. Rote Bete, Mohrrüben, Blumenkohl, Porree, Salat, Zwiebeln, Mais, Rüben und Zucchini sind nur einige Beispiel für geeignete Arten, die mit ihren verschiedenen Blattfarben und -formen reizvoll aussehen können. Die Pflanzen werden in Gruppen ausgesät, dann dünnt man die Sämlinge aus, damit sich die Pflanzen nicht beengen. Der Vorteil der Minigemüsearten ist, dass sie schneller reifen als die großen Sorten. So kann man in weniger als drei Monaten im Kasten Salat und Frühlingszwiebeln, Rote Bete und Mohrrüben ernten.

Gemischter Kasten mit Obst und Gemüse Wer Farbe und Vielfalt für seinen Gemüsekasten anstrebt, sollte Tomatenpflanzen einsetzen. Es gibt spezielle Sorten, etwa 'Tumbler' und 'Patio', die für die Kasten- und Kübelkultur entwickelt wurden und sogar in einer Blumenampel gedeihen. Witzig sieht auch die Zwergpaprika 'Jingle Bells' aus. Selbst eine Miniaturgurkenpflanze ist denkbar, wenngleich sie keinen so leuchtenden Farbakzent setzt.

Sie könnten noch Erdbeerpflanzen dazusetzen. Es gibt spezielle Sorten für Kübel und Töpfe, die über einen langen Zeitraum blühen und fruchten. Wer altmodische Pflanzen schätzt, wählt statt dessen Walderdbeeren.

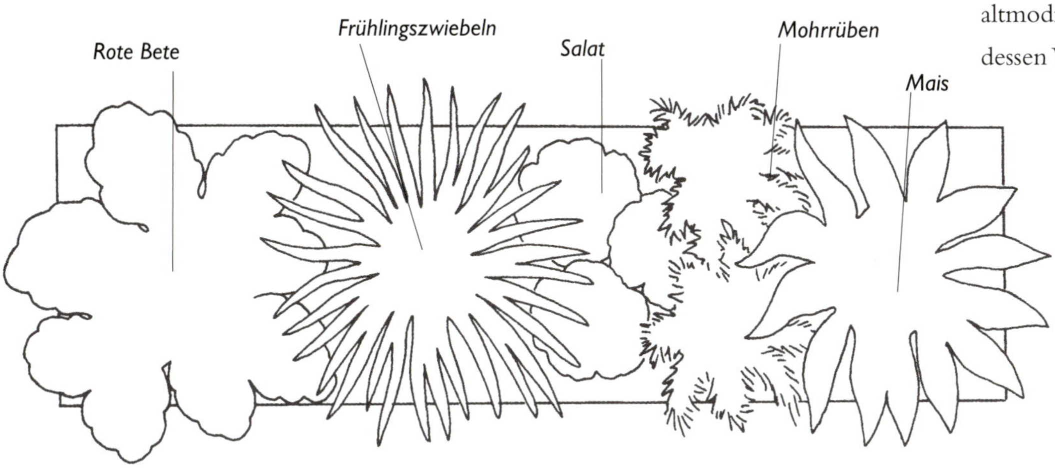

◀ Es gibt viele Minigemüsesorten für Kübel und Kasten. So kann man in der Saison frische, chemisch unbelastete Zutaten ernten. Dafür lohnt sich die Mühe des Pflanzens und Pflegens.

Blumenampeln

Blühende Ampeln sind im Sommer ein herrlicher Anblick, ob auf der Terrasse, am Balkon oder vor der Haustür. Sie sind einfach zu bepflanzen und zu pflegen, nur bei der Auswahl der Pflanzen sollte man sich etwas mehr Gedanken machen.

Ampel in Blau-Weiß-Rot

Für einen Pflanzkorb mit 40 cm Durchmesser brauchen Sie sechs Pflanzen mit hängendem Wuchs, etwa
Hedera helix (Efeu) – Wählen Sie kleinblättrige, panaschierte Sorten wie 'Adam', 'Asterisk' oder 'Glacier'.
Helichrysum petiolare – hängende Form, herzförmige Blätter, unten wollig dicht und grau, weiter oben heller. Cremeweiße Blüten.
Plectranthus forsteri 'Marginatus' – hängende Triebe mit grün-weiß panaschierten Blättern.
P. australis – kleine, hellgrüne Blätter oder
P. oerthendalii – weiß geäderte Blätter mit rosa-violetten Unterseiten. Dazu 3–6 hängende Pelargonien 'Roulette' mit rot-weiß gestreiften Blüten,
1–2 *Pelargonium* 'Pulsar Scarlet' für die Mitte des Korbes oder kleinwüchsige rote Sorten aus der Serie Video Mixed,
6–9 *Petunia grandiflora* – eine weiße Sorte oder 6 *Lobelia* 'Safir' – dunkelviolettblau mit weißem Auge oder 'Crystal Palace'.

Für größere oder kleinere Körbe muss die Zahl der Pflanzen entsprechend angepasst werden. Generell sehen Ampeln aber am besten aus, wenn sie beinahe übervoll sind. Die hängenden Blattpflanzen werden an den Rand des Korbs gepflanzt, sodass sie überhängen. Die bunten Pflanzen ordnen Sie in Reihen an. Im Laufe des Sommers wachsen sie immer mehr ineinander.

▶ Eine andere Variante in Blau-Weiß-Rot mit Leberbalsam und Begonien. Zuerst wird der Boden der Korbeinlage bepflanzt, dann die Pflanzen von innen nach außen durch das Geflecht schieben. Dabei die Pflanzen möglichst wenig beschädigen.

1. Begonie (rot)
2. Leberbalsam *(Ageratum)* (blau)
3. Petunie (weiß)
4. Lobelie (blau)
5. Efeu

Eine leuchtende Ampel in Gelb und Orange

Für einen Pflanzkorb mit 40 cm Durchmesser brauchen Sie
6–9 *Tropaeolum majus* (Kapuzinerkresse), entweder Double Gleam-Hybriden oder Alaska-Mix,
6 *Lysimachia congestiflora* (Felberich) – Gruppen gelber Röhrenblüten mit roter Mitte,
6 *Bidens ferulifolia* (Zweizahn) – kleine, gelbe Sternblüten, die in Kaskaden über die Korbseiten fallen, oder 6 *Tagetes* – für Ampeln eignen sich niedrige Sorten am besten, etwa die Disco- und Gem-Serien in Orange, Gold und Gelb. 'Naughty Marietta' hat gelbe Blüten mit dunkelroter Zeichnung.

▲ *Ampeln sehen überall um Haus und Garten gut aus. Hier ein Exemplar in einem Duftgarten, bepflanzt mit Duftblattpelargonien.*

▶ *Fleißige Lieschen in kräftigem Pink und Weiß in einer schlichten, zweifarbigen Ampel. Weitere Ampeln im Hintergrund greifen diese Farbkombination auf.*

Blumenampeln im Winter

Fast immer dienen Ampeln als Augenweide für den Sommer. Es ist aber auch möglich, eine Pflanzenkombination zu wählen, die in den Wintermonaten attraktiv aussieht – vorausgesetzt, der Korb ist keinem starken Frost ausgesetzt. Basis der Bepflanzung ist ein winterharter, immergrüner Farn. Dazu kommen weitere Pflanzen wie

- *Hedera helix* 'Glacier' oder *H. h.* 'Pin Oak' (beides Efeusorten) – Hängt die Ampel an einem exponierten Platz, wählen sie winterharte Sorten.
- *Polypodium vulgare* – immergrüner Farn,
- *Vinca minor* (Kleines Immergrün) – hängende Triebe und hellblaue Blüten vom Frühling bis zum Herbst oder
- *Viola × wittrockiana* (Stiefmütterchen) – entweder Sorten mit verschiedenfarbigen oder einfarbig blauen Blüten wählen. Sie blühen mehrere Monate lang.

Einfache Ampeln für den Sommer Sehr schön sehen auch Ampeln mit nur einer Pflanzenart aus, vielleicht in verschiedenen Farben. Besonders gut eignen sich für solche Bepflanzungen in kontrastreichen oder abgestuften Farben die Petunien. Man teilt sie in drei Gruppen ein. Grandiflora heißen die Sorten mit besonders großen Blüten (bis zu 13 cm Durchmesser). Multiflora ist die Gruppe mit vielen einfachen oder gefüllten Blüten von 8 cm Durchmesser. Milliflora sind kleinere Pflanzen mit zahlreichen Blüten. Meist blühen Petunien in Schattierungen von Rot, Rosa, Violett und Weiß. Pflanzen der Serie Celebrity Mixed, Celebrity Bunting (dunklere Farben) und Celebrity Pastel tragen Blüten in harmonischen Farbabstufungen. Sehr schön sind auch einfarbige Sorten wie 'Sonata' in Weiß und 'Supercascade' in Rosarot. Die Grandiflora-Petunien der Serien Picotee und Razzle Dazzle haben oft mehrfarbige Blüten mit gewellten Rändern.

Ampeln Ton in Ton

Manche Gärtner bevorzugen ruhigere Kombinationen aus abgestuften Farben. Es gibt unzählige Pflanzen und Farben, die sich dafür eignen. Beschränken Sie sich auf eine Farbe, vielleicht Rosa oder Hellblau, und kombinieren Sie dazu eine Reihe ähnlicher, aber insgesamt zarterer Töne.

Ampel in Rosa und Violett

Verwenden Sie Lavendel (*Lavandula* 'Munstead', dunkelviolett) oder eine rosa blühende Nelke (*Dianthus* 'London', hellrosafarben mit dunklerem Auge). Dazu passen Sommerfuchsien wie 'Auntie Jinks' (weiß und violett), 'Micky Gault' (weiß mit kräftig pinkfarbener Mitte) oder 'Leonora' (zartrosa). In die Mitte des Korbes kommt ein Fleißiges Lieschen (*Impatiens* Neu-Guinea-Gruppe) in kräftigem Pink. Hängende Pflanzen mit graugrünem Laub wie *Hedera helix* 'Glacier' oder *Helichrysum petiolare* 'Roundabout' halten die Elemente optisch zusammen.

◀ *Eine Ampel mit rosafarbenen Blüten im Kontrast zum dunkelvioletten Lavendel. Der Lavendel muss geschickt platziert werden, damit seine Blüten gut zur Geltung kommen.*

Ampel in Blau, Violett und Silber

Eine ähnliche, aber noch ruhigere Farbkombination entsteht mit blauvioletten Stiefmütterchen aus der Gruppe der *Viola × wittrockiana* als Hauptakzent. Dazu kommt die violett blühende *Salvia officinalis* 'Aurea', die klein genug für eine Ampel ist, sowie *Hedera helix* 'Glacier', Stohblume *(Helichrysum)* und graulaubiges Greiskraut *Senecio cineraria* 'Silver Dust'.

▲ *Ampeln in Blau und Weiß sehen immer frisch und kühl aus. Mischen Sie unter das Pflanzsubstrat Wasser speicherndes Granulat.*

Ampel mit frischem Gemüse

Das ist eine ungewöhnliche Idee, die aber bestens funktioniert und bestimmt für Gesprächsstoff sorgt. Alle Gemüsesorten müssen während ihrer Wachstumsperiode regelmäßig, mindestens einmal pro Woche, gedüngt werden. Das gilt besonders für die hängenden Tomaten, die den Blickfang der Kombination bilden.

Salat – Wählen Sie verschiedene Sorten mit lockerem Aufbau wie 'Red Fox' mit rot-grünen Blättern, 'Lollo Biondo' mit hellgrünen Blättern, 'Lollo Rosso' mit rot geränderten Blättern sowie 'Red and Green Salad Bowl'. Die Salate werden

Kräuter in der Ampel

Bepflanzen Sie einen kleineren Korb mit Kräutern, die hübsch aussehen und oft in der Küche gebraucht werden. Kräuter blühen nicht so spektakulär wie Sommerblumen, doch viele haben hübsch gezeichnete Blätter. Als Hängepflanzen bietet sich Kapuzinerkresse an, die ebenfalls essbar ist. Die Blätter würzen den Salat, die Blüten dienen als Dekoration. Außerdem passen in die Ampel:
Petersilie – krausblättrige ist hübscher,
Salbei – *Salvia officinalis* 'Icterina' hat gelb-grün panaschierte Blätter. Die jungen Blätter von *S. o.* 'Purpurascens' sind rötlich-violett. Es gibt weitere Sorten mit verschiedenen Blattfarben.
Schnittlauch – attraktive Blüten in Pink,
Thymian – *Thymus herba-barona*, das traditionelle Kraut zu Roastbeef mit hängendem Wuchs, *T. vulgaris* 'Aureus' und 'Silver Posie' mit golden und silbrig geränderten Blättern.
Setzen Sie als Farbtupfer noch einige Tagetes oder Ringelblumen dazu. Sehr dekorativ ist *Tagetes patula* 'Lemon Drop', Ringelblumen *(Calendula)* sind sogar essbar.

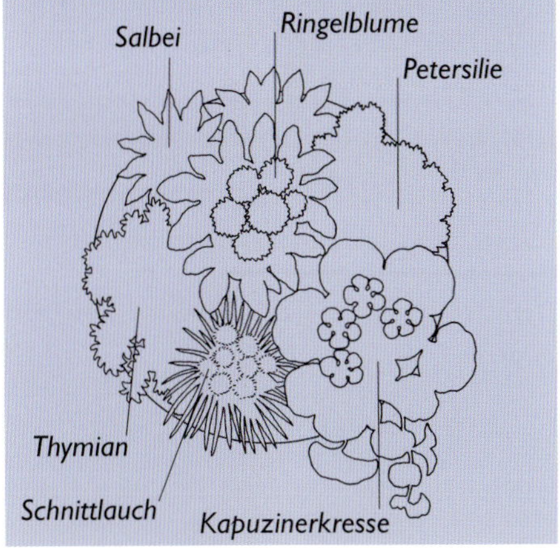

seitlich in die Ampel gepflanzt, die dunkleren im unteren Bereich und der hellgrüne 'Lollo Biondo' am oberen Rand, damit die Kontraste zwischen den Blattfarben deutlich werden. Setzen Sie oben in den Korb drei Kirschtomatenpflanzen der speziell für Ampeln gezüchteten Sorte 'Tumbler' und, wenn der Platz ausreicht, noch Basilikum oder Oregano für die passende Würze ein.

▲ *Erdbeeren und Petersilie passen gut zusammen. Hier wurde der Rand mit weißem Steinkraut* (Alyssum) *bepflanzt.*

Praxisfragen

Das Gärtnern im Kübel unterscheidet sich nicht wesentlich vom herkömmlichen Gärtnern. Samen werden gesät, Pflanzen wachsen, blühen, bilden Samen und sterben ab. Der Unterschied ist nur, dass die Wurzeln weniger Platz und Erde zur Verfügung haben und darum öfter gedüngt und gegossen werden müssen als im Beet.

Große Kübel machen Eindruck

Beim Kauf von Kübeln sollte man sich Zeit lassen. Große Kübel aus Terrakotta oder Kompositstein sind ausgesprochen teuer, und antike Gefäße haben erst recht ihren Preis. So ein edles Stück eignet sich als Blickfang für sich genommen oder als Kübel für eine ganz besondere Pflanze.

Hohe Kübel

Häufig richtet sich die Wahl eines Pflanzgefäßes nach der Höhe der Pflanze, für die es bestimmt ist, oder nach dem Stil der Gesamtanlage. In einem reinen Kübelgarten braucht man Gefäße verschiedener Höhe. Besonders hohe Exemplare, etwa große Amphoren, sind schwierig zu finden und sehr teuer. Manchmal bekommt man auf Flohmärkten oder beim Trödler attraktive Stücke für wenig Geld, die obendrein interessanter als die Standardmodelle aus dem Gartencenter sind. Nehmen Sie sich Zeit, die optimalen Kübel für Ihren Garten zu finden.

Überlegt pflanzen Beim Kauf großer Gefäße sollten Sie unbedingt die Form des oberen Randes beachten. Alte Schornsteinköpfe sind ebenso originell wie dekorativ. Auch Amphoren sehen schön aus, doch sind alle Gefäße mit verengtem Hals ungeeignet für eine dauerhafte Bepflanzung. Setzt man beispielsweise einen Strauch in ein solches Gefäß, füllen es die Wurzeln mit der Zeit so weit aus, dass man die Pflanze zum Umtopfen nicht mehr entnehmen kann. So bleibt keine andere Möglichkeit, als das Gefäß zu zerschlagen.

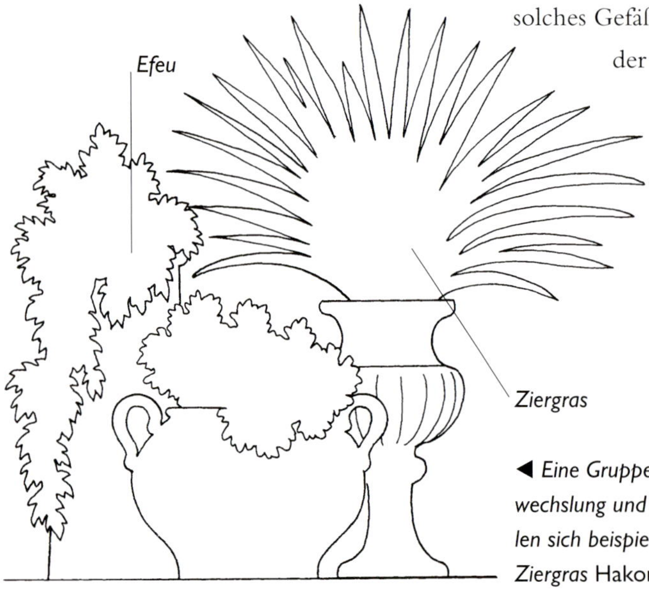

◀ *Eine Gruppe größerer Kübel sorgt für Abwechslung und Höhe. Als Bepflanzung empfehlen sich beispielsweise hängender Efeu, das Ziergras* Hakonechloa *und Thymian.*

▼ *Große oder farbige Kübel können für sich schon ein Blickfang im Garten sein. Sie sollten aber die Pflanzen optisch nicht erdrücken.*

Terrakottakübel

Das verbreitetste Material für Gartenkübel ist Terrakotta, was übersetzt „gebrannte Erde" bedeutet. Das Angebot an unterschiedlichen Formen, Größen und Stilen ist enorm. Man kann aus Terrakottakübeln Gruppen zusammenstellen, indem man entweder gleichartige Kübel verschiedener Größe kombiniert oder

Einen Terrakottakübel schnell altern lassen

1 Moderne, neue Terrakottakübel sehen im Garten oft unangenehm steril aus. Damit sie sich besser einfügen, kann man sie künstlich altern lassen.

2 Bestreichen Sie die Oberfläche des Kübels mit Naturjoghurt oder Sauermilch. Darauf siedeln sich bald Moose und Flechten in sanften Farbtönen an.

3 Schon nach einigen Wochen wirkt der Kübel mit dem Bewuchs, als sei er schon viele Jahre alt. Die Innenseite wird nicht behandelt.

eine Reihe ganz unterschiedlicher Gefäße verwendet, etwa eckige und runde, gerade und bauchige und dazu einige flachere Schalen. Dazwischen könnte man noch ein oder zwei schlanke, betont hohe Kübel stellen.

Viele Modelle, die man heute im Handel findet, sind Kopien von Gefäßen aus dem 19. Jahrhundert. Manche Urnen und Amphoren gehen sogar auf Vorlagen der Antike zurück. Damit neue Kübel antik aussehen, kann man sie mit Joghurt oder Sauermilch anstreichen, worauf sich schnell Moose und Flechten ansiedeln, sodass das Gefäß schnell Patina ansetzt. Natürlich kann man auch farbig glasierte Kübel kaufen.

▶ *Eine klassische Schale Hauswurz* (Sempervivum). *Einige Arten haben rote Blätter und tragen zarte Blüten an aufrechten Stielen.*

Andere Kübeltypen

Viele Gefäße lassen sich als Pflanzkübel verwenden, und man muss sich keineswegs auf das Standardangebot der Gartencenter beschränken. Alte Zinkbadewannen, Spülsteine oder Steintröge eignen sich gut zum Bepflanzen und sehen originell aus. Voraussetzung ist allerdings eine gute Drainage.

Tröge

Die schwersten und teuersten Pflanztröge bestehen aus Blei und eignen sich schon wegen des Gewichts nicht für den Dachgarten. Es gibt aber überzeugende Kopien solcher Modelle aus Fiberglas. Auch traditionelle Steintröge werden als Repliken aus Kompositstein oder Torfzement angeboten. Überlegen Sie genau, wo Sie einen Trog im Garten aufstellen wollen. Große Pflanzgefäße lassen sich oft nur im leeren Zustand bewegen, darum sollten sie grundsätzlich vor dem Füllen an ihren endgültigen Platz gestellt werden. Das gilt besonders für Gruppen von großen Gefäßen. Stellen Sie sie probeweise leer auf, und probieren Sie verschiedene Anordnungen aus. Schlafen Sie eine Nacht darüber, und begutachten Sie die Gruppe am nächsten Morgen noch einmal. Wenn Ihnen alles zusagt, können die Kübel mit Substrat und Pflanzen gefüllt werden.

Erdbeertöpfe

Erdbeertöpfe sind vor allem als Terrassendekoration sehr beliebt. Es sieht hübsch aus, wenn die reifenden Früchte an allen Seiten herabhängen. Erdbeertöpfe sind in jedem größeren Gartencenter zu bekommen, allerdings ist es gar nicht so einfach, in ihnen eine gute Ernte heranzuziehen. Die Pflanzen brauchen

◀ Erdbeeren in einem traditionellen Erdbeertopf. Das Gefäß muss oft gedreht werden, damit alle Pflanzen genug Sonne bekommen.

viel Pflege und Fürsorge. Vor allen Dingen müssen Sie ein perforiertes Plastikrohr vorbereiten, das in die Mitte gestellt wird. Nur so bekommen auch die weiter unten eingesetzten Pflanzen ausreichend Gießwasser. Eine Schicht Kieselsteine oder Tonscherben auf dem Topfboden hält das Rohr aufrecht und sorgt für gute Drainage. Anschließend wird der Topf mit nahrhaftem Substrat gefüllt. Erdbeeren haben einen hohen Nährstoffbedarf, brauchen also reichlich Dünger. Die Pflanzen werden nach und nach beim Auffüllen des Topfes von innen nach außen durch die Öffnungen geschoben. Wählen Sie unbedingt eine Sorte, die speziell für die Topfkultur geeignet ist. Die Wurzeln werden beim Pflanzen gut angedrückt, dann muss gegossen werden. Wer ernsthaft an einer reichen Ernte interessiert ist, sollte obendrein im ersten Jahr die Blüten ausknipsen, sodass die Pflanzen kräftig werden können, ehe sie Früchte tragen.

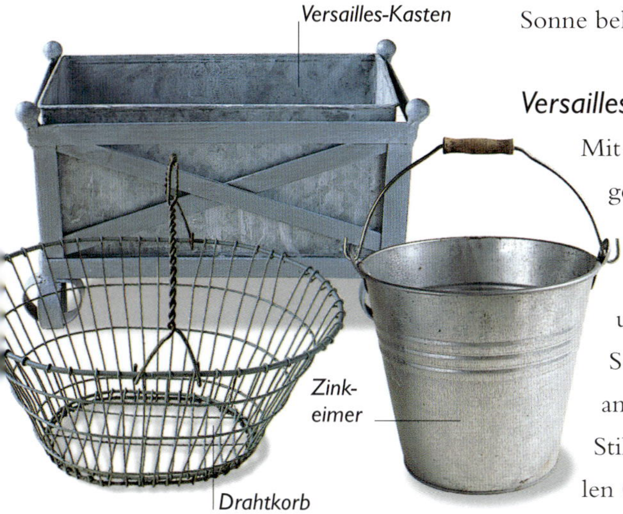

▲ *Klassische sowie unkonventionelle Gefäße eignen sich als Pflanzkübel. Denken Sie immer an die Drainagelöcher im Boden.*

▲ *Echte Bleigefäße sind schwer und teuer. Fiberglasrepliken klassischer Vorbilder sehen durchaus überzeugend aus.*

Während des Sommers muss der Topf regelmäßig gegossen werden. Etwa einmal wöchentlich wird er gedreht, damit alle Pflanzen gleichmäßig viel Sonne bekommen.

Versailles-Kübel

Mit diesem Begriff sind die Gefäße gemeint, die man – bepflanzt mit Orangen- oder Lorbeerbäumchen – aus den Wintergärten und Orangerien französischer Schlösser kennt. Sie haben eine ansprechende Form, passen vom Stil her aber nur in einen formalen Garten. Es gibt heute Modelle aus Kunststoff und Holz. Die hölzernen Exemplare müssen mit einer stabilen Plastikfolie ausgekleidet werden.

Ungewöhnliche Gefäße

Das Spektrum der Gefäße, die sich als Pflanzkübel umfunktionieren lassen, ist nahezu endlos. Alte Spülsteine und Zinkbadewannen sind denkbar, sofern sie zum Stil des Gartens passen. Spülsteine beispielsweise werden gern für niedrige alpine Pflanzen verwendet. Auch ausgediente Viehtröge und alte Wasserzisternen können sehr dekorativ sein. Sie sind allerdings sehr schwer, darum müssen sie vor dem Bepflanzen an ihren endgültigen Platz gestellt werden. Grundsätzlich müssen Drainagelöcher in den Boden aller Gefäße gebohrt werden.

Kleine Pflanzgefäße

Je kleiner ein Garten, desto sorgfältiger müssen die Töpfe und Kübel auf den Stil der Anlage und auf die Pflanzen abgestimmt sein. Oft gehen die kleineren Töpfe optisch unter. Töpfe an der Wand erweitern die Pflanzfläche und lenken den Blick in die Höhe.

Kleine Töpfe für kleine Gärten

Das Angebot an kleineren Töpfen ist gewaltig. In einem kleinen Garten reicht der Platz oft nur für wenige Pflanzen aus, die dann aber um so besser auf ihre Gefäße abgestimmt sein sollten. Aus Töpfen mit kleinen Pflanzen wie Primeln oder Stiefmütterchen kann man hübsche Gruppen arrangieren. Größere, flache Schalen bieten sich für die rosettenförmig wachsenden, vielfältigen Hauswurzarten *(Sempervivum)* an.

Konzentrieren Sie sich auf Ihre Lieblingspflanzen, vielleicht niedrige Lavendelsträucher, Zwiebelblüher für den Frühling, Kräuter und Einjährige. Dann tragen Sie eine Sammlung von Tontöpfen in verschiedenen Größen zusammen, bepflanzen und gruppieren Sie sie entsprechend den Bedingungen Ihres Gartens. Möglicherweise reicht der Platz sogar für eine oder zwei Kletterpflanzen aus. Sie brauchen allerdings einen größeren Topf, in dem sich ihre Wurzeln ausbreiten können. Clematis lieben einen schattigen Wurzelbereich, darum sollten die Kübel nicht in der

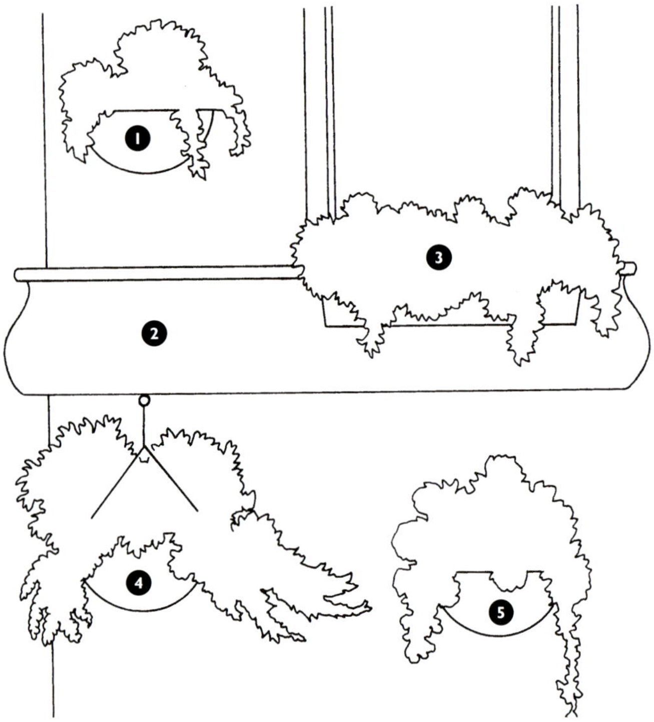

◀ Muss sich ein Gärtner mit wenig Platz zufrieden geben, bleibt ihm die Möglichkeit, die Wände mit Wandtöpfen, Blumenkästen und Ampeln einzubeziehen. Damit ein harmonisches Bild entsteht, sollten Pflanzen und Gefäße zusammenpassen.

1. Wandtopf
2. Balkon vor dem Fenster
3. Blumenkasten
4. Ampel
5. Wandtopf

Antike Wandtöpfe

Schlichte Wandtöpfe sehen fast immer gut aus. Manchmal eignen sich aber auch unkonventionelle Modelle, die beispielsweise an klassische Formen angelehnt sind oder Motive alter Kulturen wie der Maya oder Azteken imitieren. In der richtigen Umgebung sehen sie interessant aus. Beliebte Formen sind Muscheln und Schneckenhäuser, Flechtmuster und Kürbisse. Die geringe Substratmenge in Wandtöpfen trocknet im Sommer schnell aus, darum muss man zweimal täglich gießen.

▶ *Einfache Tonblumentöpfe mit leuchtenden Fleißigen Lieschen sind mithilfe von Drahtringen an einem Holzzaun befestigt.*

prallen Sonne stehen. So kann selbst ein winziger Garten oder Hof bezaubernd gestaltet werden.

Wandtöpfe und Blumenampeln

In einem reinen Kübelgarten sollte man stets die Dimension der Höhe im Auge behalten. Es gibt viele Möglichkeiten, den Garten nach oben auszudehnen, sofern eine Wand vorhanden ist. Selbst ein stabiles Spalier und einige hängende Töpfe können schon ausreichen. Spezielle Wandtöpfe haben eine abgeflachte Rückseite und meist eine Öse zum Aufhängen. Sie liegen flach an einer Wand an und bieten sich für Pflanzen mit hängendem Wuchs an. Mit bunten Einjährigen gefüllt sind sie ein Blickfang.

Wandtöpfe gibt es in vielen Designs, von ganz schlichten Modellen bis zu Bienenkörben, Muscheln und Schneckenhäusern, außerdem schlank zulaufende Kelchformen und üppig bauchige Töpfe. Wer in seinem Garten Terrakottakübel in verschiedenen Formen verwendet, sollte versuchen, Wandtöpfe in ähnlichen Formen zu finden, um ein einheitliches Bild zu gestalten. Wichtig ist auch, dass Wandtöpfe sicher befestigt werden und zum Gießen noch erreichbar sind. Weil sie mehr Sonne erhalten als Kübel am Boden, müssen sie ebenso häufig wie Blumenampeln gegossen werden. Wählen Sie für Wandtöpfe möglichst Pflanzen, die etwa zur gleichen Zeit blühen.

Blumenampeln

Die klassischen Körbe für Blumenampeln sind schlicht und haben einen Durchmesser von 30–40 cm. Im Fachhandel findet man auch kunstvoll verschnörkelte Modelle, doch die schlichten reichen völlig aus, da sie ohnehin in kurzer Zeit von den Pflanzen verdeckt werden. Sehr wichtig ist hingegen, dass der Haken oder Winkel zur Aufhängung von Ampeln stabil und sicher befestigt ist. Dicht bepflanzte und frisch gegossene Ampeln sind überraschend schwer. Weitere Hinweise zur Pflege und Bepflanzung finden Sie auf Seite 92/93.

Wandtöpfe und Ampeln sind vor allem für Balkongärten praktisch. Nur auf einem sehr großen Balkon kann man große Kübel für Kletterpflanzen aufstellen. Auf kleinen Balkonen hingegen sorgen geschickt platzierte Wandtöpfe und Ampeln für Abwechslung.

Kübel für große Pflanzen

Es versteht sich von selbst, dass große Pflanzen geräumige Kübel benötigen, wenn sie gut gedeihen sollen. Große Kübel sind teuer, darum sollte man den Kauf genau bedenken. Außerdem müssen die Gefäße sorgfältig auf den Stil des Gartens abgestimmt werden.

Kübel für große Pflanzen

Wer große Pflanzen halten möchte, muss großzügig denken. Alle großen Pflanzen, seien es Bäume, Obstgehölze oder Sträucher, brauchen möglichst viel Erdreich, wenn sie sich gut entwickeln sollen. Im Idealfall pflanzt man sie in ein Hochbeet oder einen speziellen, großen Kübel, der gut zum Stil der Terrasse, des Dachgartens oder Hofes passt. Alle Kübel müssen Drainagelöcher im Boden haben. Ein automatisches Bewässerungssystem kann ebenfalls hilfreich sein.

Das zweite wichtige Kriterium ist der Stil. Überlegen Sie genau, wie sich ein großer, teurer Kübel in Ihren Garten integrieren lässt und wie das Gefäß zu Art und Wuchsform der gewünschten Pflanze passt. Bäume oder Sträucher mit breitem Wuchs sehen am besten in Kübeln mit weiter Öffnung aus. Akkurat gestutzte Formschnittsträucher kommen nur in klassischen, formalen Gefäßen gut zur Geltung. Häufig bestehen große Kübel aus Terrakotta. Geeignet sind aber auch Gefäße aus anderen Materialien, etwa Stein oder glasiertes Steingut, sofern sie dem Wurzelballen der Pflanze genug Platz bieten. Natürlich sollen auch die Proportionen zwischen Kübel und Pflanze ausgewogen sein. Eine kleine Pflanze kann in einem stattlichen Kübel verloren aussehen. Besser ist es, einen zunächst in der Größe passenden Kübel zu wählen und die Pflanze nach einigen Jahren umzutopfen.

◀ Blumenrohr (Canna) *passt gut in einen Garten, der Tropenstimmung vermitteln soll. Sie brauchen viel Sonne und Wärme.*

Halbe Fässer

Halbe Fässer eignen sich gut als Pflanzkübel – sogar für recht große Bäume. Weil sie sehr natürlich aussehen, passen sie in nahezu jede Umgebung. Mit etwas Glück findet man alte Fässer beim Trödler, es gibt aber auch speziell zum Bepflanzen gedachte Exemplare im Gartencenter. Wer ein ganzes Fass hat, muss es durchsägen. Dazu markieren Sie die Mitte mit einem Kreidestrich und sägen es entlang der Linie durch. Füllen Sie das Fass mit Wasser und lassen es über Nacht stehen, damit das Holz aufquellen kann. Ist das Holz stark ausgetrocknet, muss es eventuell auch länger quellen. Dann bohren Sie Drainagelöcher in den Boden und legen das Fass mit stabiler Plastikfolie aus, die am oberen Innenrand festgetackert wird. Über den Drainagelöchern im Boden wird die Folie durchstochen. Zum Schluss den Folienrand sauber abschneiden und das Fass mit Kies und Substrat füllen.

Hohe Kübel richtig platzieren

Hohe Kübel eignen sich gut als Blickfang für Gartenhof und Terrasse, denn sie sehen selbst ohne Pflanzen attraktiv aus. Besonders schön sind klassische Amphoren. Beim Bepflanzen sehr hoher Kübel ist allerdings etwas Vorsicht erforderlich. Nur schlichte, hängende Arten sind wirklich gut geeignet.

Schon die Standortwahl für sehr große Gefäße will durchdacht sein. Ein gelungenes Gartendesign muss viele Aspekte berücksichtigen. Die Farbe des Hintergrundes zählt zu denen, die häufig übersehen werden.

KÜBELFÜSSCHEN

In vielen Fällen, wenn auch nicht immer, ist es sinnvoll, den Boden eines Pflanzgefäßes etwas vom Untergrund anzuheben. Das gilt besonders für Blumenkästen aus Holz und MDF-Platte, die man auf Leisten oder Fliesenstreifen stellen sollte. Für Terrakottakübel bietet der Fachhandel spezielle Füßchen an, die für eine ungehinderte Drainage sorgen. Halbe Fässer sollte man stets auf Ziegelsteine stellen.

Die Form des Kübels bestimmt, welche Pflanze optimal passt. Versailles-Kästen eignen sich für kleine Bäume, hohe Amphoren dagegen für Kapuzinerkresse.

▶ Grünpflanzen können in auffälligen Gefäßen sehr gut aussehen. Das Blaugrau der Agave harmoniert mit den sanften Tönen der Kübel.

Ein Hochbeet bauen

Für einen größeren Hof ist ein Hochbeet eine gute Lösung. Es schafft einen guten Platz für langlebigere Pflanzungen und erweitert so das Spektrum der Arten, die im Garten gedeihen können. Ideal sind Hochbeete für behinderte oder ältere Menschen, die sich nicht gut bücken können.

Planen und Maß nehmen

Stellen Sie zuerst sicher, dass rund um das geplante Beet ausreichend Platz zur künftigen Pflege frei bleibt. Zeichnen Sie eine Skizze auf Papier, und berechnen Sie die Materialmenge. Hochbeete kann man aus Ziegelsteinen, Natursteinplatten, behauenen Steinblöcken oder Gasbetonsteinen bauen. Gasbeton- und Betonziegel sind recht preiswert, müssen aber verputzt und gestrichen werden. Blöcke und Platten aus Naturstein sind schwierig zu verarbeiten. Ziegelsteine sind in jeder Hinsicht gut geeignet und passen optisch in fast jeden Garten. Aber in Gegenden, wo die Häuser vorwiegend aus Naturstein bestehen, sollte man auch fürs Hochbeet Naturstein verwenden.

Nachdem der Materialbedarf berechnet ist, markieren Sie die Fläche im Freien genau mit Pflöcken und Schnur. Sofern Sie ein rechteckiges Beet bauen wollen, achten Sie darauf, dass alle Ecken rechtwinklig sind. Dann heben Sie für das Fundament der Mauern einen Graben von 30 cm Tiefe und 30 cm Breite aus. Füllen Sie den Graben mit Zement, ziehen Sie ihn exakt gerade ab, und lassen Sie das Fundament mindestens über Nacht aushärten. Wird das Hochbeet auf einer gepflasterten Fläche, etwa einem Hof, gebaut, muss das Pflaster der Grundfläche entfernt werden, damit Gieß- und Regenwasser ins Erdreich abfließen kann. Bleibt das Pflaster liegen, sammelt sich Wasser und es entsteht ein matschiger Sumpf, in dem die Pflanzen bald verfaulen. Es ist daher wichtig, sich bei diesen Arbeitsschritten viel Mühe zu

◀ Ein ganz einfaches Holzbeet mit einer Einfassung aus dicken Holzbohlen dient hier als Gemüse- und Kräuterbeet. Hübsch sind die Kontraste zwischen den Blattformen.

Ein Hochbeet bauen

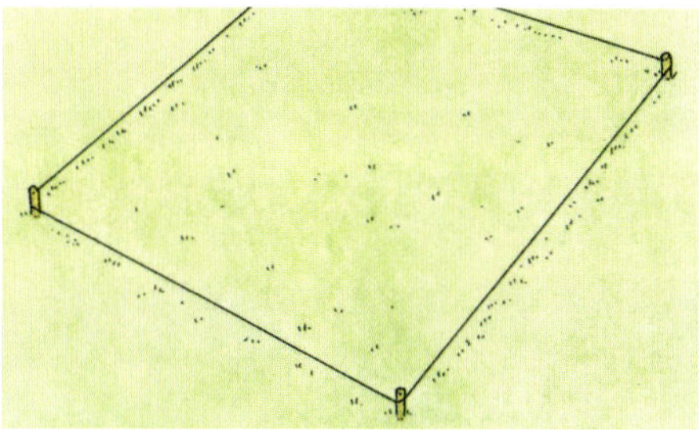

1 Zuerst die Fläche ausmessen und mit Pflöcken und Schnur markieren. Die Ecken müssen exakt rechtwinklig sein. Für die Drainage eventuell vorhandene Pflastersteine entfernen.

2 Am Rand des Beetes einen Graben von 30 cm Tiefe und 30 cm Breite ausheben. Etwas Schotter einfüllen und feststampfen. Dann den Graben mit Beton auffüllen und glätten.

3 Den Beton über Nacht aushärten lassen. Bei Frost oder Regen mit Folie abdecken. Zuerst eine Innenwand aus Gasbetonziegeln mit einer mindestens 12 mm dicken Mörtelschicht aufsetzen.

4 In Abständen Mauerwerkshaken anbringen, um die Wand zu stabilisieren. Die Außenmauer von den Ecken aus aufsetzen, dabei die Steine immer wieder mit der Wasserwaage gerade ausrichten.

5 Als Abschluss eine Reihe Ziegelsteine quer über Außen- und Innenmauer aufsetzen. Das fertige Beet mit Kies und Erde füllen. Es dauert einige Tage, bis sich die Erde gesetzt hat. Erst dann bepflanzen.

geben. Achten Sie beim Aufnehmen des Pflasters in einem Hof darauf, dass keine darunter verlaufenden Rohre oder Leitungen beschädigt werden.

Wer ein traditionelles Hochbeet aus Backsteinen bauen will, sollte zuerst Innenmauern aus Gasbetonziegeln errichten. Die Ziegel werden auf einer 12 mm dicken Mörtelschicht vermauert und stoßen an den Ecken stumpf zusammen. Prüfen Sie zwischendurch immer wieder mit einer Wasserwaage, ob die Mauer gerade ist. Anschließend wird die Außenwand aus Ziegeln gebaut. Beginnen Sie an den Ecken, und spannen Sie Schnüre, um sicherzustellen, dass die Ziegelreihen gerade verlaufen. Um die Wand zu stabilisieren, werden einige Mauerwerkshaken eingemauert. Ist die Mauer fertig, wird eine abschließende Reihe Ziegelsteine im rechten Winkel aufgesetzt, um die Gasbetonziegel zu verdecken. Der Boden des Hochbeets wird dann mit einer dicken Schicht Kies oder Schotter bedeckt, um die Drainage zu verbessern. Anschließend füllen Sie gute Garten- oder Blumenerde ein.

▲ *Eine sehr schicke Terrasse im Stil von Charles Rennie Mackintosh mit farblich perfekt abgestimmten Hochbeeten.*

Ein gemauerter Pflanztrog

Ein gemauerter Pflanztrog ist ideal für ältere Menschen und körperlich nicht mehr so bewegliche Gartenliebhaber. Spezielle Werkzeuge mit langem Griff erleichtern darüber hinaus die Pflege von Pflanzen im hinteren Bereich des Troges. Langlebige Gewächse gedeihen hier sehr gut.

Gemauerte Tröge entlang der äußeren Begrenzung sind für viele Höfe und Terrassen eine tolle Bereicherung. Generell sind beim Bau eines solchen Troges die gleichen Aspekte zu beachten wie bei der Anlage eines rundum zugänglichen Hochbeetes. Bei der Grenzbepflanzung kommen jedoch noch einige Fragen hinzu. Das erste Kriterium ist die Tiefe. Es hat keinen Sinn, einen Trog so tief zu bauen, dass das Jäten, Schneiden oder Anbinden der Pflanzen im hinteren Bereich mühsam wird.

Ferner müssen Sie über die Höhe nachdenken. Soll der Trog relativ hoch sein, etwa so, dass auch ein Rollstuhlfahrer ihn noch erreichen kann? Oder sollen lediglich zwei Ziegelsteinreihen ein kleines Beet am Gartenrand begrenzen? In welche Richtung weist der Garten? Ein Trog an einer Süd- oder Südwestwand bietet schließlich ganz andere Bedingungen als einer an einer Nordwand. Vor einer Südwand könnten Sie beispielsweise empfindliche Obstgehölze wie Pfirsiche und Nektarinen an Spanndrähten ziehen. An einer Nordwand gedeiht mit etwas Glück noch eine Schattenmorelle, doch werden diese Bäume recht groß und sind damit für einen kleinen Kübelgarten ungeeignet.

Wer eine alte Gartenmauer als Rückwand des Troges verwenden möchte, muss prüfen, ob sie stabil genug ist, den seitlichen Druck auszuhalten. Vielleicht sind aber Ziegel und Mörtel auch schon alt und bröckelig und verkraften Feuchtigkeit und winterlichen Frost nicht mehr. Ist die Mauer in schlechtem Zustand, muss sie vielleicht zuerst repariert oder erneuert werden. Alternativ könnte man eine separate Rückwand für

◀ In einem höheren Trog gedeihen auch langlebige Pflanzen wie Bäume und Sträucher gut.

Einen Trog mauern

1 Zuerst die Fläche für den Trog ausmessen, dann einen Graben für das Fundament ausheben und mit Beton auffüllen. Aushärten lassen.

2 Die Einfassung mauern. Liegt der Trog vor einer frei stehenden Wand (z. B. einer Gartenmauer), müssen nur drei Seiten gemauert werden.

3 Liegt der Trog vor einer Hauswand, sind vier Mauern nötig, damit die Feuchtigkeitssperre des Hauses nicht überbrückt wird.

den Trog ansetzen. Dann muss allerdings zur vorhandenen Mauer ein Zwischenraum frei bleiben, sodass Luft zirkulieren kann. Das gilt auch für die Außenmauern eines Hauses. Bauen Sie niemals einen Trog direkt an die Hausmauer, weil dabei die Feuchtigkeitssperre überbrückt werden kann – Nässe dringt ins Mauerwerk.

Pflanzen für den gemauerten Trog

Der Vorteil von Hochbeeten oder gemauerten Trögen ist, dass sie das Spektrum der möglichen einzusetzenden Pflanzen erheblich erweitern. Obstbäume, an einem Spalier oder an Spanndrähten gezogen, sind geeignet. Reizend sind in einem kleinen Garten auch Kletterrosen, vor allem in Kombination mit einer Clematis, die an den Rosen Halt findet und an ihnen emporklimmen kann.

Halten Sie diesen Zwischenraum auch in der Folgezeit frei von Laub und Erde.

Entwurf

Nehmen Sie sich Zeit für die Planung, machen Sie eventuell einige Skizzen. Zwei kleine Beete könnten besser aussehen als ein großes. In einem Dachgarten sollten Sie nur Kunststoff oder Holz zum Bau verwenden, weil Ziegel zu schwer wären. Naturmaterialien wie Holz und Backstein sehen immer gut aus, aber auch andere Materialien lassen sich anstreichen.

Legen Sie die Größe des Troges fest und berechnen Sie den Bedarf an Ziegeln oder Platten. Denken Sie aber daran, dass das Mauern nicht ganz einfach ist – auch wenn es so aussieht. Wenn Sie Zweifel an Ihrem handwerklichen Geschick haben, sollten Sie einen Fachmann beauftragen.

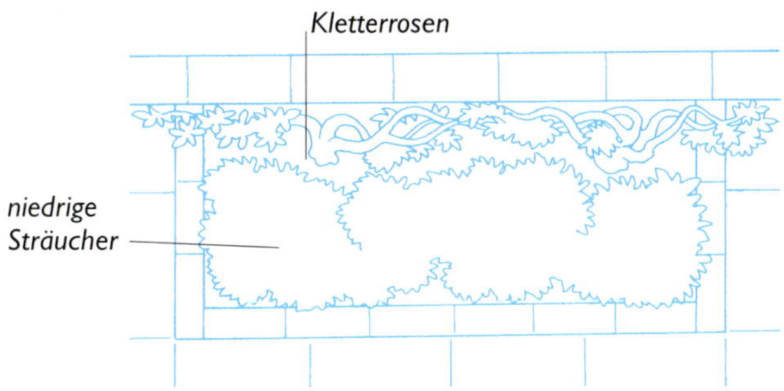

◀ Wählen Sie geeignete Pflanzen für den hinteren Bereich des Troges, dann setzen Sie niedrige Sträucher in den Vordergrund. Kletterrosen sind sehr dekorativ, Sie könnten aber ebenso immergrüne Kletterpflanzen und Sträucher wählen.

Wege und Flächen pflastern

Die Gestaltung eines Hofes oder einer Terrasse muss man als Ganzes betrachten. Auch Bodenbelag, Sitzbereich, Stufen, Spaliere und Pergolen gehören dazu. Mit etwas Geschick kann man die meisten Elemente selbst bauen, es lohnt sich aber, sich vorher in einem Fachbuch zu informieren.

Bodenbelag – Platten, Naturstein, Ziegel

Zur Pflasterung von Terrassen und Höfen gibt es viele attraktive Materialien. Reizvoll sind unregelmäßig gebrochene Natursteinplatten, die jedoch teuer und für den Laien schwierig zu verlegen sind. Sinnvoller ist da eine moderne Imitation aus Beton. Diese Platten ähneln Natursteinplatten, sind aber einheitlich in der Stärke und dadurch leichter zu verlegen – die Oberfläche bleibt eben.

Ziegel eignen sich ausgezeichnet zum Pflastern, weil sie attraktiv aussehen und flexibel einsetzbar sind. Man kann verschiedene Verlegemuster wählen, etwa Kreuz- oder Fischgrätverbund, aber auch Kreise. Durch unterschiedliche Muster lassen sich auch verschiedene Bereiche eines Hofes gut voneinander abgrenzen.

Das Angebot an Ziegeln und Betonpflastersteinen ist groß, auch die Preise variieren erheblich. Wer eine Terrasse oder einen Hof selbst ganz neu pflastern möchte, sollte zuerst ein Fachbuch studieren. Wichtig ist vor allem ein gutes Fundament aus Schotter und Sand, ferner muss bei jedem Bodenbelag im Außenbereich durch ein leichtes Gefälle dafür gesorgt sein, dass Regenwasser vom Haus wegfließt. Grenzt die gepflasterte Fläche an einen Rasen, sollte man die Rasenkante abstechen, eine Drainage legen und diese anschließend mit Erde und Rasen bedecken. Anderenfalls besteht Gefahr, dass dieser Bereich nach einem Regen nass und matschig wird.

◀ Ein Weg aus alten Ziegeln, deren Farbton gut zu der Terrakottaamphore passt. Die Steine sind mit sehr schmalen Fugen verlegt.

Einen Weg mit Ziegeln pflastern

1 Ziegel verlegt man am besten auf einem Untergrund aus glatt verteiltem Sand. Vor dem Verlegen der Ziegel die Fläche mit der Wasserwaage prüfen.

2 Ziegelpflaster sehen besonders attraktiv aus, wenn man sie in einem Muster verlegt. Die Fugen sollten möglichst schmal sein.

3 Zum Schluss eine Mischung aus Sand mit wenig Zement in die Fugen fegen und mit Wasser einschlämmen. Die Steine so sauber wie möglich halten.

Kieswege

Eine andere Möglichkeit zum Gestalten von Hofflächen ist Kies in verschiedenen Größen. In einem kleinen Stadtgarten, wo Rasen nicht gut wachsen würde, kann man die gesamte Fläche mit Kies bedecken. Für so einen Kiesgarten bringt man einfach eine 3 cm dicke Kiesschicht auf die Fläche auf. So können Pflanzen problemlos in die darunter liegende Erde gepflanzt werden. Wege und unbepflanzte Flächen müssen im Sommer mit einem systemischen Unkrautgift gespritzt werden. Für Kieswege sollte man den Boden etwas ausheben und, falls sie stark beansprucht werden, zuerst eine Schicht Schotter aufbringen, auf der dann der Kies verteilt wird. Größere Steine eignen sich als Dekoration.

Holzdeck Wenn Form, Größe und Stil des Gartens es zulassen, könnte man Sitzbereich oder Wege auch mit einem Holzdeck belegen. Holz ist ein sehr angenehmes Material und sieht auf einem Balkon oder einer erhöhten Terrasse immer gut aus. Es ist zwar nicht ganz so dauerhaft wie eine Pflasterung, hält aber – mit Holzschutzmittel behandelt – viele Jahre lang. Das gleiche gilt für Spaliere, Bögen und Pergolen, die jeden Garten optisch bereichern.

▶ *Eine gelungene Kombination: Ein schlichtes Holzdeck und ein moderner Brunnen mit einer Einfassung aus alten Eisenbahnschwellen.*

Unkonventionelle Gefäße

In einem formalen Garten sind unkonventionelle Pflanzkübel fehl am Platz. Zu eleganten Balkonen und Balustraden passen nur formale Kübel aus Terrakotta oder Stein. In einem kleinen, zwanglosen Garten dagegen darf man fantasievoll sein und allerlei Gefäße zweckentfremden.

Fundstücke

Wem neue Pflanzkübel zu teuer sind, der sollte Ecken und Winkel einmal nach Töpfen, Körben oder Eimern durchstöbern. Viele kann man anstreichen, nur Drainagelöcher müssen noch in den Boden gebohrt werden. Zinkbadewannen, alte Spülsteine, Viehfuttertröge und alte Eimer eignen sich bestens und sind im Handumdrehen passend zur Gartengestaltung lackiert. Sehr praktisch sind auch alte Auto- oder Traktorreifen. Sie mögen zunächst nicht sonderlich dekorativ sein, doch viele begeisterte Gemüsegärtner ernten daraus stattliche

▲ Alte Schornsteinköpfe findet man bei Abrissunternehmen. In ihnen lassen sich Pflanzen gut „auf hohem Niveau" präsentieren.

◀ Die dunkelgrünen Blätter und leuchtenden Früchte der Calamondin-Orange kontrastieren mit dem glänzend polierten Stahleimer.

Mengen Kartoffeln, indem sie während des Wachstums der Kartoffeln immer wieder weitere Reifen aufschichten und Kompost einfüllen. Lässt man den Rand von Hängepflanzen überwachsen, sehen sie gar nicht so übel aus.

Improvisierte Pflanzgefäße

Versuchen Sie, Gefäße zu finden, die relativ haltbar sind. Sind solche nicht verfügbar, kann man auch andere Behältnisse verwenden und austauschen, wenn sich etwas Besseres findet. Holzkisten können für eine Weile zur Heimat für Pflanzen werden, mit der Zeit verrotten sie aber durch die Feuchtigkeit des Substrats. Plastikkisten sind eine weitere Lösung. Sie können von Pflanzen verdeckt oder passend zum übrigen Garten gestrichen werden. Mülltonnen aus Metall oder Kunststoff kann man ebenfalls verwenden, möglichst mit etwas Farbe aufgefrischt. Selbst Konservendosen aus dem Großküchenbedarf können originell aussehen.

▲ *Eine verzinkte Mülltonne mit Fingerhut steht hier zwischen Clematis und Gräsern. Die leicht verwilderte Bepflanzung kontrastiert reizvoll mit dem Material des Kübels und dem Hintergrund.*

Kleinere Gefäße

Die Auswahl der Gefäße für kleinere Pflanzen ist wesentlich größer. Ungünstig sind lediglich Porzellan, Glas oder Keramik, weil es schwierig ist, Drainagelöcher in den Boden zu bohren. Verwenden Sie solche Gefäße nur für eine kurzfristige Bepflanzung, und achten Sie unbedingt darauf, dass die Wurzeln nicht im Wasser stehen, sonst faulen sie schnell, und die Pflanzen sterben ab.

Sehr gut geeignet sind dagegen Dosen in allen Größen und Formen. Der Boden lässt sich problemlos lochen, außerdem sind sie schnell bunt lackiert. Viele kleine Pflanzen gedeihen gut in Dosen. Hübsch sind Weidenkörbe, die aber mit Plastikfolie ausgelegt werden müssen. Sie passen vor allem gut in ländliche Gärten. Wer lange Freude an ihnen haben will, muss beim Gießen darauf achten, dass das Geflecht nicht nass wird, weil es sonst bald verrottet. Aus dem gleichen Grund sollten Körbe vor Regen geschützt werden.

Die Fantasie einsetzen

Das Schöne am Kübelgarten ist, dass Sie Ihrer Fantasie freien Lauf lassen dürfen. Zauberhafte Gärten können mit den bescheidensten Gefäßen entstehen, die mit etwas Farbe verblüffend elegant, natürlich oder originell wirken.

Tuffstein und Torfzement

Tuffstein ist ein poröser Kalkstein, in den man kleine Gewächse setzen kann. Er ist vor allem für alpine Pflanzen beliebt. Man kann ihn einfach in den Steingarten legen oder in einem Trog arrangieren. Er sieht attraktiv aus und speichert Wasser sehr gut.

Tuffstein bepflanzen

Kaufen Sie einige Brocken Tuffstein und schlagen Sie mit einem Meißel Löcher von etwa 3 cm Durchmesser und 8 cm Tiefe hinein. Die Abstände zwischen den Löchern sollten etwa 10 cm betragen. Geben Sie etwas feinen Sand auf den Boden der Löcher, ehe Sie kleine Steingartenpflanzen oder bewurzelte Stecklinge einsetzen. Danach Substrat einfüllen und gut andrücken. Die Pflanzen sollten dann mit kleinen Steinchen in den Löchern verkeilt werden. Bis die Pflänzchen angewachsen sind, muss der Tuffstein regelmäßig gegossen werden. Mindestens ein Drittel des Steins wird in den Erdboden eingesenkt. Achten Sie darauf, dass die Löcher in verschiedene Richtungen zeigen.

Aus Torfzement kann man natürlich anmutende Tröge formen, die sich auch als Blumenkasten eignen. Mithilfe geeigneter Rohlinge lassen sich überzeugende Stein- und Felsimitationen gestalten.

Für Torfzement braucht man 2 Teile Torf, 1 Teil Zement und 3 Teile groben Sand. Alles wird mit Wasser wie normaler Zement angerührt.

Aus Torfzement kann man vielerlei Formen gestalten. Am einfachsten gelingt das mithilfe von Rohlingen aus Pappmaché. Umwickeln Sie die Rohlinge mit Streifen von Kükendraht, um sie zu stabilisieren. Dann bedecken Sie das ganze Gebilde portions- und schichtweise mit

Torfzementfelsen

Wenn Sie einige Torfzement„felsen“ kreiert haben, können Sie sie in den Steingarten legen. Sie sollten sicher im Boden eingebettet sein. Meißeln Sie einige Löcher hinein und füllen Sie sie mit Pflanzsubstrat, das im Jahresverlauf gelegentlich nachgefüllt werden muss, weil es in dem Objekt verschwindet. Steingartengewächse oder kleine Bodendecker, die in die Löcher gepflanzt werden, bewachsen den Kunstfelsen schnell.

◀ *Die rosafarbenen Blüten der Winterheide* Erica carnea *'Springwood Pink' sind in grauen Wintermonaten ein willkommener Anblick.*

Ein Trog aus Torfzement

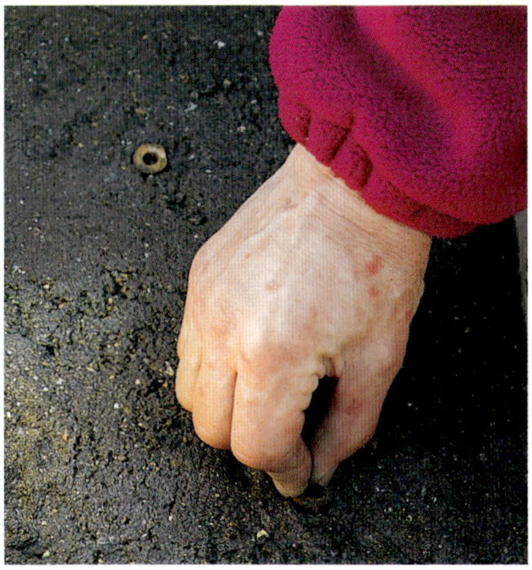

1 Für einen Trog brauchen Sie zwei Kartons unterschiedlicher Größe. Aus Kükendraht Stücke in der Größe der Seiten und des Bodens des kleineren Kartons zuschneiden. Die Kartons einölen.

2 Eine Schicht Torfzement in den großen Kartons streichen, Kükendraht auflegen, noch eine Schicht Zement aufstreichen. Drainagelöcher in den Boden bohren. Kleinen Karton einsetzen, Drahtstücke einlegen, Zwischenraum füllen.

3 Alles abdecken und mindestens eine Woche lang aushärten lassen. Dann die Kartons entfernen. Die Oberfläche leicht anschleifen und mit Flüssigdünger einpinseln, um einen schnellen Bewuchs mit Moosen und Flechten zu fördern.

Torfzement, bis Ihnen das Resultat zusagt. Torfzement eignet sich außerdem, um alte Kübel zu verkleiden. Haben die Gefäße eine glasierte Oberfläche, sollte man diese allerdings zuerst mit einem Glasschneider kreuz und quer einritzen, damit der Torfzement Halt findet.

▶ *Der fertige Torfzementtrog ist mit Heidekraut bepflanzt und mit Kies gemulcht. Er sieht sehr natürlich aus und lässt sich, weil er leicht ist, bequem umstellen.*

Blumenampeln/Hanging Baskets

Als Alternative zu den hier üblichen Blumenampeln – oft aus wenig attraktivem Kunststoff – bieten sich Hanging Baskets aus England an. Das sind Gitterkörbe, die es erlauben, auch durch das Gitter hindurch, also kopfüber, Pflanzen einzusetzen. Baskets sehen auch von unten betrachtet gut aus.

Blumenampeln bepflanzen

Je größer ein Basket (Gitterkorb), desto auffälliger sieht er aus. Kaufen Sie keinen zu kleinen Korb. Der Korb wird zum Bepflanzen auf einen Eimer gestellt, damit er nicht kippt. Früher legte man die Körbe mit Sphagnum-Moos aus, heute sind vorgeformte Einlagen üblich, die wesentlich umweltfreundlicher sind, aber nicht so gut aussehen. In die Einlage wird etwas Universalsubstrat gefüllt, in das Wasser speichernde Gelkristalle und ein Düngergranulat mit langsamer Nährstoffabgabe gemischt werden. Dann wird die Korbeinlage in gleichmäßigen Abständen eingeschnitten. Wässern Sie die Pflanzen in ihren Töpfchen, dann schieben Sie sie von innen durch das Korbgeflecht. Die unterste Reihe von Einjährigen wird beinahe kopfüber gepflanzt. Bepflanzen Sie die Seiten des Korbes.

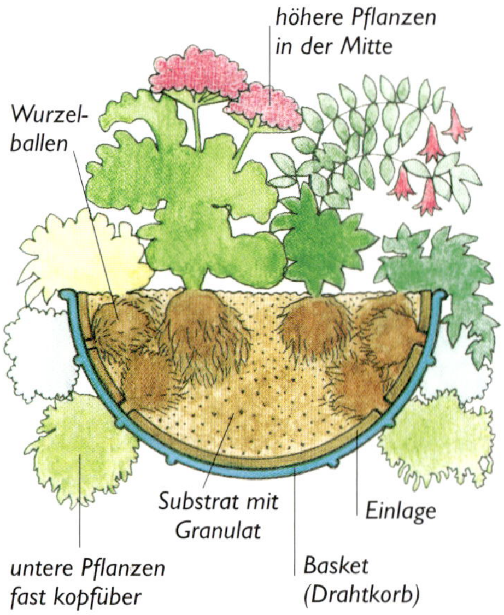

▲ *Dieser Querschnitt zeigt die Pflanzen in vollem Wachstum. Zum Bepflanzen werden Schlitze in die Einlage geschnitten.*

◀ *Die zarte Wirkung dieser Ampel beruht auf den Petunien, umgeben von* Brachyscome, Sutera *und Pfennigkraut* (Lysimachia nummularia).

Anschließend folgen Pflanzen am oberen Rand, die später den Korbrand verdecken. Zum Schluss setzen Sie einige aufrechte Pflanzen in die Mitte. Gießen Sie den fertigen Korb regelmäßig. Bald verdecken die Pflanzen die Einlage.

Hängen Sie die Ampel an einen frostfreien Ort, etwa einen Wintergarten oder eine geschützte Veranda, bis die letzte Frostgefahr vorüber ist. Ampelgefäße mit Wasserreservoir sind sehr praktisch, wenn sie nicht genug Zeit haben, mehrmals täglich zu gießen.

Grundregeln für Blumenampeln

Verwenden Sie für Einjährige, die nur einen Sommer lang blühen, ein frisches, hochwertiges Universalsubstrat. Nach der Saison geben Sie das verbrauchte Substrat auf den Komposthaufen.

Generell sollten Ampeln sehr dicht bepflanzt werden. Streben Sie eine üppige Wirkung an, und füllen Sie Lücken, die sich im Laufe der Saison zeigen, wieder auf. Direkt nach der Bepflanzung wird die Ampel gründlich gegossen, danach sollte sie nie ganz austrocknen. Ampeln müssen unbedingt täglich gegossen werden, an heißen Sommertagen sogar mehrmals. Ist eine Ampel doch einmal ausgetrocknet, kann es schwierig sein, das Substrat wieder zu durchfeuchten. Am besten tauchen Sie die ganze Ampel in ein großes Gefäß mit Wasser, und lassen sie einige Stunden darin.

Versorgen Sie die Pflanzen zusätzlich mit Flüssigdünger. Auch die Blätter sollten Sie mit Düngerlösung besprühen, um die Pflanzen gesund zu halten.

Einjährige in Kübeln und Ampeln müssen regelmäßig von verwelkten Blüten befreit werden. Sobald sich ihr biologisches Programm auf Samenbildung einstellt, bilden sie keine neuen Blüten mehr. Kontrollieren Sie Ampeln regelmäßig auf Schädlinge, und spritzen Sie bei Bedarf. Um einem Befall mit Spinnmilben vorzubeugen, sollten Sie die Pflanzen häufig mit klarem Wasser besprühen.

▼ *Ein imposanter Korb mit rankender Kapuzinerkresse. Das Blumenrohr* (Canna) *in den Kübeln greift die intensive Farbe auf.*

GIESSEN

Man kann nicht oft genug sagen, dass Ampeln nie austrocknen dürfen und im Sommer täglich gegossen werden müssen. Bequemer wird diese Arbeit mit höhenverstellbaren Ampeln oder speziellen Vorsätzen für Schläuche und Gießkannen.

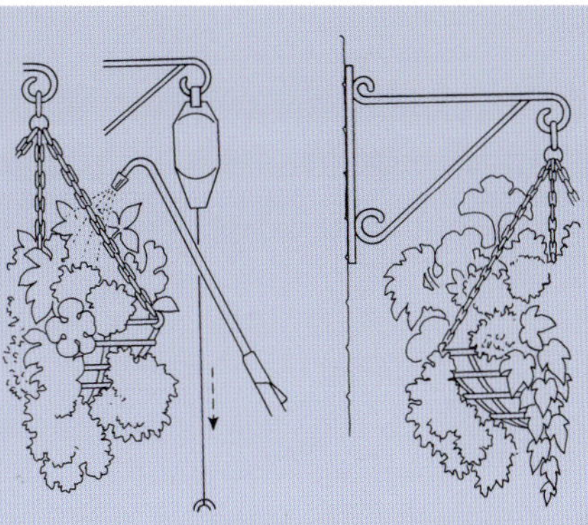

Pflanzbeutel

Zu den praktischsten (und tückischsten) „Containern" für den kleinen Garten gehören die Pflanzbeutel. Sie sind wirklich großartig: einfach anzuwenden, mit dem richtigen Substrat für bestimmte Pflanzen gefüllt und ideal für flach wurzelnde Gemüsesorten.

Pflanzbeutel verstecken

Die Plastikbeutel mit Erde lassen sich auf zweierlei Weise verstecken. Einerseits könnte man einen Kasten in der Größe des Beutels bauen und den Beutel hineinlegen. Die zweite Lösung bietet sich vor allem für gepflasterte Höfe und Terrassen an: Man baut von vornherein in der Pflasterung Vertiefungen ein, in die Pflanzbeutel eingelegt werden und so das gleiche Niveau wie die Pflasterung haben. Dadurch sind die Beutel zwar anfangs nicht versteckt, doch wenn die Pflanzen erst einmal wachsen, fallen sie kaum noch auf.

Stangen und Stützen

Zu manchen Pflanzbeuteln werden inzwischen spezielle Halter angeboten, in die man drei Stützen einstecken kann. Die Halter fixieren die Stützen genau an den richtigen Stellen und erleichtern so das Anbinden der Pflanzen erheblich.

◀ *Tomaten in Pflanzbeuteln vor einem Zaun. Ringelblumen* (Calendula) *im Vordergrund halten Tomatenfliegen und Blattläuse fern.*

▶ *Tomaten und Paprika in Pflanzbeuteln vor einer warmen Südwand. Wer reichlich düngt, kann sich über eine stattliche Ernte freuen.*

Zudem sehen sie ordentlich aus und sind auch dann praktisch, wenn die Beutel nicht direkt vor einer Wand liegen.

Pflanzen für den Beutel

Die klassischen Pflanzen für Erdbeutel sind Tomaten. Je nach Klima kann man die folgenden Sorten im Freiland kultivieren: 'First Lady', 'Oregon Spring' und 'Celebrity'. 'Taxi' ist eine Sorte mit goldgelben Früchten, während 'Whippersnapper', 'Sun Cherry' und 'Sun Gold' empfehlenswerte Kirschtomatensorten sind. Viele Gärtner schätzen auch Paprika und Gurken. Außer diesen kann man auf einer sonnigen Terrasse sogar Auberginen in Beuteln ziehen. Die Paprikasorte 'Ace' reift in 50 Tagen grün und in 70 Tagen rot heran. Gut geeignet ist ferner die Aubergine 'Little Finger' sowie die Freilandgurken 'Little Leaf' und 'Jazzer'.

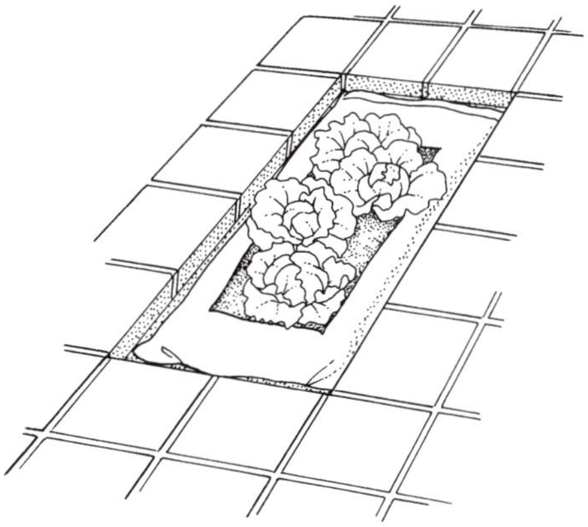

▲ *Eine Vertiefung in der Pflasterung, der einen Pflanzbeutel aufnimmt. Bald verdeckt das Grün der Pflanzen den Beutelrand.*

▲ *Niedrige Pflanzen wie Thymian oder Polsterglockenblume können um den Beutel gepflanzt werden, um ihn zu bedecken.*

Pflanzen in Beuteln ziehen

Der Vorteil von Pflanzbeuteln ist, dass sie dem Gärtner anfangs viel Zeit ersparen. Sie enthalten ein fertiges, nährstoffreiches Substrat, das häufig Anteile von Torf oder einem umweltfreundlichen Ersatz wie Kokosfaser enthält. Die Nährstoffkombination der Substrate ist für die meisten Jungpflanzen gut geeignet. Wenn sie größer werden, müssen die Nährstoffe aber ergänzt werden. Dann wird etwa alle 10 Tage ein geeigneter Flüssigdünger, etwa Tomatendünger, verabreicht. Wichtig ist natürlich das Gießen. Wie Kübel und Ampeln müssen die Beutel einmal täglich gegossen werden. Dazu empfiehlt sich ein Tropfschlauch, der das Wasser auf die gesamte Fläche der Beutel verteilt. Achten Sie auch beim Düngen auf eine gleichmäßige Verteilung.

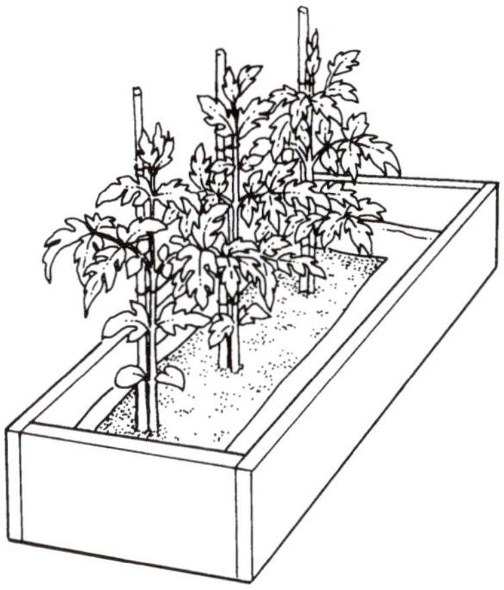

▲ *Pflanzbeutel kann man auch in Holzkästen verstecken. Diese Idee eignet sich vor allem für Dachgärten sowie kleine Terrassen und Höfe.*

Grünes Grundwissen

Beim Gärtnern stehen drei Faktoren im Mittelpunkt: Bodenbeschaffenheit, Licht und Wasser. Der Boden kann entweder sauer, neutral oder basisch sein. Jede Pflanzenart hat andere Vorlieben. Licht oder Himmelsrichtung sind aus dem gleichen Grund fast ebenso bedeutsam. Manche Arten gedeihen nur in voller Sonne, andere bevorzugen Schatten oder Halbschatten. Und natürlich müssen fast alle Pflanzen in gemäßigten Zonen regelmäßig mit Wasser versorgt werden.

Boden und Substrate

Es hat einige Vorteile, für Kübel ein gekauftes Substrat zu verwenden. Es ist sauber, sterilisiert und enthält Nährstoffe. Zudem ist es leicht, einfach zu verwenden und enthält keine unerwünschten Unkrautsamen (jedenfalls zu Anfang). Andererseits haben gute Substrate ihren Preis.

Mutterboden

Eine preiswertere Alternative ist Mutterboden, den man in Gartenbaubetrieben und bei anderen Anbietern kaufen kann. Jede Firma berechnet Ihnen die erforderliche Menge, wenn Sie genaue Angaben über das Volumen der Kübel machen können, die Sie füllen wollen. Problematisch ist gelegentlich die Tatsache, dass Mutterboden generell per LKW geliefert wird. Wer in einem Reihenhaus in der Stadt wohnt, muss ihn in eine Schubkarre schaufeln und eventuell sogar durchs Haus transportieren. Anschließend muss der Gehweg gereinigt werden. In Bezug auf die Verwendung gibt es kaum Unterschiede zwischen Fertigsubstrat und Mutterboden. Auch sterilisierter Mutterboden enthält kaum Unkrautsamen. Wichtig ist allerdings, den Boden vor der Bepflanzung auf seinen Säuregrad hin zu untersuchen. Mit einem pH-Testset aus dem Gartencenter lässt sich das leicht erledigen. Es werden auch Sets zur Prüfung des Nährstoffgehalts angeboten, doch dieser Test ist weniger wichtig.

Bodenprobe Mit einer einfachen Bodenprobe lässt sich der pH-Wert des Bodens ermitteln. Neutraler Boden, der sich für die meisten Pflanzen eignet, hat einen pH-Wert zwischen 6,5 und 7. Der

Den Boden testen

Es ist wichtig, vor der Pflanzung den Boden zu testen – vor allem, wenn Sie vorhaben, kostspielige Pflanzen zu kaufen. Es gibt zwei Methoden, mit denen man binnen Minuten den pH-Wert des Bodens ermitteln kann. Sie können ein Messgerät mit einer Sonde verwenden, die in den Boden gesteckt wird. Auf einer Skala wird der pH-Wert angezeigt. Alternativ vermischen Sie eine Bodenprobe mit speziellen Chemikalien und lesen den pH-Wert auf einer Farbskala ab. Keine Sorge, wenn der Boden sehr sauer oder alkalisch ist – der pH-Wert lässt sich beeinflussen.

1 Mit einem Messgerät lässt sich schnell und sicher feststellen, wie sauer oder alkalisch der Boden ist. Am besten prüft man den Wert an verschiedenen Stellen.

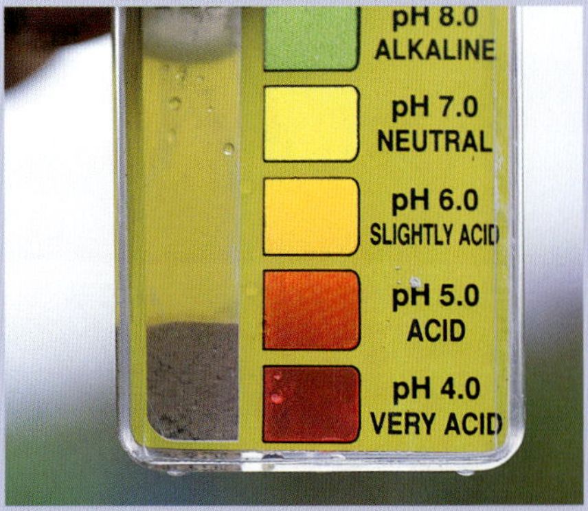

2 Für chemische Testsets wird eine Bodenprobe mit Wasser und Chemikalien gemischt und mit der Farbskala verglichen. (acid = sauer; alkaline = basisch)

▲ Kalk reduziert den Säuregehalt des Bodens.

▲ Torfhaltige Böden sind sauer.

▲ Vermiculit verbessert die Drainage.

▲ Universalsubstrat wird überall angeboten.

▲ Spezialsubstrat zum Treiben von Blumenzwiebeln.

pH-Wert von sauren Böden liegt darunter, der von alkalischen darüber.

Der pH-Wert des Bodens lässt sich beeinflussen: Soll der Säuregrad reduziert werden, streut man im Winter Kalk und lässt ihn durch den Regen in den Boden schwemmen. Soll der Boden saurer werden, arbeitet man Torf unter.

Fertigsubstrate

Abgepackte Substrate aus dem Handel lassen sich drei Gruppen zuordnen. Anfänger sind oft nicht sicher, welches Substrat sie kaufen sollen.

Anzuchtsubstrat – Dieses Substrat ist speziell für die Anzucht aus Samen gedacht. Generell sind Anzuchtsubstrate sehr fein, sodass der direkte Kontakt zu den Samen sichergestellt ist. Sie enthalten wenig Nährstoffe, damit die Jungpflanzen nicht überdüngt werden. Bleiben Sämlinge nach der Keimung längere Zeit im Anzuchtsubstrat, muss nachgedüngt werden, weil die Nährstoffe für größere Pflanzen nicht ausreichen.

Universalsubstrat – Diese Substrate eignen sich sowohl für die Anzucht von Sämlingen als auch für größere Pflanzen. Sie enthalten mehr Nährstoffe als Anzuchtsubstrate, doch auch dieser Vorrat erschöpft sich mit der Zeit, sodass die Pflanzen später mit zusätzlichem Dünger versorgt werden müssen. Für die meisten Kübelpflanzen ist Universalsubstrat gut geeignet, lediglich für langlebige Arten, die mehrere Jahre in ihrem Kübel bleiben sollen, ist ein Spezialdünger empfehlenswert.

Pflanzsubstrat – Bei den Pflanzsubstraten unterscheidet man zwischen Produkten auf Erdbasis und Produkten auf Basis von Torf oder Torfersatzprodukten.

▲ Niedrige Azaleen fühlen sich im Kübel wohl. Nach einigen Jahren müssen sie jedoch in ein größeres Gefäß getopft werden.

◀ Rhododendren brauchen unbedingt sauren Boden. Statt mit hartem (kalkhaltigem) Leitungswasser sollte man mit Regenwasser gießen.

Es gibt eine Reihe verschiedener Pflanzsubstrate für unterschiedliche Zwecke. Substrate mit einem hohen Anteil an Erden enthalten mehr Nährstoffe und besitzen ein besonders gutes Wasserhaltevermögen, darum eignen sie sich vor allem für langlebige Pflanzen in großen Gefäßen. Für Säure liebende Pflanzen wie Kamelien und Rhododendren sind sie aber nicht geeignet, weil sie einen zu hohen pH-Wert haben. Substrate auf Basis von Torf oder Torfersatzprodukten wie Kokosfasern werden häufiger angeboten. Einerseits sind sie

▲ *Eine Gruppe von formalen Kübeln, in deren höchstem eine blaue Hortensie prangt. Hortensien brauchen im Sommer viel Wasser.*

◀ *Ein immergrünes Arrangement für den schattigen Garten: Aralie* (Fatsia japonica) *und Efeu in einem eleganten, blau glasierten Kübel.*

▶ *Gesunde Erdbeerpflanzen in einem Erdbeertopf. Die ersten Blüten zeigen bereits einen Fruchtansatz. Erdbeeren sind Starkzehrer, sie müssen regelmäßig gedüngt werden.*

leichter und sauberer, andererseits trocknen sie schneller aus und lassen sich, wenn das einmal geschehen ist, nur schwer wieder durchfeuchten.

Spezialsubstrate – Neben den drei genannten Substraten findet man im Fachhandel eine Reihe von Spezialsubstraten für verschiedene Pflanzengruppen. Unter der Bezeichnung Moorbeeterde oder Moorbeetsubstrat werden saure Substrate angeboten. Auch für Zitrusfrüchte, Kakteen und Blumenzwiebeln, die im Haus getrieben werden sollen, gibt es besondere Substratmischungen. Balkonpflanzensubstrat enthält bereits die erforderliche Menge an Langzeitdünger für einen ganzen Sommer. Sie können sich Ihr Pflanzsubstrat auch selbst herstellen. Dafür verwenden Sie sterilisierten Mutterboden oder Kompost, den Sie mit Vermiculit vermischen. Ein Langzeitdüngergranulat sorgt für die erforderlichen Nährstoffe. Soll das Substrat für Ampeln verwendet werden, können Sie noch Gelkristalle untermischen.

Ein gutes Universalsubstrat mischen sie aus 7 Teilen sterilisiertem Mutterboden, 3 Teilen Torf (oder Ersatzprodukt), 1 Teil gewaschenem Sand und einem speziellen Düngergranulat. Ein Substrat für Stecklinge sollte besonders durchlässig sein. Ideal ist eine Mischung aus gleichen Mengen Torf oder einem Ersatzprodukt und Sand sowie einem Dünger mit langsamer Nährstoffabgabe.

Werkzeuge für den Kübelgarten

Ein großer Vorteil des Kübelgartens gegenüber einem herkömmlichen Garten ist, dass man weniger Werkzeuge braucht. Spaten und Grabgabel, Rasenmäher, Kanten- und Heckenschere sind überflüssig. Sie brauchen allerdings eine Handgabel, zwei Handschaufeln (eine breite und eine schmalere zum Umsetzen von Jungpflanzen), eine gute Rosenschere (keine Ambossschere), eine Gießkanne mit langer Tülle, mit der Sie auch die hinteren Kübel einer Gruppe bequem erreichen, sowie einen Handsprüher. Praktisch ist außerdem ein großer Korb, eine geräumige Plastiktasche oder eine Plane, um Gartenabfälle bequem einzusammeln. Wer Spaliere oder Spanndrähte für Kletterpflanzen, Spalierobst oder Rosen anbringen möchte, sollte außerdem Hammer, Bohrmaschine, Ringschrauben, Drahtspanner, Schrauben und Dübel besitzen. Praktisch sind ferner eine gute Haushaltsschere, eine Astsäge, ein Gartenmesser, ein Sieb und ein oder zwei Paar Gartenhandschuhe. Wer Rosen schneiden will, sollte robuste Handschuhe anziehen – außer bei der stachellosen Sorte 'Zéphirine Drouhin'.

Licht und Lage

Beobachten Sie, wie viel Sonne Ihr Garten am Tag bekommt. Die Ausrichtung nach Süden und Westen ist ideal, doch gibt es auch sehr gelungene Nord- und Ostgärten. Wo stehen die Mauern? An einer Südwand kann man verschiedene empfindliche Obstsorten und Sträucher ziehen.

Die Sonne beobachten

In einem Stadtgarten reicht es eventuell nicht aus, die Himmelsrichtung festzustellen. Selbst der Südgarten kann von Bürogebäuden oder Wohnblocks, Reihenhäusern oder anderen hohen Bauten beschattet werden. Und wie verhält es sich mit dem Sonnenlicht im Winter? Die meisten Rosen beispielsweise brauchen über sechs Monate täglich mindestens drei Stunden Sonnenlicht, wenn sie mehrmals blühen sollen. Allerdings gibt es auch einige Sorten, die mit schlechteren Bedingungen zufrieden sind und sogar an einer Nordwand gedeihen. Informieren Sie sich über geeignete Arten für die Bedingungen in Ihrem Garten.

Die Himmelsrichtung

Wenn eine Straße in nordwestlicher oder südöstlicher Richtung verläuft, gehen viele Gärtner davon aus, dass ihr Garten nach Norden oder Süden zeigt und bepflanzen ihn entsprechend. Das kann aber ein Fehler sein. In vielen Fällen ist die Seitenwand der ideale Pflanzplatz. Weil sie während des Tages den meisten Sonnenschein bekommt, sollte sie wie eine Südwand behandelt werden. Wer das richtig erkennt, kann Schlüsselblumen und andere Schattenkinder auf die andere Seite des Gartens pflanzen, wo sie sich sehr wohl fühlen.

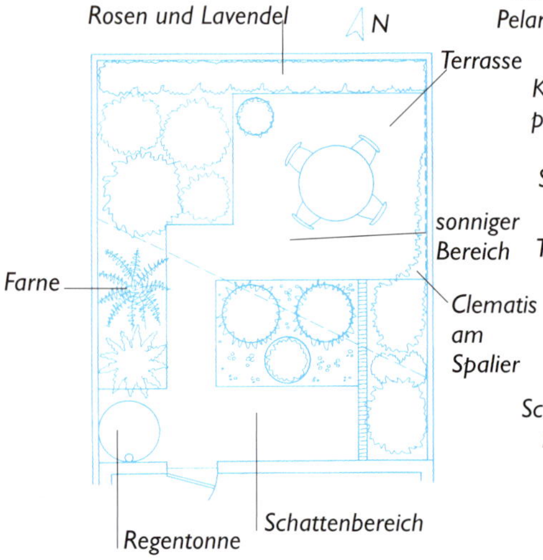

▲ *An Südwänden kann man Kletterpflanzen und andere Pflanzen ziehen, die viel Sonne brauchen, etwa Pfirsiche und Lavendel.*

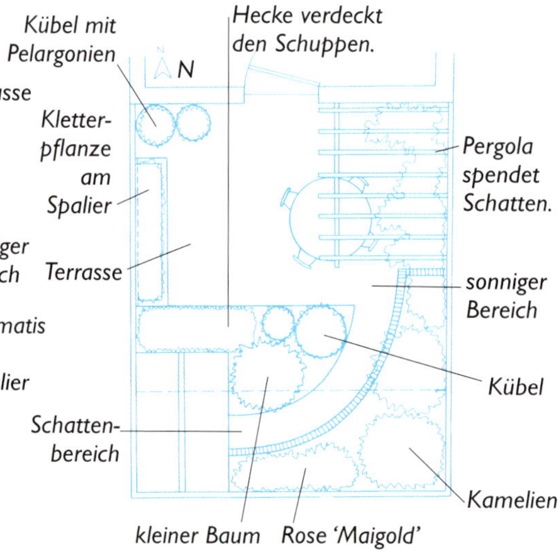

▲ *Liegt der größte Teil des Gartens im Schatten, müssen die Pflanzen mit Bedacht gewählt werden. Kamelien in Kübeln sind hier ideal.*

Temperatur und Windschutz

Fast so wichtig wie die Himmelsrichtung sind die Temperatur und der Windschutz im Garten. Das gilt besonders im Winter und im zeitigen Frühling. Selbst ein kleiner Garten oder ein Teil davon kann sich als Frostfalle entpuppen und eisig sein, während der umliegende Bereich frostfrei bleibt. In der ersten Hälfte des Winters haben Fröste selten schädliche Auswirkungen, weil die Pflanzen sich in einer Ruhephase befinden. Beginnen sie aber im Frühling oder während einer ungewöhnlich milden Periode im Spätwinter mit den Austrieb, kann ein plötz-

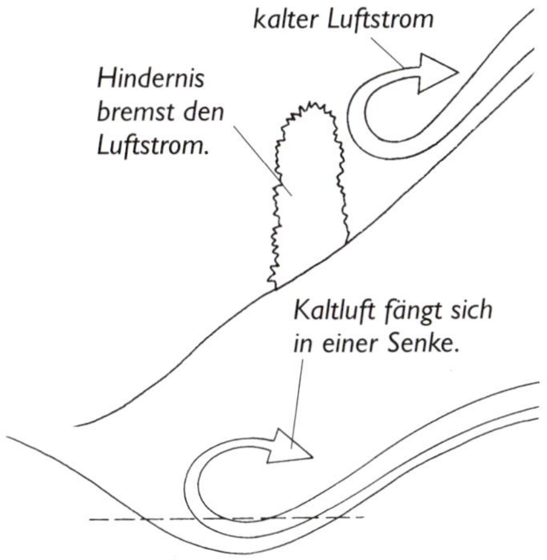

▲ *Frostfallen entstehen, wenn Kaltluft bergab strömt und sich in einer Senke oder hinter einem Hindernis, etwa einer dichten Hecke, fängt. Auf Grundstücken mit gewölbter Form kommen Frostfallen selten vor.*

licher Frosteinbruch an ungeschützten Pflanzen erheblichen Schaden anrichten.

Ist Ihr Garten häufig späten Frösten ausgesetzt, sollten Sie frostempfindliche Arten meiden. Dazu gehören vor allem früh blühende Bäume und Sträucher wie Kamelien und die herrlich duftende Winterblüte *(Chimonanthus praecox)*. Auch Obstbäume, vor allem die zeitig blühenden Pfirsich- und Aprikosenbäume, können erheblich leiden. In milden Regionen kann man diese Pflanzen eventuell abdecken, wenn der Wetterbericht Frost ankündigt. In raueren Lagen sollte man ausschließlich Arten pflanzen, die Frost vertragen, um sich Enttäuschungen zu ersparen. Scharfer, kalter Wind kann vor allem in Dachgärten zum Problem werden.

▶ *Kübel mit Lavendel und Pelargonien an einem sonnigen Platz in einem ländlichen Garten. Reinweiße Blüten bringen die übrigen Farben noch stärker zum Leuchten.*

Der Pflanzenkauf

Kaufen Sie nicht alle Pflanzen für Ihren Garten an einem Tag. Weil Gartencenter meist Pflanzen anbieten, die gerade in Blüte stehen, sollten Sie zu verschiedenen Jahreszeiten vorbeischauen. So gehen Sie sicher, dass auch in Ihrem Garten rund ums Jahr etwas grünt und blüht.

Pflanzen aus dem Versandhandel

Sinnvoll ist es, eine Liste der gewünschten Pflanzen zusammenzustellen und sich anschließend zu informieren, ob es in der Nähe einen spezialisierten Händler gibt. Das Angebot von Gartencentern ist meist recht begrenzt. Wer beispielsweise eine Kletterpflanze für eine Nordwand sucht, wird kaum im Gartencenter fündig werden. In einer speziellen Rosengärtnerei stehen die Chancen weitaus besser. Alternativ kann man Pflanzen im Versandhandel bestellen. Versandgärtnereien haben mit dieser Vertriebsform Erfahrung, und die Pflanzen kommen normalerweise in gutem Zustand an.

Wurzelnackte Pflanzen Vor allem bei Bäumen und Sträuchern spielt der richtige Pflanztermin eine Rolle. Grundsätzlich pflanzt man sie am besten im Herbst, wenn sie das Wachstum einstellen, Wärme und Feuchtigkeit aber noch ausreichen, damit sich das Wurzelwerk verankern kann. Rosen und Obstbäume kauft man möglichst wurzelnackt und nicht als Containerware. Dieser Rat mag eigentümlich klingen, vor allem, wenn die Pflanzen in einen Kübel gesetzt werden sollen. Wurzelnackte Pflanzen entwickeln sich meist besser, sofern sie zur richtigen Zeit gepflanzt werden. Seriöse Anbieter versenden wurzelnackte Ware generell zur Pflanzzeit. Wer Bäume oder Sträucher nicht sofort nach der

▲ Wurzelnackte Rosen müssen zunächst eine halbe Stunde in Wasser gesetzt werden.

▶ Ein Strauch aus dem Container vor der Pflanzung. Wenn die Wurzeln verfilzt sind, zupfen Sie sie behutsam auseinander.

Pflanzen einschlagen

Wer wurzelnackte Pflanzen nicht gleich nach der Lieferung pflanzen kann, sollte sie einschlagen. Einen abgeschrägten Graben ausheben, die Pflanzen schräg einlegen, Erde auffüllen und andrücken. Gelegentlich gießen. So überstehen die Pflanzen auch längere Wartezeiten.

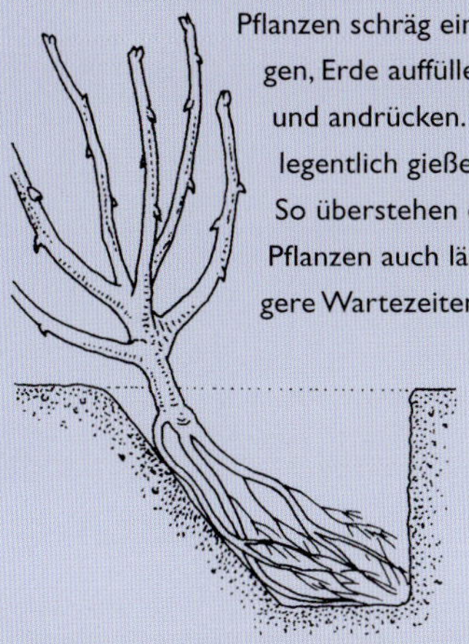

▲ *Es macht Spaß, im Gartencenter zu stöbern. Blühende Pflanzen sollte man vor dem Kauf genau auf ihre Qualität hin untersuchen.*

▼ *Die kletternde Form der Rose 'Iceberg' mit ihren hübschen, nickenden Blüten. Zusammen mit Geißblatt ein herrlich duftender Sichtschutz.*

Lieferung pflanzen kann, sollte in einem großen Kübel einen kleinen Graben ausheben, die Pflanzen im Winkel von 45° einlegen und die Wurzeln mit Erde bedecken. So eingeschlagen können die Pflanzen bis zur endgültigen Pflanzung ein Weilchen warten.

Genau hinsehen Wer Pflanzen in einem Gartencenter oder einer Gärtnerei kauft, sollte sie genau in Augenschein nehmen. Untersuchen Sie die Blätter auf Anzeichen von Schädlingen oder Krankheiten. Meiden Sie Pflanzen, auf deren Wurzelballen Moos wächst – sie haben zu lange in ihrem Container gestanden. Aus dem gleichen Grund sollten Sie keine Pflanzen kaufen, deren Wurzeln aus den Drainagelöchern des Containers wachsen. Natürlich sollte die Pflanze gesund aussehen und ebenmäßig gewachsen sein.

Pikieren und umtopfen

Keine Angst vor Fachausdrücken. Pikieren bedeutet, einen Sämling aus der Saatschale in seinen ersten „eigenen" Topf zu setzen. Beim Umtopfen wird eine Pflanze aus ihrem Topf genommen und mit frischem Substrat in einen neuen, meist größeren Topf gesetzt.

◀ *Wird eine Pflanze zu groß für ihr Gefäß, muss sie umgetopft werden. Der neue Topf sollte einen 5 cm größeren Durchmesser haben.*

Grundregeln zum Pflanzen

Jede Pflanze braucht ein Gefäß, das ausreichend Platz für ihr Wurzelsystem bietet. Das Gefäß sollte etwa 5 cm mehr Durchmesser haben als der Wurzelballen der Pflanze. Man nimmt die Pflanze vorsichtig aus ihrem alten Gefäß und lockert den Wurzelballen behutsam, falls er verfilzt ist. Beschädigte Wurzeln werden abgeschnitten. Geben Sie auf den Boden des neuen Gefäßes zuerst eine großzügige Schicht Kieselsteine oder Tonscherben, um für gute Drainage zu sorgen. Darauf schütten Sie eine Schicht Substrat. Anschließend wird die Pflanze so eingesetzt, dass sie ebenso weit aus der Erde schaut wie im vorherigen Gefäß. Die Pflanztiefe ist am Stamm der Pflanze gut zu erkennen. Zum Schluss rund um den Wurzelballen Erde einfüllen und andrücken – aber nicht zu stark, sonst werden die Wurzeln beschädigt. Wenn der Kübel nicht zu schwer ist, heben Sie

Eine Pflanze umtopfen

1 Zuerst Tonscherben oder Kieselsteine auf den Topfboden geben. So kann das Drainageloch im Boden nicht verstopfen.

2 Die Pflanze behutsam aus dem alten Gefäß nehmen. Dabei auf die Pflanztiefe achten, damit die Pflanze in gleicher Höhe in das neue Gefäß gesetzt wird.

3 Verfilzte Wurzeln vorsichtig auflockern, beschädigte Wurzeln abschneiden. So wächst die Pflanze im neuen Gefäß leichter und schneller an.

ihn an und stoßen ihn einige Male auf eine harte Oberfläche, damit eingeschlossene Luft entweicht. Dann wird die Pflanze gründlich gewässert. Falls sich dabei das Substrat setzt, wird noch etwas nachgefüllt. Große Kübel sollten Sie an ihrem endgültigen Platz bepflanzen.

Umtopfen Je nach Geschwindigkeit des Wurzelwachstums müssen jüngere Pflanzen von Zeit zu Zeit in einen größeren Topf umziehen. Der neue Topf sollte einen etwa 5 cm größeren Durchmesser haben als der alte – und nicht mehr. So sorgen Sie dafür, dass die Pflanzen gleichmäßig wachsen. Wählt man ein zu großes Gefäß, breiten sich die Wurzeln zu schnell aus und das Wachstum der Pflanze gerät aus dem Gleichgewicht. Bei langsam wachsenden Pflanzen füllen die Wurzeln das Gefäß dann nicht schnell genug aus. Bei schnell wachsenden dagegen wird sehr viel Laub gebildet, aber nur wenige Blüten oder Früchte.

◀ *Schmucklilien* (Agapanthus) *sind schöne Kübelpflanzen, die aber meist eine Stütze brauchen. Sie blühen in Dunkelblau oder Weiß.*

Frische Erde

Hochbeete lassen sich nicht so leicht ausleeren, vor allem, wenn sie langlebige Sträucher beherbergen. In solchen Fällen trägt man die oberste Erdschicht ab und ersetzt sie durch frisches Substrat, dem ein Düngergranulat beigemischt wurde. Schnell wachsende Pflanzen in kleineren Gefäßen sollten einmal jährlich frische Erde bekommen, bei langsam wachsenden Pflanzen reicht das Umtopfen in Zweijahresintervallen aus. Die Pflanze aus dem Kübel nehmen, altes Substrat gründlich abschütteln und den Wurzelballen für eine Stunde in Wasser stellen. Dann mit neuem Substrat wieder einpflanzen. Verfilzte Wurzeln vor dem Pflanzen auflockern, beschädigte Wurzeln abschneiden.

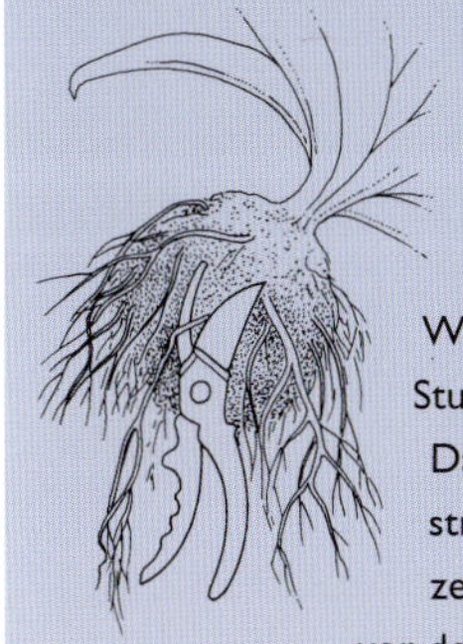

Tipps zum Pflanzen

Im Kübelgarten kann zu fast jeder Jahreszeit gepflanzt werden. Ideal ist der Herbst, doch selbst im Hochsommer können Sie Pflanzen umtopfen. Dann müssen Sie allerdings reichlich gießen, damit die Wurzeln sich möglichst schnell im frischen Substrat verankern.

Wurzelnackte Bäume und Sträucher pflanzen

Rosen und Obstbäume gedeihen am besten, wenn man sie im Herbst wurzelnackt kauft und recht bald pflanzt. Das gilt auch für den Kübelgarten. Am besten bestellen Sie die Pflanzen bei einem renommierten Händler und pflanzen sie gleich nach der Lieferung. Sie wachsen in der Regel besser als die Containerware, die man im Frühling kaufen und pflanzen kann. Bestellen Sie möglichst in einer namhaften Gärtnerei, die Erfahrung im Versand hat. Ideal sind zweijährige, wurzelnackte Bäumchen. Auch dreijährige können Sie noch pflanzen, doch wachsen sie langsamer an und die Erziehung am Spalier ist schwieriger.

▶ *Kleine Apfelbäume fühlen sich im Kübel durchaus wohl. Kaufen Sie in der Gärtnerei eine geeignete Substratmischung, und denken Sie an*

ZWIEBELN PFLANZEN

Das Laub von Zwiebelblumen darf nach der Blüte nicht abgeschnitten werden, sondern sollte natürlich abwelken, weil die Zwiebeln ihm Nährstoffe entziehen, um die Ruhezeit zu überdauern. Das welke Laub sieht nicht schön aus, doch nur so bleiben die Zwiebeln kräftig. Man kann die Zwiebeln auch ausgraben und im Keller oder Schuppen lagern. Wenn der Platz nur für einen Kübel mit Zwiebelblumen ausreicht, könnten Sie mehrere Sorten kombinieren. Generell entspricht die Pflanztiefe für Zwiebeln ihrer zweieinhalbfachen Größe. Man pflanzt also die größten Zwiebeln nach unten. In einer höheren Schicht folgen kleinere Arten wie Krokusse und Schneeglanz. So lösen die verschiedenen Arten einander ab, und Sie haben viele Wochen Freude an der Blüte.

Zwiebeln pflanzen

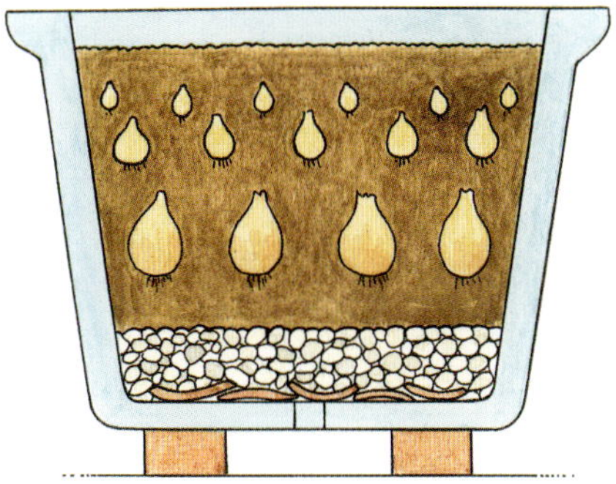

1 Auf den Boden des Kübels Tonscherben oder Kieselsteine geben, um die Drainage zu verbessern. Für Zwiebeln sollten Sie ein Spezialsubstrat verwenden.

2 Zuerst die größten Zwiebeln pflanzen. Sie werden gleichmäßig auf dem Substrat verteilt und sollten dichter stehen als in einem Beet.

3 Kleinere Zwiebeln in Schichten darüber anordnen. Nach der Blüte können die Zwiebeln ausgegraben und in den Garten gepflanzt werden.

Weinreben pflanzen

Weinreben gedeihen im Kübel, man sollte jedoch wurzelnackte Ware wählen und sie während der winterlichen Ruhezeit pflanzen. Geben Sie reichlich Düngergranulat ans Substrat, und gießen Sie die Pflanzen während der ersten Wachstumszeit reichlich. Im Container gekaufte Weinpflanzen können umgetopft werden, ehe das Wachstum einsetzt. Denken Sie daran, vorher ein Spalier zu bauen oder Spanndrähte zu ziehen, an denen die Pflanzen gezogen werden.

▲ *Stiefmütterchen werden eingepflanzt. Die Pflanzen in gleichmäßigen Abständen einsetzen und das Substrat gut andrücken.*

Einjährige pflanzen

Beim Pflanzen von Einjährigen muss vor allem darauf geachtet werden, dass die Wurzeln nicht beschädigt werden. Die Jungpflanzen zuerst sehr gut gießen, dann behutsam aus ihren Töpfen oder Schalen heben und im neuen Topf das Substrat vorsichtig rund um die Wurzeln andrücken. Nach der Pflanzung werden die Sommerblüher mit einer schwachen Düngerlösung gegossen.

Sämlinge pikieren

Wer Pflanzen selbst ausgesät hat, muss sie nach der Keimung aus der Saatschale in Einzeltöpfe setzen. Das sollte erst geschehen, wenn sie die Keimblätter und ein weiteres Blattpaar entwickelt haben. Man hebt die Pflanze mit einem Messer oder einem Eisstiel aus dem Substrat und hält sie dabei an einem der ersten Blätter (den Keimblättern), niemals am Stiel. So kann das Pflänzchen nicht beschädigt werden. Sind die Pflanzen etwas größer, werden sie tagsüber einige Stunden lang zum Abhärten ins Freie gestellt. Nach den letzten Frösten können sie ausgepflanzt werden.

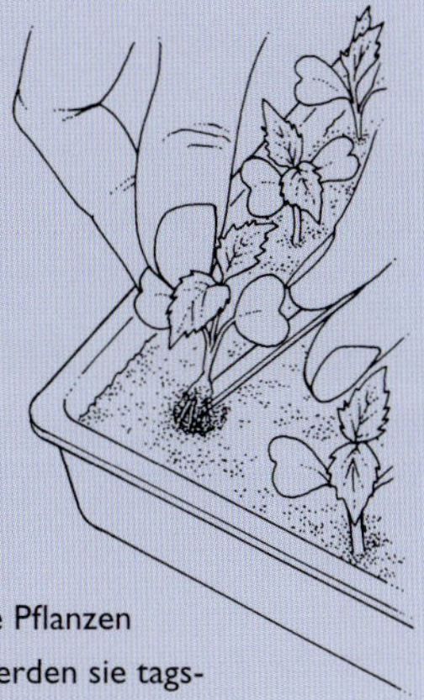

Rückschnitt – aber richtig

Kaum ein Thema verursacht Gärtnern so viel Kopfzerbrechen wie der Rückschnitt, dabei ist es ganz einfach. Es gibt nur wenige Grundregeln, und wenn man sie einmal verstanden hat, verliert das Thema seinen Schrecken. Wichtig ist vor allem, jede Pflanze zum richtigen Zeitpunkt zu schneiden.

Grundregeln

Für den Rückschnitt gibt es nur zwei Grundregeln. Erstens: Manche Pflanzen tragen Blüten und Früchte am Austrieb des Vorjahres, andere blühen und fruchten am Austrieb des laufenden Jahres. Zweitens: Der Rückschnitt regt das Wachstum an. Schneidet man einen Zweig über einer Knospe ab, entwickeln sich unterhalb des Schnittes (meist) zwei neue Triebe. Der Rückschnitt beeinflusst also die Form der Pflanze, die Blütenbildung und den Fruchtertrag.

In diesem Kapitel erfahren Sie mehr über den Rückschnitt von Pflanzen, die im Kübelgarten beliebt sind.

Kletterrosen – Wer im Kübel Rosen an einer Wand ziehen möchte, sollte eine der modernen Kletterrosen wählen, die relativ langsam wachsen. Gut geeignet sind die kletternden Formen einiger Teehybriden und Floribunda-Rosen, etwa die beliebte Rose 'Iceberg' oder 'Climbing Ophelia'. Die meisten dieser Sorten blühen mehrmals in der Saison.

Bei der Pflanzung werden alle beschädigten Wurzeln gekappt, dann werden die Triebe angebunden. Anschließend schneiden Sie alle beschädigten Triebe und die schwächeren Seitentriebe ab. Im folgenden Sommer binden Sie die neuen Seitentriebe so an, dass eine Fächerform entsteht. Im folgenden Winter oder zeitigen Frühling schneiden Sie die blühenden Seitentriebe der Hauptzweige auf etwa 15 cm zurück. Neue Triebe werden am Spalier angebunden. Die letzten Schritte werden von nun an alljährlich wiederholt. Wenn ein Haupttrieb

◀ *Damit Buchsbaum gut in Form bleibt, muss er zwei- bis dreimal im Jahr geschnitten werden. Rosmarin nicht bis ins alte Holz schneiden.*

▶ *Wüchsige Kletterer wie den Hopfen kann man, wenn sie zu groß werden, auch im Sommer zurückschneiden.*

nach einigen Jahren keine Blüten mehr bildet, wird er etwa 5 cm über dem Boden abgeschnitten. Dadurch wird die Bildung neuer Triebe angeregt.

Sommerjasmin (echter Jasmin) ist eine sehr wüchsige Pflanze, die durch kräftigen Rückschnitt gebändigt werden muss. Sie ist nicht für jeden Kübelgarten geeignet, aber dennoch sehr beliebt. Der Rückschnitt erfolgt nach der Blüte. Alle alten Triebe werden entfernt, außerdem kann etwa ein Drittel der Triebe über dem Boden abgeschnitten werden. Neue Triebe werden fortlaufend angebunden und gekappt, falls sie zu lang werden. Seien Sie nicht zu zimperlich.

Winterjasmin *(Jasminum nudiflorum)* wird nach der Blüte geschnitten. Alle Triebe, die Blüten getragen haben, werden auf ein Drittel eingekürzt. Schwache, beschädigte oder abgestorbene Triebe werden ganz entfernt. Danach binden Sie neue Triebe an. Hopfen *(Humulus)* ist ein sehr wüchsiger Kletterer. Er stirbt im Herbst ab und treibt im Frühling aus dem Boden neu aus. Wird er zu groß, kann er jederzeit gestutzt werden. Efeu *(Hedera)*, Kletterhortensie *(Hydrangea petiolaris)* und Jungfernrebe *(Parthenocissus)* halten sich mit Luftwurzeln an ihrem Untergrund fest. Sie müssen nicht beschnitten werden. Wenn sie aber zu groß werden und etwa in die Dachrinne zu wachsen drohen, schneidet man Efeu und Kletterhortensie nach der Blüte, Jungfernrebe hingegen im zeitigen Frühling, vor dem Austrieb. Die alten Triebe reißen Sie einfach von der Wand ab.

▲ *Im Sommer verwelkte Rosenknospen abschneiden, ehe sich Hagebutten entwickeln. Die Samenbildung kostet die Pflanze unnötig Kraft.*

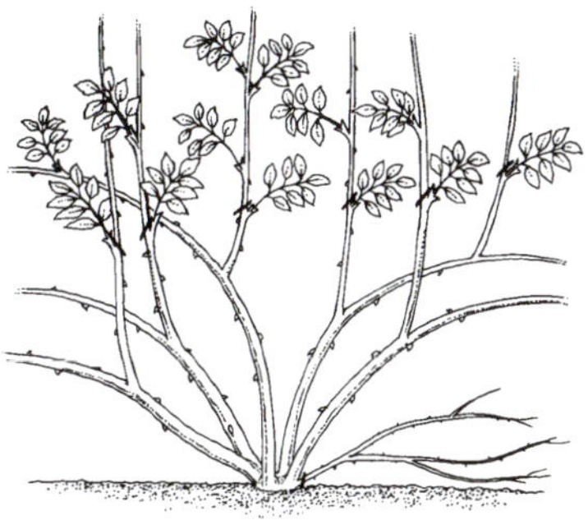

▲ *Bei Strauchrosen an einem Spalier schwache und sich kreuzende Triebe abschneiden, neue Triebe anbinden. Blühende Seitentriebe kappen.*

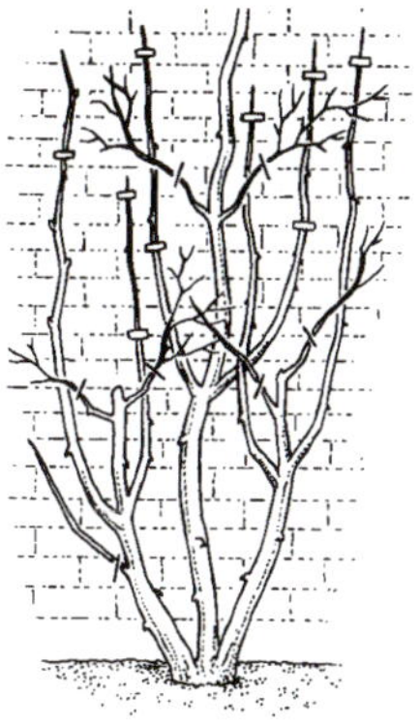

▲ *Bei neu gepflanzten Kletterrosen die Seitentriebe fortlaufend anbinden. Sich kreuzende Zweige entfernen.*

▲ *Der Rückschnitt einer* Clematis montana *ist nicht ganz einfach. Um das Wachstum zu kontrollieren, schneidet man sie nach der Blüte.*

Clematis und Wein schneiden

Clematis – Diese Pflanzengruppe macht dem Amateurgärtner im Hinblick auf den Rückschnitt mehr Sorgen als die meisten anderen Arten. Die Schwierigkeit ist aber nicht der Schnitt selbst, sondern das Erkennen der Gruppe. Es gibt drei Arten von Clematis, die unterschiedlich beschnitten werden.

Gruppe 1 – Die Angehörigen dieser Gruppe blühen am Austrieb des Vorjahres. Im Idealfall werden sie gar nicht geschnitten, doch weil sie manchmal zu groß werden, müssen alle Triebe nach der Blüte eingekürzt werden. Es ist leider unvermeidlich, dass diese Clematis im Jahr nach dem Rückschnitt schwächer blüht. Zu dieser Gruppe gehören alle Sorten von *C. alpina, C. montana* und *C. macropetala*. Nehmen Sie ein Bestimmungsbuch zu Hilfe oder fragen Sie einen erfahrenen Nachbarn oder Gärtner. Generell gelten diese Schnittregeln jedoch für alle kleinblütigen Clematis-Sorten, die im späten Frühling oder Frühsommer blühen, ferner für einige kleinblütige Arten und Zuchtformen mit Blütezeit im Winter oder Frühling, einige vor dem Hochsommer blühende großblütige Arten und fast alle großblütigen, gefüllten oder halb gefüllten Arten. Wer weder Namen noch Gruppenzugehörigkeit seiner Clematis kennt und auch niemanden fragen kann, sollte die Pflanze ein Jahr lang unbeschnitten lassen und sich notieren, in welchem Monat die ersten Blüten erscheinen.

Gruppe 2 – Diese Arten müssen nicht unbedingt geschnitten werden. Gut ist es aber, alte und abgestorbene Triebe im zeitigen Frühling zu entfernen und die übrigen Triebe bis auf ein Paar kräftiger Augen zu kürzen. Lassen Sie sich nicht von einigen milden Tagen zu einem ver-

▲ *Gruppe 3, die am Austrieb des laufenden Jahres blüht, wird im Frühling über einem Augenpaar in 30–50 cm Höhe zurückgeschnitten.*

frühten Rückschnitt verführen, sonst besteht die Gefahr von Schäden durch späte Fröste. Diese Schnittregel gilt für groß- und kleinblütige Arten und Hybriden, die nach dem Hochsommer blühen.

Gruppe 3 – Diese Clematis blühen am Austrieb des laufenden Jahres. Sie werden im Spätwinter oder zeitigen Frühling etwa 30–50 cm über dem Boden über einem kräftigen Augenpaar gekappt.

Auf diese Weise schneidet man die meisten großblütigen Arten, die nach dem Hochsommer ihre ersten Blüten tragen, ferner alle krautigen, halbkrautigen und strauchigen Clematis, die *C. viticella*-Sorten und eine Reihe kleinblütiger Arten und Sorten, die ebenfalls erst nach dem Hochsommer blühen. Keine Sorge – wenn Sie Clematis gar nicht schneiden, blühen sie trotzdem. Sie kann allerdings mit der Zeit im unteren Bereich verkahlen, sodass alle Blüten in

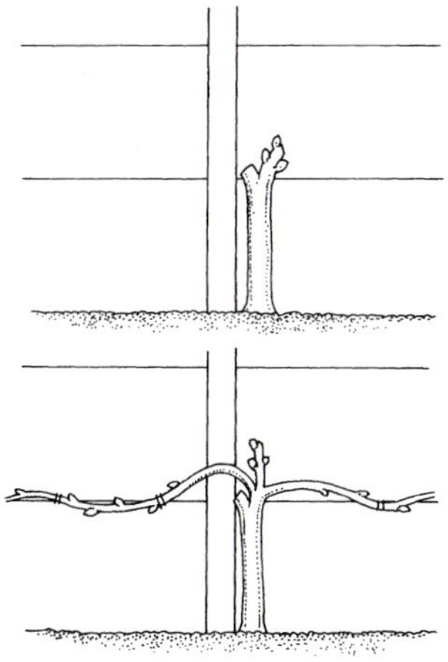

▲ *Das erste und zweite Jahr eines neu gepflanzten Weinstocks: Mitteltrieb im Winter auf drei Augen kürzen, beide Seitentriebe anbinden.*

einem unansehnlichen Gewirr aus Trieben in großer Höhe stehen.

Weinreben *(Vitis)* – Wein wird gern als Terrassenpflanze gehalten und an einer Pergola gezogen, um im Hochsommer den Sitzplatz zu beschatten. Zierformen wie *Vitis* 'Brandt' oder *V. coignetiae* schneidet man im Winter, wenn sie für ihren Platz zu groß werden. Besondere Regeln sind nicht zu beachten, wichtig ist lediglich, dass man während der Ruhezeit schneidet.

Echte Weinreben schneidet man am besten nach dem Guyot-Verfahren. Das mag technisch klingen, bedeutet aber lediglich, den Haupttrieb auf drei Augen einzukürzen. Im ersten Jahr entstehen aus diesen drei Knospen drei Triebe, die während des Wachstums regelmäßig senkrecht hochgebunden werden. Alle Seitentriebe werden ausgeknipst. Im Winter werden die beiden unteren Triebe an waagerechte Drähte gebunden und auf jeweils 1 m Länge oder 12 Augen gekürzt. Der mittlere Trieb wird auf drei Augen gekürzt. Aus den waagerechten Trieben entwickeln sich Seitentriebe, die an einer Wand oder einer Pergola befestigt werden. Die drei Triebe des mittleren Zweigs werden wie im ersten Jahr behandelt. Im Herbst werden die Seitentriebe, die Früchte getragen haben, abgeschnitten. Diese Schritte werden in den folgenden Jahren wiederholt.

▶ *Ein Kübel mit einer ausgewachsenen Weinpflanze, die über eine Pergola wächst. Damit die Trauben reifen können, wird im Sommer das Laub ausgedünnt.*

Sträucher und Obstbäume schneiden

Kräuter und Sträucher – Alle strauchig wachsenden Kräuter wie Thymian, Salbei und Majoran werden im zeitigen Frühling geschnitten, falls sie zu groß für ihren Kübel zu werden drohen. Ansonsten ist ein Rückschnitt nicht erforderlich. Winterheide *(Erica carnea* und *E.* × *darleyensis)* wird nach der Blüte leicht in Form gebracht.

Rosmarin darf nicht zu stark beschnitten werden, weil er aus den verholzten Zweigen nicht mehr austreibt. Die jungen Triebe können im Frühling leicht gestutzt werden. Stirbt ein Zweig ab, schneidet man ihn am Boden oder am Ansatz des Hauptastes ab. **Lavendel** schneidet man im mittleren Frühling, um die Pflanzen schön buschig zu halten und den Neuaustrieb anzuregen. Die Triebe, die Blüten tragen, werden gestutzt, wobei man mindestens 3 cm des letztjährigen Austriebs entfernt. Nach der Blüte sollte Lavendel nicht geschnitten werden, weil dadurch die Bildung neuer Triebe angeregt wird, die durch Frost geschädigt werden können. Alte, unansehnlich gewordene Lavendelsträucher kann man im Frühling radikal zurückschneiden. In den meisten Fällen treiben sie wieder kräftig aus.

Äpfel und Birnen – Kernobst im Kübel sollte man als Cordon oder an einem Spalier an einer Wand ziehen.

Für Cordons verwendet man normalerweise einstämmige Bäume, es sind jedoch auch zwei- und dreistämmige Cordons möglich. Apfel- und Birnbäume pflanzt man im Winkel von 45° und lässt sie auf eine Höhe von 1,8 m heranwachsen. So erhält der Stamm eine Länge von etwa 2,5 m. Cordonobst wird im Sommer geschnitten, im Winter fallen kaum Schnittarbeiten an. Alle Triebe werden oberhalb einer Blattgruppe knapp über dem Hauptstamm auf drei Augen gekappt. Der Leittrieb wird angebunden, aber erst geschnitten, wenn er 1,8 m Höhe erreicht hat. An ausgewachsenen Cordons muss man lediglich von Zeit zu Zeit einige der fruchtenden Triebe entfernen.

◀ *Niedrige Sträucher in Kübeln müssen eventuell nach der Blüte leicht in Form geschnitten werden.*

Ein Pflaumenbaum am Fächerspalier

Pflanzen Sie im Herbst einen jungen, bereits verzweigten Pflaumenbaum. Im Spätfrühling wird der Mitteltrieb über dem obersten, einander gegenüberstehenden Seitentriebpaar abgeschnitten. Sie werden nun waagerecht an der Wand festgebunden. Anschließend werden die Seitentriebe auf die Hälfte zurückgeschnitten, direkt hinter einem nach oben gerichteten Auge. Sie bilden die ersten „Speichen" des Fächers. Während des Sommers wählen Sie an jedem der beiden Triebe zwei Seitentriebe aus, von denen einer nach oben und einer nach unten zeigt. Das Gerüst des Fächers sollte annähernd symmetrisch sein. Die ausgewählten Triebe werden angebunden, alle übrigen auf 1–2 Blätter gekappt. Triebe, die zur Wand hin oder rechtwinklig von ihr weg wachsen, werden an der Basis abgeschnitten. Im folgenden Frühling stutzen Sie die neuen Speichen auf etwa ein Drittel und ziehen von jeder drei nachwachsende Triebe zu Speichen heran.

Als Spalierobst bezeichnet man Bäume, deren Triebe im rechten Winkel vom Hauptstamm ausgehend an einer Wand gezogen werden. Vor der Pflanzung werden waagerechte Drähte in Abständen von 40–50 cm gespannt. Zur Erziehung am Spalier pflanzt man im Herbst einen jungen, unverzweigten Obstbaum. Im Frühling wird der Trieb etwa 60 cm über dem Boden über einem Auge gestutzt. Darunter müssen noch zwei weitere Augen liegen. Im Sommer bilden sich nun drei Triebe. Der mittlere wird senkrecht angebunden, die beiden seitlichen im Winkel von 45°. Alle anderen Triebe, die sich im ersten Sommer bilden, werden über dem dritten Blatt gekappt.

Spalierobst ziehen

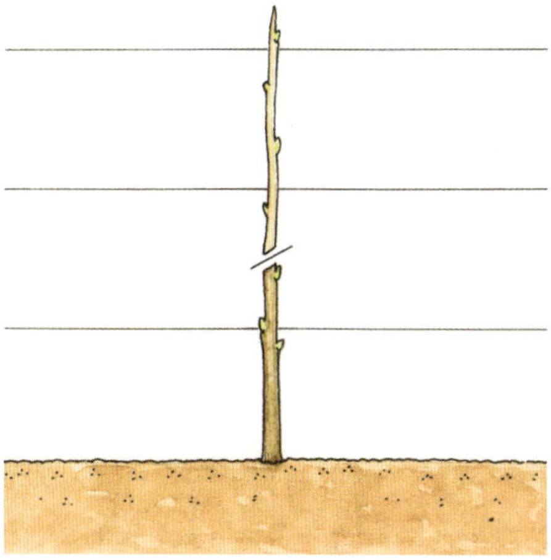

1 Einen unverzweigten, jungen Baum pflanzen und etwa 50 cm über dem Boden abschneiden. Drei Augen müssen stehen bleiben.

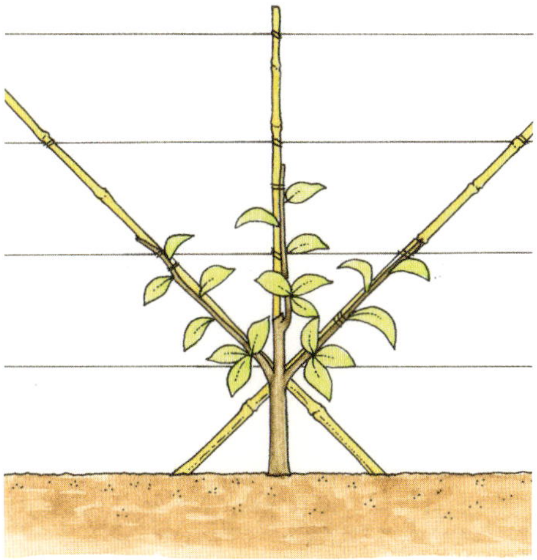

2 Im Sommer die drei wachsenden Triebe mithilfe von Bambusstäben anbinden – den Mitteltrieb senkrecht, die Seitentriebe im Winkel von 45°.

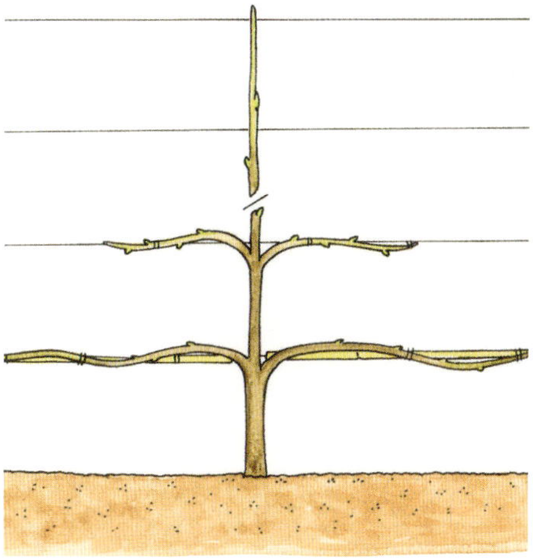

3 Im Winter die Seitentriebe waagerecht biegen, anbinden und einkürzen. Den Mitteltrieb 50 cm über der Verzweigung abschneiden. 1) und 2) wiederholen.

kappt. Die beiden schrägen Seitentriebe werden nun mit Bambusstäben waagerecht an die Spanndrähte gebunden.

▲ *Strauchige Kräuter werden erst geschnitten, wenn sie für ihren Topf zu groß werden.*

▶ *'Mrs Seddon' ist eine Birnensorte mit violetten Früchten, die gut am Wandspalier gedeiht.*

Stützen und halten

Viele Pflanzen brauchen während ihres Wachstums Halt und Stütze. Manche sind sogar ihr Leben lang auf Spanndrähte oder ein Spalier angewiesen. Langlebige Konstruktionen und Spanndrähte werden generell vor der Pflanzung der Bäume oder Sträucher angebracht.

Spanndrähte anbringen

Wer Pflanzen an einer Mauer ziehen möchte, könnte Spanndrähte anbringen, um daran einen Apfel- oder Birnbaum oder auch eine andere Pflanze zu ziehen. Prüfen Sie zuerst den Zustand der Mauer. Ziegel und Mörtel müssen fest und stabil sein, anderenfalls sollten Sie die Mauer neu verfugen oder reparieren. Das ist recht aufwändig und kann, wenn es ein Fachmann übernimmt, teuer werden. Versuchen Sie aber nicht, Drähte an einer maroden Wand anzubringen, denn die Spannung kann durchaus genügen, um lose Steine aus dem Mauerwerk zu reißen.

Legen Sie Bohrmaschine, Kunststoffdübel, Ringschrauben, Hammer, Schraubendreher, Drahtspanner und kräftigen 3-mm-Draht bereit. Legen Sie den Platz für die Drahtkonstruktion fest, und planen Sie zwischen den Drähten Abstände von 40–50 cm ein. Bohren Sie Löcher in die Steine, und hämmern Sie

Spanndrähte anbringen

1 Zuerst auf der Wand die Abmessungen anzeichnen. Zwischen den Drähten 40–50 cm Abstand lassen. Stabilen Draht (mind. 3 mm Stärke) verwenden.

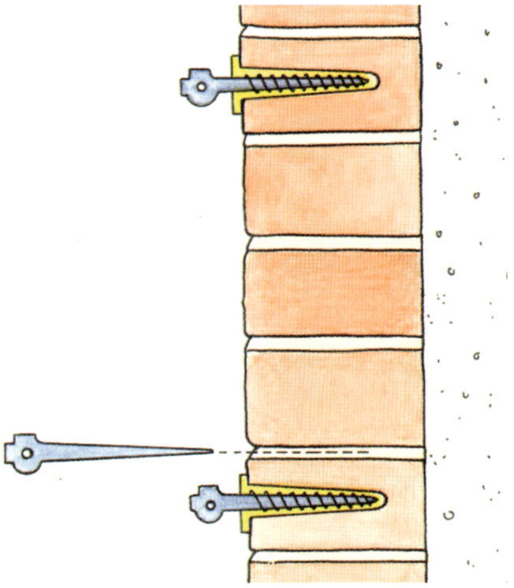

2 Mit der Bohrmaschine Löcher waagerecht in die Mauersteine bohren und die Dübel einschlagen. Die Ringschrauben in die Dübel schrauben.

3 Alternativ Metallaugen in die Fugen hämmern. Draht auf einer Seite an den Ringschrauben befestigen, auf der anderen Seite Drahtspanner verwenden.

Ein Spalier errichten

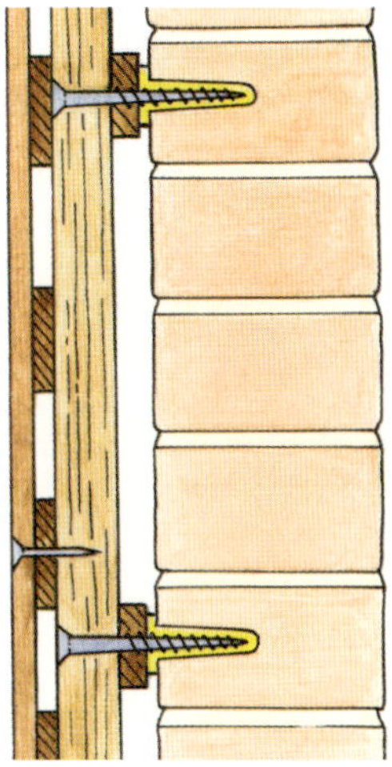

1 Die Höhe des Spaliers festlegen und die Pfosten mit Dübeln und Schrauben an der Mauer befestigen. Mit der Wasserwaage kontrollieren.

2 Die einzelnen Spalierfelder an den Pfosten festschrauben. Wieder mit der Wasserwaage kontrollieren. Kappen zum Schutz oben auf die Pfosten setzen.

3 Wird ein Spalier vor einer Mauer angebracht, setzt man es auf Leisten, um die Luftzirkulation zu verbessern.

die Dübel so weit ein, dass sie nicht mehr aus dem Mauerwerk vorstehen. Einen Draht durch eine Ringschraube stecken und gut befestigen. Am anderen Ende einen Drahtspanner einhängen, den Draht einfädeln und am Spanner drehen, bis der Draht straff gespannt ist.

Ein Spalier anbringen

Ist eine Gartenmauer niedrig, kann man durch ein Spalier problemlos mehr Rückhalt für Pflanzen schaffen. Sorgfältige Arbeit lohnt sich, wenn das Spalier nicht vom nächsten kräftigen Wind abgerissen werden soll. Möglichst bevor Sie vor der Mauer Löcher in den Boden graben, sollten Sie erwägen, verzinkte

▶ *Ein perspektivisches Spalier vergrößert einen kleinen Stadtgarten optisch. Originell sieht es aus, wenn dahinter ein Spiegel montiert wird.*

Pfostenträger einzuzementieren oder – noch besser – fertige Betonpfosten mit vorbereiteten Löchern zu verwenden, an denen die Leisten des Spaliers festgeschraubt werden können. Hölzerne Pfosten sollten Sie nicht einzementieren. Selbst wenn Sie die Fundamente sorgfältig abschrägen und das Holz mit Holzschutzmittel behandeln, wird es im Laufe der Zeit morsch werden. Dann bleibt ihnen ein Betonklotz im Boden, der nur mit Mühe zu entfernen ist.

Wer keine Betonpfosten einzementieren kann, sollte die Spalierpfosten lieber mit Dübeln und langen Schrauben an der Mauer befestigen. Legen Sie zuerst die Höhe des Spaliers fest. Messen Sie dann die Länge der Mauer aus, und ermitteln Sie, wie viele Spalierfelder Sie benötigen. Erst dann kaufen Sie das Material. Bohren Sie durch die Pfosten drei oder vier Löcher in gleichmäßigen Abständen. Dann richten Sie die Pfosten an der Mauer senkrecht aus. Anschließend einen langen Nagel durch die Löcher schieben und kräftig mit dem Hammer darauf schlagen, um die Punkte für die Bohrungen auf der Wand zu markieren. Nun die Löcher bohren und die Dübel hineinstecken. Zum Schluss die Pfosten mit langen Schrauben befestigen. Die Spalierfelder werden mit speziellen Winkeln an den Pfosten angebracht. Wird ein Spalier auf einer Mauer befestigt, sollte dahinter etwas Platz frei bleiben, damit dort Luft zirkulieren kann. Zudem lassen sich so die Triebe leichter festbinden. Widerstehen Sie der Versuchung, Triebe hinter die Spalierleisten oder Drähte zu schieben. Wenn sie nach einigen Jahren geschnitten werden müssen, lassen sie sich kaum wieder vorziehen.

Hochstämmchen stützen

Alle Bäume und Hochstämmchen müssen nach der Pflanzung gestützt werden, auch wenn sie im Kübel wachsen. Der Pfosten wird vor der Pflanze ins Pflanzloch gestellt und senkrecht ausgerichtet. Nach der Pflanzung wird der Stamm des Baumes mit einem speziellen Baumbinder angebunden, der die Rinde nicht beschädigt. Größere Bäume stabilisiert man am besten durch Spannseile, die an Ringschrauben im Terrassenboden gebunden werden. Sie müssen stabil und haltbar sein, zudem sollten Sie die Seile im Bereich des Stammes durch ein Stück alten Gartenschlauch schieben, damit keine Reibungsschäden an der Rinde entstehen können.

Stauden stützen Stauden kann man auf verschiedene Weise stützen. Die beste Methode besteht darin, früh in der Saison einen speziellen Staudenring mit einem Bambusstab zur Pflanze zu

◀ Wicken wachsen an einem Wigwam aus Weidenzweigen. Je mehr Blüten man für die Vase schneidet, desto mehr wachsen nach.

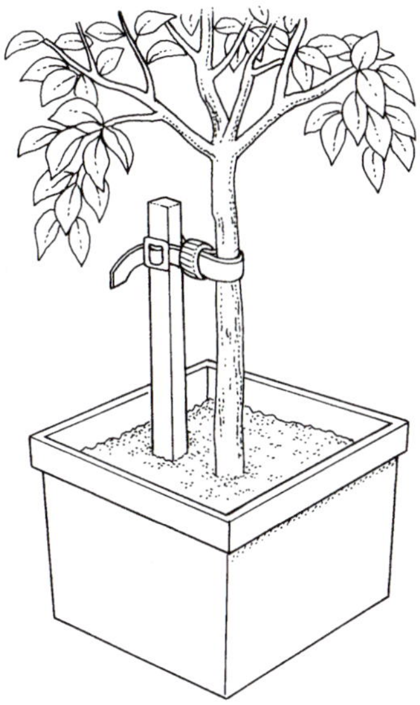

▲ *Auf windigen Terrassen und Dachgärten sollte man zarte Bäumchen stützen. Der Pfosten wird vor der Pflanzung in die Erde gesteckt.*

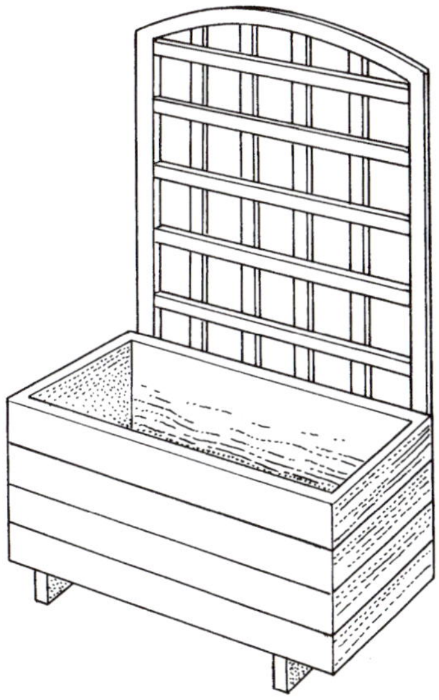

▲ *Praktisch für kleine Kletterpflanzen sind Tröge mit einem integrierten Spalier, die sich gut als Raumteiler einsetzen lassen.*

▲ *Stauden und Zwiebelgewächse stützt man, indem man entlang des Topfrands Stäbe einsteckt und rundherum eine Schnur spannt.*

stecken, sodass das Laub bald zwischen den Speichen des Rings hindurchwächst. Alternativ kann man mehrere Stäbe rings um die Pflanze in den Boden stecken und rundherum eine Schnur spannen. Besonders unauffällig ist so eine Stütze, wenn man statt der hellen Bambusstäbe dünne Zweige verwendet.

Kübelpflanzen stützen

Viele beliebte Kübelpflanzen kommen ohne Stütze nicht aus. Zu ihnen gehören beispielsweise Königslilien *(Lilium regale)* und Schmucklilien *(Agapanthus)*. Am besten steckt man mehrere Stäbe am Kübelrand entlang und verbindet sie mit einer Schnur.

Kletterpflanzen stützen Fast alle Kletterpflanzen brauchen eine Kletterhilfe, eine Ausnahme bilden nur die Arten, die sich durch Luftwurzeln selbst festhalten. Kletterrosen im Kübel sind zwar optisch eine Bereicherung, müssen aber entweder an Drähten an der Wand oder an einer Pergola angebunden werden. Clematis brauchen ein Spalier, durch das sie sich winden können. Viele einjährige Kletterpflanzen wie die Wicke *(Lathyrus odoratus)* benötigen ein Netz oder Drahtgeflecht, um sich mit ihren Ranken festzuhalten. Wer Weinreben mag, muss zuerst ein stabiles Klettergerüst errichten. In einem sonnigen Garten kann man sie auch dekorativ über eine Pergola klettern lassen. Wer eine kleinere Kletterpflanze in einen hölzernen Trog pflanzt, könnte an der Rückseite ein hölzernes Spalierfeld anschrauben. Natürlich besteht auch immer die Möglichkeit, Kletterpflanzen nahe an einer Wand zu platzieren, sodass sie sich dort an einem Spalier oder an Spanndrähten festhalten können.

Selbstklimmer wie Efeu brauchen einen festen Untergrund. An Maschendraht können sie sich nicht halten. Wer ein Drahtgeflecht mit Efeu begrünen möchte, kann Bretter daran anbinden.

Kübel im Dachgarten sichern

Kübelpflanzen können bei starkem Wind umkippen. Besonders groß ist das Risiko bei kopflastigen Kübeln mit hohen Bäumen und Sträuchern, die auf einem windigen Dachgarten stehen. An solchen Standorten müssen Kübel, aber auch Spaliere und Windschutzzäune, sehr sorgfältig befestigt werden. Hier gilt Vernunft mehr als Optik. Sehr schwere Kübel sollte man im Zweifelsfall mit Spannseilen sichern, die an Ringschrauben in der Wand oder dem Boden des Dachgartens fixiert sind. Wer sich geeignete Maßnahmen nicht zutraut, sollte unbedingt professionelle Hilfe in Anspruch nehmen.

Gießen

Im Kübelgarten spielt das Gießen eine wichtige Rolle. Alle Pflanzen brauchen Wasser, doch Kübel trocknen an heißen Sommertagen sehr schnell aus. Das gilt besonders für Kübel aus Terrakotta, weil durch das poröse Material mehr Wasser verdunstet als durch Kunststoff oder Stein.

Im Hochsommer kann ein Kübel bei Sonnenschein bis zu fünf Liter Wasser über die Blätter der Pflanze und durch die Wände des Gefäßes verdunsten. Die besonders starke Verdunstung in Terrakottakübeln lässt sich reduzieren, indem man sich die Mühe macht, die Wände vor der Bepflanzung mit Plastikfolie auszulegen. Ampeln und Töpfe an der Wand können sogar noch mehr Wasser verlieren. Vor allem bei abgeflachten Wandtöpfen steigert die Erhitzung des Mauerwerks die Verdunstung noch, da die Mauer die Sonnenwärme speichert und auch am Abend noch abgibt. Ampeln trocknen so schnell aus, weil sie im Verhältnis zur Pflanzenzahl sehr wenig Substrat enthalten. Folglich muss man alle Kübel im Sommer mindestens einmal täglich gießen, Ampeln und Wandtöpfe brauchen meist zwei Wassergaben. Wer das nicht gewährleisten kann, wird mit seinem Kübelgarten nicht viel Erfolg haben. Nun bedeutet das nicht, dass jeden Tag gegossen werden muss. An bedeckten und regnerischen Tagen ist das Bewässern natürlich überflüssig. Doch wer im Hochsommer verreist und keine Vorkehrungen für die Pflanzen trifft, darf sich nicht wundern, wenn nach der Heimkehr die meisten verdorrt sind.

▲ *Ein Schwanenhalsvorsatz für den Schlauch zum bequemen Gießen von Blumenampeln.*

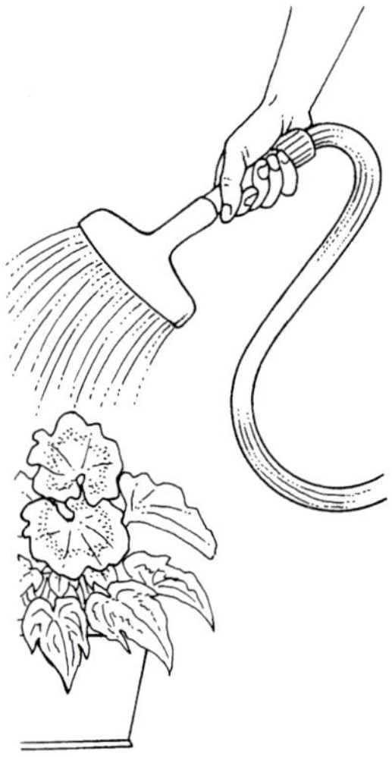

▲ *Mit einem Sprengvorsatz ist das Gießen im Sommer viel schneller erledigt.*

▲ *Empfindliche Pflanzen werden mit der Kanne und einer feinen Brause gegossen.*

Bewässerung – ganz einfach

Wer kein automatisches Bewässerungssystem installieren möchte, kann sich das regelmäßige Gießen dennoch wesentlich erleichtern. Wenn Sie von Hand gießen, lassen Sie unbedingt einen Außenwasserhahn anbringen. Das ist vor allem für den Dachgarten wichtig, denn niemand möchte mit schweren, tropfenden Kannen durch das ganze Haus laufen. Kaufen Sie eine gute Gießkanne mit langer Tülle, mit der auch der hintere Bereich eines Hochbeetes bequem zu erreichen ist. Sie ist auch praktisch, wenn nicht der ganze Garten bewässert werden soll, sondern

▲ *Eine Pergola in Lilablau mit identisch gestrichenen Kübeln voll Kapuzinerkresse und*

▶ *Ein Sortiment aus Kräutern und leuchtend bunten Blumen auf einer Treppe in Frankreich. Vor den schlichten Stufen und der Wand wirken die Blüten besonders schön.*

nur einzelne Pflanzen. Schaffen Sie außerdem eine Schlauchkupplung für Ihren Wasserhahn an, dazu einen stabilen Schlauch aus verstärktem Kunststoff und einige Spezialdüsen. Mit dem Schlauch ist das Gießen viel schneller erledigt als mit der Gießkanne. Wer mehrere Ampeln hat, sollte sich einen Schwanenhalsvorsatz anschaffen, mit dem man auch höher hängende Wandtöpfe bequem erreicht und wenig danebenspritzt. Sehr praktisch ist schließlich ein Dosiervorsatz für Düngerkapseln, mit dem das Düngen sozusagen nebenbei beim Gießen erledigt wird.

Richtig gießen Generell sollte man durchdringend gießen, jedoch nicht zu reichlich, weil sonst Staunässe droht und die Wurzeln faulen können. Füllen Sie die Kübel bis an den Rand und lassen Sie das Wasser ins Substrat einsickern. Prüfen Sie vorher das Substrat und auch die Pflanzen. Wenn eine Pflanze kümmert, kann das an Nährstoffmangel liegen, aber auch an Staunässe. Drücken Sie einen Finger in das Substrat. Fühlt es sich in etwa 3 cm Tiefe trocken an, sollten Sie gießen. Gießen Sie regelmäßig, aber nicht übermäßig.

Bewässerungssysteme Wer einen großen Garten hat oder ahnt, dass er im Sommer nicht immer in der Lage sein wird, regelmäßig zu gießen, sollte über ein computergesteuertes Bewässerungssystem nachdenken. Diese Systeme sind mit einer 24-Stunden-Zeitschaltuhr ausgestattet, mit der sich Beginn und Ende der Bewässerungszeit programmieren lassen. Besonders ausgefeilte Systeme besitzen zusätzlich Sensoren, die die Wasserzufuhr einschalten, wenn der Boden zu trocken wird. Wer solch ein System installiert, braucht sich um die Bewässerung keine Sorgen mehr zu machen. Es gibt drei Bewässerungstechniken – Sprinkler, Tropfschlauch und Kapillarsystem. Jedes hat seine Vor- und Nachteile.

Sprinklersysteme sind recht preiswert zu installieren. Sie sind mit Düsen ausgestattet, die auf die Pflanzen gerichtet werden können. Sie verbrauchen aber recht viel Wasser, weil an heißen Tagen ein Teil verdunstet, ehe es die Wurzeln erreicht. Andererseits gibt es raffinierte Systeme, mit denen sich sogar Ampeln bewässern lassen, sowie Minianlagen für Blumenkästen. Es ist sinnvoll, sich genau zu informieren, weil solche Systeme sehr hilfreich sein können. Denken Sie auch daran, unter das Substrat in Ampeln und Blumenkästen Wasser speichernde Gelkristalle oder Tongranulat zu mischen, die das Austrocknen des Substrates an heißen Sonnentagen verzögern.

Tropfschlauch-Systeme sind in der Anschaffung teurer als Sprinkler, doch sie arbeiten effektiver, weil das Wasser direkt auf dem Boden austritt und weniger verdunstet. Dadurch verringert sich der Wasserverbrauch. Auch diese Systeme gibt es im Kleinformat für Blumenkästen und Kübel auf dem Balkon.

▼ *Ein Gewächshaus voll frostempfindlicher Pflanzen, die darauf warten, ins Freie gepflanzt zu werden. Ampeln bekommt dieses Übergangsquartier gut.*

◀ *Bewässerungsmatten versorgen die Pflanzen durch Kapillarwirkung mit Wasser.*

◀ *Tropfschläuche sind nicht ganz preiswert, aber sehr wirkungsvoll.*

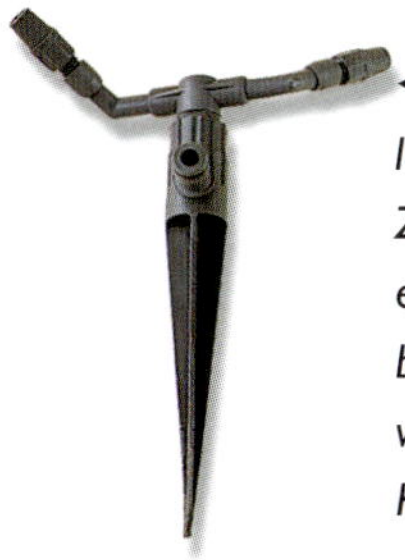

◀ *Sprinklersysteme lassen sich per Zeitschaltuhr steuern, sodass auch bewässert wird, wenn niemand zu Hause ist.*

▲ *Ampeln müssen im Sommer häufig bewässert werden, damit sie nicht austrocknen. Ein Schwanenhalsvorsatz macht diese Arbeit wesentlich einfacher.*

Kapillarsysteme versorgen die Pflanzen aus einem Reservoir *unter* dem Substrat. Aufwändige Systeme werden vorwiegend in Gärtnereien verwendet. Eine einfache Variante für den Hausgebrauch besteht darin, den Kübel in eine größere Schale zu stellen, die mit einer Schicht Kieselsteinen gefüllt ist. Sind die Kiesel mit Wasser bedeckt, versorgt sich die Pflanze selbst mit Wasser, ohne dass das Substrat staunass werden kann.

Warnung Kamelien, Heidekraut, Lavendelheide, Rhododendron oder Azaleen reagieren sehr empfindlich auf Kalk und müssen daher in Kübeln mit Moorbeeterde gehalten werden. Auch Kalk im Gießwasser kann ihnen auf Dauer schaden. Wer in einer Gegend mit hartem Leitungswasser lebt, sollte eine Regentonne aufstellen und die Pflanzen mit Regenwasser gießen.

Wo für eine Regentonne kein Platz ist, mischt man schwefelsaures Ammoniak, Harnstoff oder Ammonsulfatsalpeter unter das Substrat.

Weil sich der pH-Wert des Substrates mit der Zeit verändern kann, sollte er vor allem bei kalkempfindlichen Pflanzen regelmäßig geprüft werden. Steht eine solche Pflanze in alkalischem Substrat, entwickelt sie eine Chlorose, die an gelben Blättern erkennbar ist. Wird dann nicht schleunigst eingegriffen, stirbt die Pflanze ab.

Letzte Rettung

Wenn eine Pflanze ausgetrocknet ist und welk aussieht, lohnt es sich, sie samt Topf in einen Eimer mit Wasser zu tauchen, bis sich der Topfballen wieder vollgesogen hat. Häufig erholt sich die Pflanze. Natürlich eignet sich diese erste Hilfe nur für kleinere Töpfe, die man problemlos bewegen kann.

Düngen

Alle Pflanzen brauchen Nährstoffe, um gut zu gedeihen. Im Garten sind die Nährstoffe im Boden vorhanden, im Kübel sieht es anders aus. Einerseits ist die Substratmenge begrenzt, andererseits werden durch das häufige Gießen Nährstoffe ausgewaschen und müssen neu zugeführt werden.

▲ *Ein gepflegter Obst- und Gemüsegarten in einem Hochbeet und ein Erdbeertopf. Die verschiedenen Blattfärbungen sind sehr attraktiv.*

Die wichtigsten Nährstoffe

Die drei wichtigsten Nährstoffe für Pflanzen sind Stickstoff (N), Phosphor (P) und Kalium (K). Jeder der drei Stoffe hat eine andere Funktion. Stickstoff regt das Blattwachstum an, Phosphor stärkt das Wurzelsystem der Pflanze und Kalium fördert die Bildung von Blüten und Früchten. Neben diesen Hauptnährstoffen gibt es noch eine Reihe anderer wichtiger Stoffe und Spurenelemente, etwa Magnesium (Mg), Kalzium (Ca) und Mangan (Mn).

Organisch oder anorganisch Es steht außer Frage, dass im Kübelgarten die Verwendung anorganischer Düngemittel wesentlich praktischer ist als der Einsatz organischer Alternativen. Dafür gibt es zwei Hauptgründe: Verfügbarkeit und Volumen. In einem normalen Garten findet sich immer ein Platz für einen Komposthaufen, und ist ein Rasen vorhanden, fehlt es auch nie an Biomasse zum Kompostieren. Im Kübelgarten sind beide Voraussetzungen nicht erfüllt. Denkbar wäre bestenfalls eine Wurmfarm, die mit Gemüseabfällen aus der Küche gespeist wird.

Die Versorgung des Gartens mit Kompost hat zwei Funktionen. Einerseits versorgt er die Pflanzen mit wichtigen Nährstoffen, andererseits reichert er den Boden durch organische Substanz an, lockert ihn und verbessert seine Struktur. Kübel mit fertigem Pflanzsubstrat enthalten anfangs Nährstoffe und bieten keinen Platz für mehr Volumen. Anorganische Düngemittel dagegen sind in kompakter Form als Granulat, Stäbchen, Tabletten oder Flüssigkonzentrat zu haben und unkompliziert anzuwenden. Organische Alternativen wie Blutmehl oder Knochenmehl sind zwar durchaus geeignet, können aber unwillkommene Tiere in den Garten locken.

Grunddüngung

Wird eine langlebige Pflanze in einen Kübel gesetzt, sollte man ihr eine Grunddüngung geben. Am einfachsten ist es, ein anorganisches Düngergranulat mit der NPK-Formel 7:7:7 zu verwenden. Es enthält die drei wichtigen

Pflanzen richtig düngen

1 Mischen Sie beim Pflanzen eines Baumes oder Strauches Knochenmehl oder einen Universaldünger unter das Substrat.

2 Langzeitdünger in Stäbchen- oder Granulatform verabreicht man im Frühling. Je nach Produkt können die Dosierungsmengen variieren.

3 Flüssig- und Blattdünger werden beim Gießen verabreicht. Man setzt sie während der Wachstumsphase ein, danach in Abständen von 2–3 Wochen.

Grundnährstoffe Stickstoff, Phosphor und Kalium in gleichen Anteilen und deckt so alle Bedürfnisse der Pflanze ab. Wer in einer Region lebt, in der Füchse vorkommen (das kann auch in Städten der Fall sein), sollte keinesfalls Blut- oder Knochenmehl verwenden. Sonst besteht Gefahr, dass die Füchse nachts die Pflanzen ausgraben, weil sie nach Knochen oder Fischen suchen.

Gemüse wie Tomaten, Paprika und Auberginen braucht anfangs reichlich Stickstoff, damit es kräftig wächst. Sobald sich Blüten entwickeln, benötigt es mehr Kalium. Tomatendünger ist reich an Kalium und auch für andere Gemüsearten sehr gut geeignet.

Richtig düngen Es ist sinnvoll, allen Kübelpflanzen zu Beginn des Jahres einen langsam löslichen Dünger in Granulat- oder Stäbchenform zu verabreichen. Beachten Sie dabei die Dosierungshinweise. Viele Kübelpflanzen brauchen dann keinen weiteren Dünger. Sollten sie sich aber schlecht entwickeln, kann man zusätzlich einen Flüssig- oder Blattdünger geben. Falls Sie Wurmjauche verwenden (siehe Kasten), muss diese stark verdünnt werden, sonst verätzen Sie Ihre Pflanze.

Eine Wurmfarm

Wurmfarmen kann man fertig kaufen oder aus einer Plastikmülltonne selbst bauen. Dazu bohren Sie Löcher in den Boden und stellen eine Auffangschale darunter. Rings um den Rand werden ebenfalls Löcher gebohrt. Außerdem muss sich der Deckel sicher befestigen lassen. Füllen Sie auf den Tonnenboden eine 10 cm dicke Schicht groben Kies, dann folgt eine Trennschicht, etwa ein Stück alter Teppich. Darauf füllen Sie 10 cm hoch Universalsubstrat und Papierschnipsel sowie mindestens 100 rote Kompostwürmer. Nun in regelmäßigen Abständen organische Küchenabfälle einfüllen.

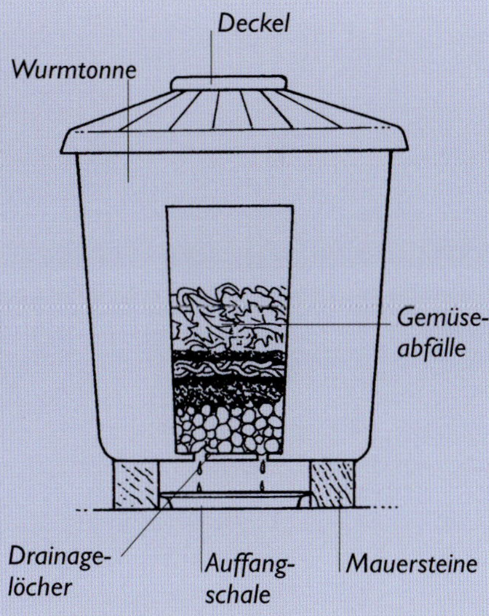

Krankheiten und Schädlinge

Krankheiten und Schädlinge gehören zum Gartenleben. Ständige Aufmerksamkeit und Sauberkeit im Garten sind die beste Vorbeugung. Wer jeden Abend einen Gartenspaziergang unternimmt und im Notfall sofort eingreift, kann größere Probleme oder unüberschaubaren Befall meist vermeiden.

Schaffen Sie von Anfang an eine gesunde Umgebung. Der wichtigste Aspekt ist eine ausreichende Belüftung. Stehen Pflanzen auf engem Raum zusammen, breiten sich Krankheiten schnell aus. Natürlich kann diese Anforderung auf einem Balkon oder einer Terrasse nur schwer erfüllt werden. Achten Sie bei Obstbäumen und Sträuchern darum besonders auf einen lockeren Kronenaufbau mit reichlich Luftbewegung.

Verbreitete Schädlinge

Ameisen – Sie verursachen mehr Schaden, als gemeinhin bekannt ist. Sie ernähren sich vom Honigtau, den Blattläuse ausscheiden, und befördern ihn von Blatt zu Blatt. Beim Bau unterirdischer Gänge beschädigen sie Wurzeln, zudem fressen sie kleine Sämlinge. Wer ein Ameisennest findet, sollte sofort kochendes Wasser hineingießen. Anschließend streuen Sie in befallenen Bereichen ein geeignetes Insektizid aus oder verwenden ein Mittel, das die Ameisen vertreibt.

Blattläuse – Es gibt viele Arten von Blattläusen, doch alle saugen den Saft aus Pflanzen und schwächen sie so. Manche Pflanzenarten sind besonders gefährdet, etwa Rosen, Pfeifenstrauch und Dicke Bohnen. Befallene Pflanzenteile sollten sofort abgeknipst werden. Dann spritzt man die Pflanze mit einem systemisch wirkenden oder einem Kontaktinsektizid. Alternativ kann man mit Seifenlauge spritzen, doch ist diese Maßnahme nur bei geringem Befall erfolgreich.

Blattwanzen – Diese glänzenden, manchmal bunten Käfer sind bis zu 1 cm lang und fressen an den Blättern. Ihre grauen Larven leben im Boden und fressen Wurzeln und Knollen. Man sammelt die Käfer von Hand ab und wirft sie in ein Gefäß mit Seifenlösung. Danach werden die Pflanzen mit einer schwachen

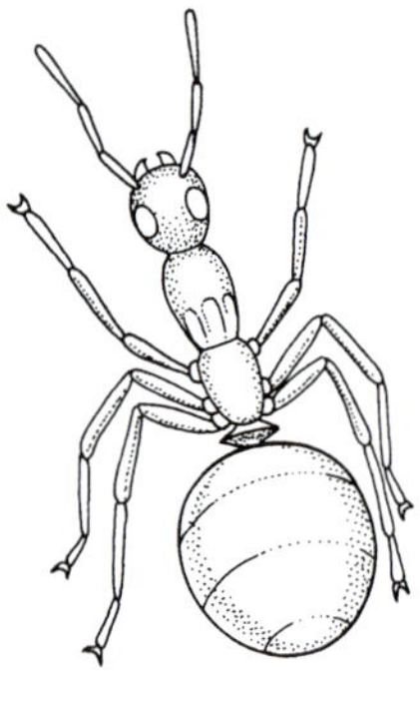

Ameise

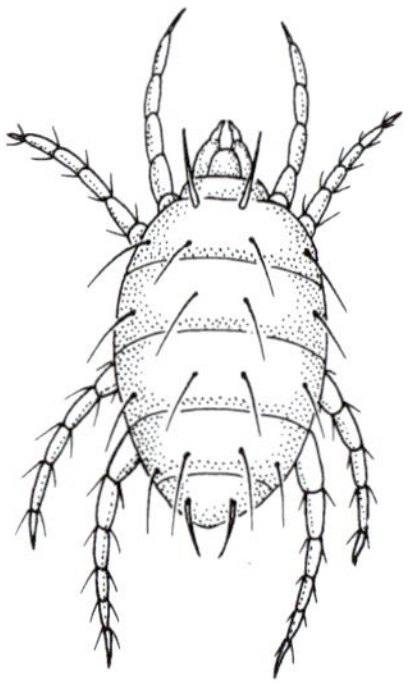

Spinnmilbe

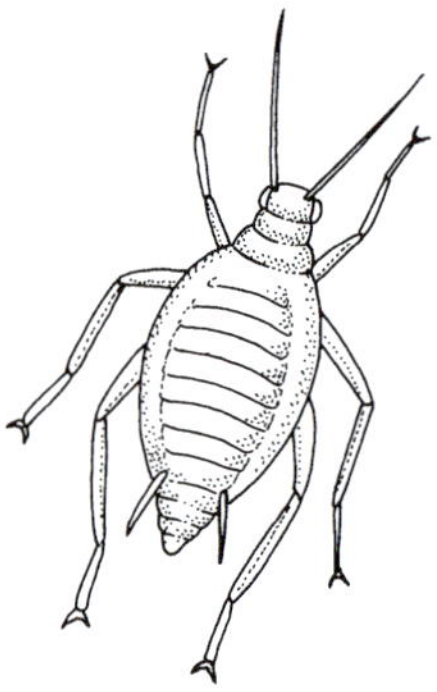

Blattlaus

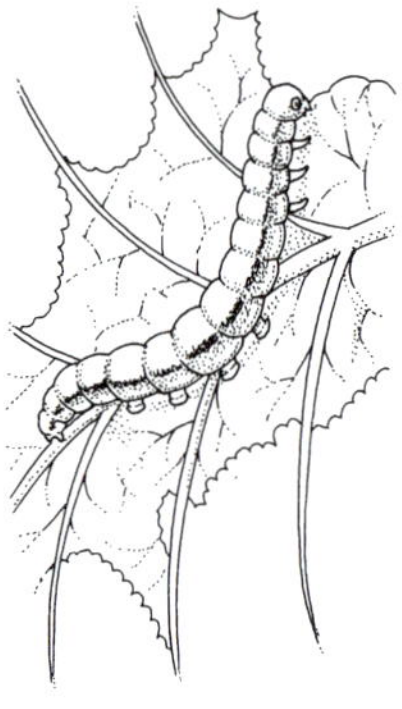

Raupe

Taube

▶ *Tomaten sind gute Gefährten für Kohl. Sie vertreiben den Kohlweißling, der seine Eier in Kohlgewächsen ablegt.*

Neem-Lösung gespritzt.

Minierfliegen – Hierbei handelt es sich um winzige Insektenlarven, die das Innere der Blätter zerfressen. Dabei können ganze Blätter zerstört werden. Befallene Blätter werden abgezupft, außerdem sollte beim ersten Anzeichen des Befalls mit einem geeigneten Pestizid gespritzt werden. Bei schwerem Befall muss die Spritzung eventuell mehrmals in Abständen von zwei Wochen wiederholt werden.

Raupen – Mit den richtigen Pflanzenkombinationen lassen sich diese Schädlinge oft vermeiden. Wer jedoch Gemüse zieht und darauf Raupen entdeckt, sollte sie von Hand absammeln und mit einem geeigneten Pestizid spritzen. Leider kann es dann jedoch schon zu spät sein.

Sägewespen – Diese Schädlinge befallen vor allem Obstbäume wie Äpfel, Birnen und Kirschen. Mit einem Insektizid spritzen.

Schnecken – Sie können vor allem in feuchten Bereichen sehr lästig werden. Es gibt verschiedene Methoden der Bekämpfung. Man kann sie unter kopfüber ausgelegten Grapefruitschalen fangen oder Gefäße zur Hälfte mit einer süßen Flüssigkeit füllen und eingraben, sodass die Schnecken hineinfallen. Kragen aus aufgeschnittenen Plastikflaschen halten Schnecken von Jungpflanzen fern. Weil sie nicht gern über raue Oberflächen kriechen, kann man auch Kreise aus grobem Kies um die Pflanzen streuen.

Spinnmilben – Es gibt mehrere Arten dieser nur stecknadelkopfgroßen Insekten. Alle können beträchtlichen Schaden an Tomaten, Wein, Chrysanthemen und auch an Zimmerpflanzen anrichten. Viele Spinnmilbenarten sind resistent gegen Pestizide. Zur Vorbeugung sollte man für ausreichende Luftfeuchtigkeit sorgen. Im Freien kann man befallene Pflanzen mit einem harten Wasserstrahl abspritzen. Die Behandlung an drei aufeinander folgenden Tagen wiederholen.

Vögel – Sie richten vor allem im Obst- und Gemüsegarten Schaden an, sind im Kübelgarten jedoch weniger lästig als in einem konventionellen Nutzgarten. Die einzige Abhilfe besteht darin, gefährdete Pflanzen konsequent mit Netzen zu schützen.

Weiße Fliege – Die Larven dieser Insekten befallen Garten- und Zimmerpflanzen. Sie sind leicht zu erkennen, da sie von den Blüten und Blättern der befallenen Pflanzen herabhängen. Mit einem Insektizid spritzen.

Spritzen – chemisch oder biologisch?

Die Antwort auf diese schwierige Frage hängt vor allem von der persönlichen Einstellung zum Bio-Gärtnern ab. Es gibt für fast jedes chemische Spritzmittel eine organische Alternative, und man muss von Fall zu Fall entscheiden, ob die Wirksamkeit ausreicht oder die eventuelle Mehrarbeit sich lohnt.

Sinnvoll ist aber, sich mit günstigen Pflanzenkombinationen vertraut zu machen, die sich gegenseitig schützen, dann muss eventuell überhaupt nicht gespritzt werden.

Verbreitete Krankheiten

Baumkrebs – Eingesunkene Narben sind im Sommer an verholzten Trieben von Apfel-, Birnen- und Pflaumenbäumen zu erkennen. Befallene Zweige sofort abschneiden und vernichten, die Wunde mit einem Fungizid bestreichen.

Botrytis – Dieser Grauschimmel tritt bei feucht-kühlen Bedingungen auf und befällt häufig Erdbeeren. Gefährdete Pflanzen im zeitigen Frühjahr mit Gartenschwefel spritzen. Die Pflanzen trocken halten und für gute Lüftung sorgen. Befallene Blätter sofort entfernen, um die Ausbreitung der Krankheit zu verhindern.

Echter Mehltau – Diese verbreitete Pilzkrankheit kann viele Gartenpflanzen befallen. Das Symptom ist ein weißer Belag, der sich auf den Blättern und

◀ *Übervolle Pflaumenbäume sind anfällig für Botrytis. Die Früchte rechtzeitig ausdünnen, befallene Früchte sofort entfernen.*

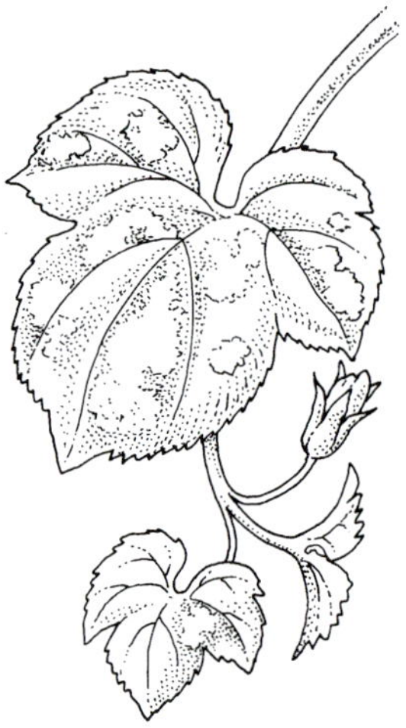

Mehltau ist verbreitet. Mit Gartenschwefel spritzen.

Weiße Fliegen mit einem Insektizid spritzen.

Krebs befällt vor allem Obstbäume. Befallene Zweige entfernen.

Sternrußtau tritt oft an Rosen auf. Gartenschwefel zur Vorbeugung.

▶ Fast alle Krankheiten und Schädlinge lassen sich auch organisch bekämpfen. Jeder Gärtner muss sehen, womit er den besten Erfolg erzielt.

Stielen bildet. Der Belag wird dicker und färbt sich braun, dann bilden sich schwarze Flecken. Zur Vorbeugung die Blätter beim Gießen nicht benetzen und mit Gartenschwefel spritzen.

Falscher Mehltau – Diese Krankheit wird durch verschiedene Pilze verursacht, ist aber nicht mit dem echten Mehltau zu verwechseln. Das Risiko steigt bei feuchter Witterung. Man erkennt ihn an weißem Belag auf den Blattunterseiten und Flecken auf den Oberseiten. Gefährdet sind Zwiebel- und Knollengewächse, viele Stauden und Gemüse wie Salat und Zwiebeln. Die Krankheit ist schwierig zu bekämpfen. Zur Vorbeugung die Pflanzen nicht zu dicht setzen und möglichst nicht auf die Blätter gießen. Befallene Pflanzen an einem trockenen Tag morgens mit Kupfersulfat sprühen.

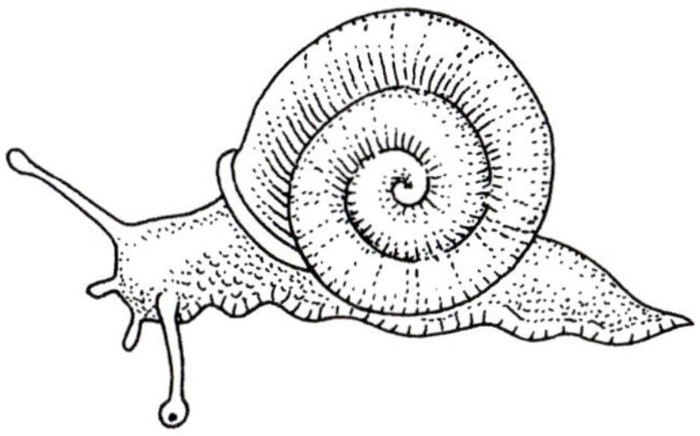

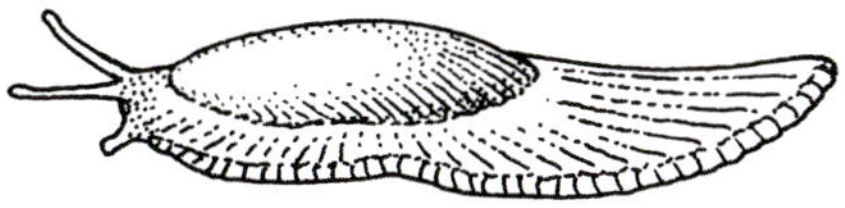

Schnecken kann man in Fallen fangen oder einfach absammeln.

Pilzkrankheiten – Krankheiten wie Schimmel und Mehltau breiten sich vor allem unter feuchten Bedingungen aus. Zur Vorbeugung sollte man daher für gute Luftzirkulation sorgen. Das gilt ebenso für Blattfleckenkrankheiten.

Sämlingsfäule – Diese Pilzkrankheit ist auch als Umfallkrankheit bekannt, weil sie Sämlinge einfach welken und umfallen lässt. Sie tritt auf, wenn Sämlinge zu dicht stehen, es zu kalt ist oder das Substrat zu feucht ist. Aussaatschalen regelmäßig desinfizieren. Sämlinge vorbeugend mit einem geeigneten Fungizid gießen. Bei Befall den Inhalt der ganzen Schale vernichten.

Sternrußtau – Befällt häufig Rosen. Vorbeugend wöchentlich mit Gartenschwefel spritzen.

Viruskrankheiten – Es gibt verschiedene Arten von Viruskrankheiten, die ähnliche Symptome haben. Die Blätter verkrüppeln oder zeigen gelbe oder braune Flecken. Wer bei einer Pflanze den Verdacht auf einen Virusbefall hat, sollte sie umgehend vernichten, weil es keine wirksame Bekämpfungsmethode gibt. Fragen Sie schon beim Kauf nach virusresistenten Sorten. Die Krankheit wird durch den Pflanzensaft verbreitet, von dem sich Blattläuse ernähren – darum ist die Blattlausbekämpfung so wichtig.

Mangelerscheinungen

Als wäre das Gärtnerleben nicht kompliziert genug, zeigen Pflanzen gelegentlich verschiedene Mangelsymptome, die einem Schädlings- oder Krankheitsbefall stark ähneln. Es ist immerhin ein Trost, dass Stickstoffmangel oder Chlorose im Kübelgarten selten auftreten, weil man die Substratqualität besser kontrollieren kann.

Überwinterung

Im Kübel heizt sich die Erde im Sommer stärker auf, und im Winter kühlt sie stärker aus als der offene Gartenboden. Darum brauchen Kübelpflanzen in der kalten Jahreszeit besonderen Schutz. Das gilt besonders für Kübel in Dachgärten, die zusätzlich kalten Winden ausgesetzt sein können.

Empfindliche Pflanzen überwintern

Wer frostempfindliche Pflanzen im Kübel halten möchte, braucht einen Raum, in dem sie überwintert werden können. Die meisten Pflanzen brauchen einen kühlen, hellen Platz, jedoch nicht in der geheizten Wohnung. Ein ungenutztes Nordzimmer, das nicht geheizt wird, ist ideal. Alternativ eignet sich auch ein Windfang, wenngleich einige Pflanzen Zugluft nicht gut vertragen. Über die genauen Überwinterungsansprüche frostempfindlicher und bedingt winterharter Arten sollten Sie sich eingehend in einem speziellen Buch oder beim Gärtner informieren. Achten Sie vor allem auf die Angaben über die Mindesttemperatur. Zu den beliebten Blühsträuchern und Kletterpflanzen, die sich gut für den Kübel eignen, jedoch im Haus überwintern müssen, gehören alle Zitrusarten *(Citrus)*, Schönmalven *(Abutilon)*, Hibiscus *(Hibiscus rosa-sinensis)* und auch die Bougainvillea, die mit den Jahren für einen Kübel zu groß werden kann. Außerdem gibt es eine Reihe kleinerer Pflanzen wie Drehfrucht *(Streptocarpus)* und Alpenveilchen *(Cyclamen)*, die in milden Klimaregionen im Freien blühen, wenn sie geschützt überwintert werden.

◀ *Gräser und Bambus sehen im Schnee bizarr aus. Von Nadelbäumen muss der Schnee abgeschüttelt werden, sonst brechen die Äste.*

Kübelpflanzen im Freien schützen

Wer seine Kübel mit empfindlichen Pflanzen nicht ins Haus holen kann,

▶ *Krokusse zwischen welken Kastanienblättern nach einem leichten Frost. Solche Bodenfröste richten im Garten meist wenig Schaden an.*

muss sie im Freien schützen. Traditionell verpackt man sie in Stroh oder Binsen und umwickelt alles mit Sackleinen. Auch empfindliche Stauden kann man mit Stroh und Sackleinen umhüllen und im Frühling wieder auspacken. Damit der Wind den Schutz nicht wegbläst, wird alles mit einem Netz gesichert.

Sehr gut eignet sich auch Gartenvlies als Winterverpackung, weil es Licht und Feuchtigkeit durchlässt. Allerdings ist es recht empfindlich und kann durch starken Wind oder scharfe Ecken schnell beschädigt werden. Wegen seiner geringen Dicke reicht es bei starkem Frost nicht aus. Eine Alternative ist Luftblasenfolie, die ausgezeichnet isoliert und lichtdurchlässig ist. Leider ist sie luftdicht und begünstigt darum das Auftreten von Pilzkrankheiten. Die Pflanzen sollten nicht länger als unbedingt nötig darin eingewickelt sein. Verblüffend ist, wie gut auch ein Netz als Frostschutz wirkt. Es ist vor allem für empfindliche Obstbäume wie Pfirsiche und Nektarinen am Wandspalier empfehlenswert. Zwei oder drei Lagen Netzmaterial reichen normalerweise völlig aus, wenn später Frost die Blüte bedroht.

Im Zusammenhang mit Frost sind zwei weitere Aspekte von Belang. Vor Weihnachten richtet der Frost selten Schaden an. Gefährlich ist er vor allem im Frühling, wenn bereits junge Triebe gebildet sind. Außerdem kann scharfer Ostwind ebenso viele Probleme bereiten wie Frost. Gegen Wind sind Netze eine ausgezeichnete Lösung, weil sie seine Kraft brechen und so Schäden an den Blättern minimieren. Vor allem in Dachgärten sollte man entsprechend vorbereitet sein.

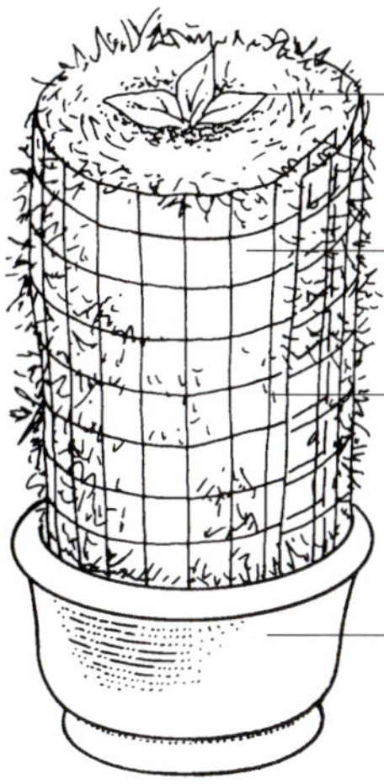

▲ *Pflanzen in runden Kübeln kann man in Strohmatten oder Vlies hüllen, die mit einem Stück Maschendraht umwickelt werden.*

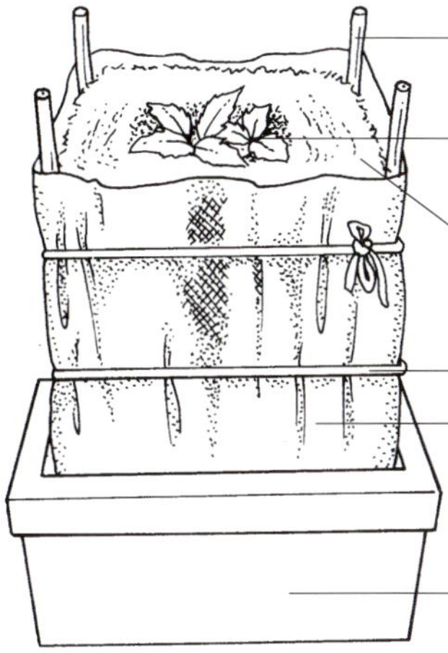

▲ *So werden Pflanzen in eckigen Kübeln geschützt. Keine Verpackung soll länger als nötig an den Pflanzen bleiben, besonders Plastik.*

Auch Kübel brauchen Schutz

Nicht nur Pflanzen brauchen Frostschutz. Terrakottakübel können platzen, wenn sie extremer Witterung mit Regen und Frost ausgesetzt sind. Zum Schutz hüllt man sie in Luftblasenfolie. Risse lassen sich auch vermeiden, wenn man einen Draht um den Kübelrand legt und die Enden fest zusammendreht.

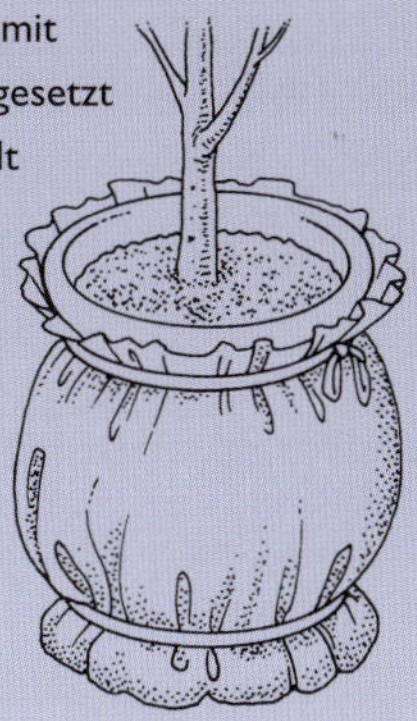

Pflanzen selbst ziehen

Im Kübelgarten gibt es wenig Platz, um Pflanzen selbst heranzuziehen. Selbst die einfache Anzucht aus Samen verlangt etwas Platz, und sei es nur eine geräumige Fensterbank. Andererseits lohnt sich der Aufwand, denn es macht Spaß, den Sämlingen beim Wachsen zuzusehen.

Vorüberlegungen zur Aussaat

Ehe Sie beginnen, überlegen Sie, wie viele Pflanzen Sie wirklich benötigen, wie viele Arten Sie ziehen wollen und wie viel Zeit Sie für die Pflege der Sämlinge aufwenden wollen. Wer reichlich Platz hat, kann durch die Aussaat viel sparen, denn aus einem Tütchen Samen kann man für wenig Geld viele Pflanzen ziehen. Seien Sie aber nicht zu ehrgeizig.

Skarifizieren und stratifizieren

Manche Samen müssen vorbehandelt werden, damit sie erfolgreich keimen. Dazu gibt es zwei Methoden. Die Skarifikation wendet man bei einigen großen Samen mit harter Außenschale an. In der Natur würden sie über den Winter im Boden liegen. Während dieser Zeit verrottet die äußere Samenschale allmählich, sodass der Samen aufquillt und zu keimen beginnt. Bei der Aussaat im Haus muss die Samenhülle auf andere Weise

◀ Aus Samen selbst gezogene Sommerblumen sind viel preiswerter als gekaufte Jungpflanzen. Ziertabak und Petunien sind unproblematisch.

Samen aussähen

1 Die Aussaatschale mit Anzuchtsubstrat füllen. Vorsichtig gießen und das Wasser einsickern lassen. Samen brauchen ein feuchtwarmes Klima.

2 Die Samen dünn auf der angefeuchteten Oberfläche verteilen. Bei sehr feinen Samen ist es hilfreich, sie zuerst auf ein geknicktes Blatt Papier zu geben.

3 In Anzuchtschalen mit einem transparenten Kunststoffdeckel und Lüftungsschiebern kann man leicht die Luftfeuchtigkeit regulieren.

geschwächt werden, damit die Keimung einsetzen kann. Dazu schleift man die Samen entweder mit Sandpapier oder einer Nagelfeile an oder ritzt die Schale mit einem Messer an. Dieses Verfahren beschleunigt beispielsweise die Keimung von Busch- und Stangenbohnen.

Aussaat

Kaufen Sie einige Anzuchtschalen und Anzuchtsubstrat. Das Substrat wird in die Schale gegeben und gleichmäßig angefeuchtet. Dann streuen Sie die Samen auf die Oberfläche, decken die Schale mit einer Glasplatte oder Klarsichtfolie ab und stellen sie an einen hellen, warmen Platz, bis sich die Sämlinge zeigen. Lesen Sie immer die Hinweise auf der Samentüte, weil die Bedingungen für die Keimung von Art zu Art unterschiedlich sind.

Von Stratifikation spricht man, wenn die Samen erst nach einer heißen oder kalten Periode keimen. Zwei klassische Beispiele aus dem Gemüsegarten sind Pastinaken, die sehr früh im Jahr in den kalten Boden gesät werden, und Petersilie, deren ausgesprochen langsame Keimung sich deutlich beschleunigen lässt, wenn man die Samen vor der Aussaat im Frühling kurz mit kochendem Wasser übergießt.

Beide Keimungsbedingungen kann man auch künstlich schaffen, indem man die Samen mit Sand oder einem Torfersatzprodukt vermischt, in eine Plastiktüte füllt und – je nach Anforderungen der Art – eine Weile in einem gut geheizten Raum oder im Kühlschrank aufbewahrt. Diese Behandlung ist allerdings nur für wenige Pflanzenarten erforderlich.

Licht und Dunkelheit

Manche Samen sind Lichtkeimer, sie dürfen also nach der Aussaat nicht mit Substrat abgedeckt werden. Gute Beispiele sind Mungobohnen und Alfalfa. Andere Samen hingegen müssen mit Substrat bedeckt und dunkel gestellt werden. Beachten Sie in jedem Fall die Aussaathinweise auf der Samentüte.

Nach der Keimung ziehen die Sämlinge auf eine helle, aber nicht sonnige Fensterbank um. Halten Sie das Substrat feucht, und drehen Sie die Aussaatschale täglich, damit die Sämlinge nicht schief zum Licht wachsen. Zuerst bildet sich ein Keimblattpaar, dann folgen die ersten „echten" Blätter. Sind zwei echte Blattpaare vorhanden, können die Sämlinge in Einzeltöpfe mit Universalsubstrat umgepflanzt (pikiert) werden.

Aussaat – ganz einfach

Feine Samen sollten so dünn wie möglich ausgestreut werden. Gehen Sie dabei langsam und sorgfältig vor. Es hat keinen Sinn, zu viele Samen in eine Schale zu streuen: Wenn alle keimen, stehen die Pflanzen zu eng, wachsen schlecht und lassen sich nur schwer vereinzeln (pikieren).

Größere Samen

Größere Samen, etwa von Erbsen und Bohnen, sind wesentlich einfacher zu säen als kleine. Auch Clivien haben hübsche, dunkelbraune Samen, aus denen in zwei Jahren Blumen wachsen.

Wer Gemüse im Kübelgarten ziehen möchte, sollte die Samen in Einzeltöpfen aussäen. Verwenden Sie spezielle Torftöpfe, Quellballen oder kompostierbare Papptöpfe und legen Sie in jeden zwei Samen. Nach der Keimung sondern Sie den schwächeren Sämling aus, sodass der kräftigere sich gut entwickeln kann. Wenn die Frostgefahr vorüber ist, werden die Pflanzen mitsamt ihren Torf- oder Papptöpfen in Kübel gepflanzt. So vermeiden Sie das Pikieren, bei dem die Wurzeln verletzt werden können.

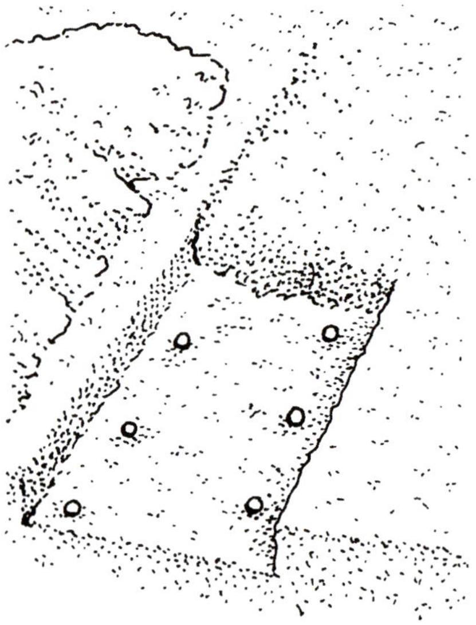

▲ *Größere Samen wie Erbsen und Bohnen kann man in zwei Reihen in flache Gräben säen. Die optimalen Abstände stehen auf der Samentüte.*

Gießen Gießen Sie Aussaatschalen möglichst von unten und nicht von oben. Es ist schwierig, das Wasser sehr fein zu zerstäuben, andererseits können schwere Wassertropfen aber Sämlinge abknicken oder die Wurzeln freispülen. Stellen Sie die Schalen in größere Schalen mit Wasser, sodass das Substrat die erforderliche Feuchtigkeitsmenge von unten aufsaugen kann, ohne dass die empfindlichen Sämlinge gestört werden.

Temperatur

Jede Pflanzenart hat eine optimale Keimtemperatur, die man möglichst genau einhalten sollte. Sie ist auf der Samentüte vermerkt. Die meisten Gemüsearten brauchen etwa eine Woche lang eine Bodentemperatur von 7 °C, ehe sie keimen. Viele einjährige Blumen verlangen Temperaturen zwischen 13 °C und 21 °C.

Samen direkt im Kübel aussäen

Manche Sämlinge sind sehr klein und lassen sich schlecht pikieren, darum sät man sie besser an Ort und Stelle aus – sogar im Kübel. Das gilt vor allem für verschiedene Gemüsesorten wie Mohrrüben und Rote Bete, aber auch für Schnittlauch. Nach der Keimung werden die Sämlinge ausgedünnt.

Winterharte Einjährige im Küchengarten werden oft auf diese Art ausgesät. Markieren Sie eine Unterteilung auf der Substratoberfläche und legen Sie in jedes Feld sehr dünn die Samen einer Art. Borretsch, Lein, Kalifornischer Kappenmohn und Sumpfblume sind attraktive Sommerblumen, die sich für diese Form der Direktsaat gut eignen.

Nach der Keimung

Die größte Gefahr für junge Sämlinge ist die Sämlingsfäule oder Umfallkrankheit. Es ist eine Pilzerkrankung, die auftreten kann, wenn die Sämlinge in der Schale zu beengt stehen oder wenn das Substrat zu feucht oder zu kalt ist.

Halten Sie die Anzuchtschale peinlich sauber, und besprühen Sie die Sämlinge von Zeit zu Zeit vorbeugend mit einem Fungizid. Vergessen Sie nicht, die Schalen auf der Fensterbank täglich zu drehen, damit die Pflänzchen nicht einseitig zum Licht hin wachsen. Sobald es warm genug ist, werden die Jungpflanzen im Freien abgehärtet, anfangs stundenweise und im Halbschatten. Nun bekommen sie wöchentlich Dünger.

▲ Es macht Spaß, Erbsen im Kübel zu ziehen. Als Kletterhilfe dient ein Zeltgerüst aus Stäben. Besonders gut schmecken Zuckererbsen.

▼ Wer Einjährige aus Samen zieht, sollte sich auf eine Farbe beschränken, damit sich die Pflanzen später ins Farbkonzept einfügen.

Vermehrung durch Stecklinge

Es ist sehr befriedigend, seine Pflanzen durch Stecklinge selbst zu vermehren. Das Verfahren ist einfach und immer gleich: Man schneidet ein Stück von der Mutterpflanze ab, taucht die Schnittstelle in Bewurzelungspulver und setzt den Steckling in feuchtes Substrat.

Triebstecklinge

Triebstecklinge schneidet man im Frühling, wenn die neuen Triebe ausgebildet sind und zu verholzen beginnen. Meist verwendet man Triebspitzen, bei einigen Pflanzen schneidet man jedoch Seitentriebe direkt an ihrer Basis. Der Schnitt wird direkt unter einem Blattansatz angesetzt. Dann reduziert man die Wasserverdunstung, indem man einige Blätter entfernt oder halbiert. Stecklinge brauchen zwar etwas Laub, können aber keine große Blattfläche versorgen. Die Schnittfläche des Stecklings wird in Bewurzelungspulver getaucht, dann wird der Steckling in einen Topf mit feuchtem Substrat gesteckt. Triebstecklinge benötigen hohe Luftfeuchtigkeit. Ideal ist ein Zimmergewächshaus.

Halb verholzte Stecklinge

Diese Stecklinge schneidet man im Spätsommer aus den Trieben, die im

▶ Pelargonien lassen sich leicht durch Stecklinge vermehren und auf der Fensterbank oder im kühlen Gewächshaus überwintern.

▶ Osteospermum *lassen sich im Frühsommer leicht durch Triebstecklinge vermehren. Die Sorte 'Whirligig' hat löffelförmige Blütenblätter.*

Frühling gebildet wurden. Wählen Sie möglichst einen Trieb, der keine Blüten getragen hat. Der Steckling (5–10 cm) wird direkt unter einem Blattansatz geschnitten. Die unteren Blätter werden entfernt. Zupfen Sie auch einige der oberen Blätter ab, um die Verdunstung zu reduzieren. Dann die Schnittfläche in Bewurzelungspulver tauchen und den Steckling behutsam in einen Topf mit feuchtem Substrat stecken.

Allerlei Stecklinge

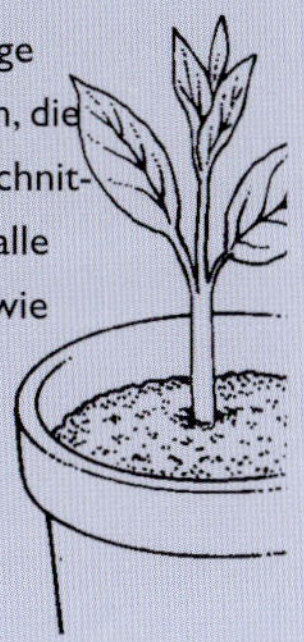

Man unterscheidet Kopf-, Trieb-, Stamm-, Augen-, Knoten- und Abrissstecklinge, ferner Risslinge, Wurzelschnittlinge, Blatt- und Blattstückstecklinge. Je nach Pflanzenart verwendet man unterschiedliche Teile zur Vermehrung. Hortensien, Malven und Kapkörbchen lassen sich am besten durch Triebstecklinge vermehren, die im Frühling geschnitten werden. Fast alle Immergrünen sowie die meisten Rosen bewurzeln am besten, wenn man im Herbst Abriss- oder Stammstecklinge nimmt. (Nähere Hinweise zur Stecklingsvermehrung finden Sie im Text dieser Doppelseite.)

Manche Stecklinge, z. B. Nadelgehölze, bewurzeln am besten, wenn ein Stück vom älteren Holz daran hängt. Für diese Abrissstecklinge reißt man einen Seitentrieb mit einer Abwärtsbewegung vom Haupttrieb, sodass sich ein Stück des Haupttriebes löst. Das „Fähnchen" des alten Holzes etwas kürzen.

Stammstecklinge

Die meisten halb oder ganz verholzten Stecklinge werden aus einem geraden Trieb geschnitten und sollten 5–12 cm lang sein. Das untere Ende wird direkt unter einem Blattansatz abgeschnitten. Entfernen Sie die unteren Blätter. Alle Knospen und Blüten werden entfernt. Pelargonien werden durch Stammstecklinge vermehrt. Die Schnittfläche fleischiger Triebe trocknen über Nacht an der Luft an. Das fördert die Wurzelbildung und verhindert die Fäulnis des Stecklings. Wer Schwierigkeiten beim Vermehren von Pelargonien hat, sollte diesen Trick einmal ausprobieren. Vor dem Einpflanzen werden die Schnittflächen von Stecklingen immer in ein Bewurzelungspulver getaucht.

Andere Vermehrungstechniken

Teilung

Viele Pflanzen, vor allem Stauden, breiten sich durch ihr Wurzelsystem aus und lassen sich im Frühling leicht durch Teilung vermehren. Generell sollte man Stauden regelmäßig teilen, weil einige Arten große Wurzelballen bilden, die im Laufe der Zeit in der Mitte kahl werden. Bei der Teilung des Wurzelballens wird der abgestorbene Teil in der Mitte entfernt, nur die vitalen äußeren Teile werden neu eingepflanzt. Auf diese Weise verjüngt und vermehrt man Rittersporn, Primeln, Hosta, Iris und Lungenkraut. Je nach Art der Pflanze bieten sich verschiedene Teilungsmethoden an. Bei Primeln und andere Pflanzen mit faserigen Wurzeln kann man den Ballen einfach mit den Händen zerreißen und die Teilstücke neu einsetzen. Hat eine Pflanze zähe oder holzige Wurzeln, sticht man den Ballen mit dem Spaten in Stücke oder reißt ihn mithilfe von zwei Grabgabeln auseinander. Oder Sie teilen den Ballen mit einem langen Messer mit Wellenschliff.

Blattstecklinge

Diese unkomplizierte Art der Vermehrung bietet sich vor allem bei Zimmerpflanzen an. Sie eignet sich besonders gut für Drehfrucht *(Streptocarpus)* und Usambaraveilchen *(Saintpaulia)*. Bei Begonien verwendet man ein ganzes Blatt. Man ritzt die Blattadern auf der Unterseite an und fixiert das Blatt dann flach liegend mit Haarnadeln auf feuchtem Substrat.

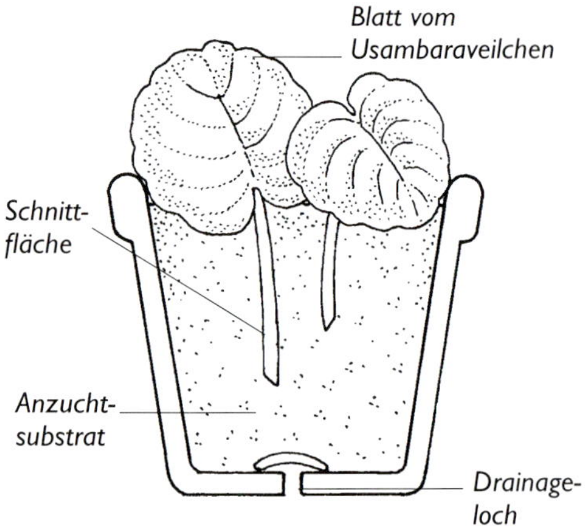

▲ Usambaraveilchen lassen sich durch Blattstecklinge vermehren. Zupfen Sie einige Blätter ab und stecken Sie den Stiel in Anzuchterde.

◀ Die Blattunterkante muss Kontakt zum Substrat haben. Nur so bilden sich binnen weniger Wochen neue Blättchen.

Pflanzen erfolgreich teilen

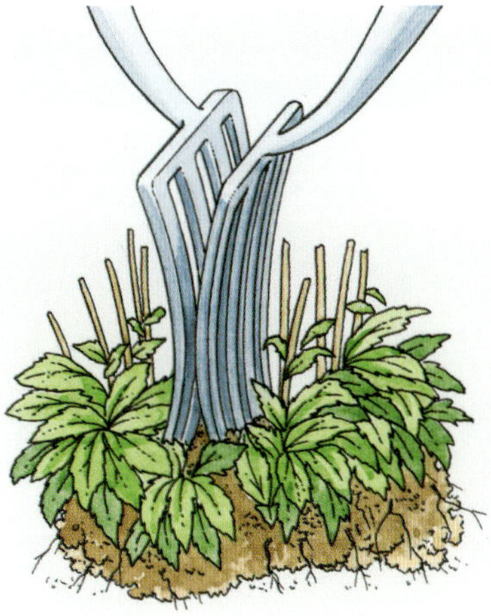

1 Kleine Pflanzen wie Primeln oder Lungenkraut lassen sich mit der Hand teilen. Graben Sie die Pflanze nach der Blüte aus und teilen den Wurzelballen.

2 Größere Stauden teilt man mit zwei Grabgabeln, die Rücken an Rücken in den Wurzelballen gestochen und wie Hebel benutzt werden.

3 Zur Vermehrung von Iris schneidet man die jüngeren Rhizomenden ab. Die Schnittflächen mit einem Fungizid-Pulver bestäuben, Blätter etwas kürzen.

Absenker

Bei vielen Pflanzen bildet sich auf natürliche Weise Nachwuchs durch Absenker. Das Verfahren eignet sich sehr gut für Arten, die nur schwierig aus Stecklingen zu vermehren sind, etwa Rhododendren. Erdbeeren vermehren sich, indem sie an langen Stielen Tochterpflanzen (Kindel) bilden, die bald bewurzeln. Man kann diese Jungpflanzen abtrennen und in separate Töpfe setzen. Bei Brombeeren bewurzeln die Triebspitzen, wenn sie über längere Zeit Kontakt mit dem Boden haben. Auf diesem Prinzip beruht auch die Vermehrung durch Absenker. Biegen Sie einen Zweig eines Strauches zum Boden hinab. Graben Sie die Stelle, wo der Zweig aufliegt, flach ein und fixieren Sie den Zweig mit einer Stück Draht. Ritzt man die Rinde des Triebes leicht an, wird die Wurzelbildung noch gefördert. Es ist sogar möglich, aus einem langen, geschmeidigen Zweig mehrere Jungpflanzen zu ziehen, indem man den Zweig an mehreren Stellen in die Erde absenkt, sodass er eine Wellenlinie bildet.

Wissenswertes über Stecklinge

Verwenden Sie möglichst Triebe ohne Blüten und Knospen, weil diese schneller bewurzeln. Benutzen Sie ein sauberes, scharfes Messer (am besten ein Okuliermesser), und führen Sie einen glatten Schnitt direkt unter einem Blattansatz aus. Alle Stecklinge müssen feucht gehalten werden. Triebstecklinge stellt man zum Bewurzeln am besten in ein Zimmergewächshaus. Abrissstecklinge brauchen ein Jahr zum Bewurzeln.

STAMMSTECKLINGE

Stammstecklinge schneidet man im Herbst aus den Trieben, die im Laufe des Jahres gewachsen sind. Man schneidet Stücke von 25–30 cm Länge und setzt den oberen Schnitt direkt über einem Blattansatz, den unteren direkt unter einem Blattansatz an.

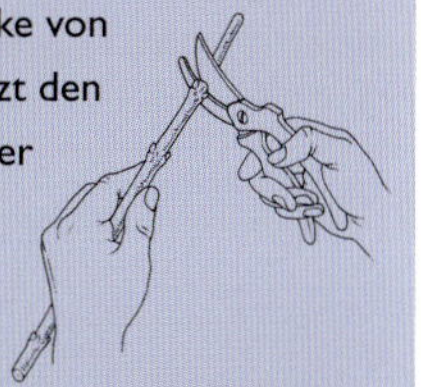

Unten wird zusätzlich ein Stück Rinde abgeschält. Die Stecklinge werden bis zur Hälfte ihrer Länge und in Abständen von 10 cm in einen Graben gesetzt, auf dessen Grund grober Sand gestreut wurde. Die Wurzelbildung kann lange dauern. Sie sollten etwa ein Jahr lang ungestört an ihrem Platz bleiben, sofern sie nicht vorher vertrocknet sind.

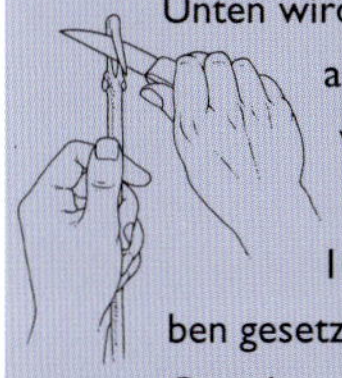

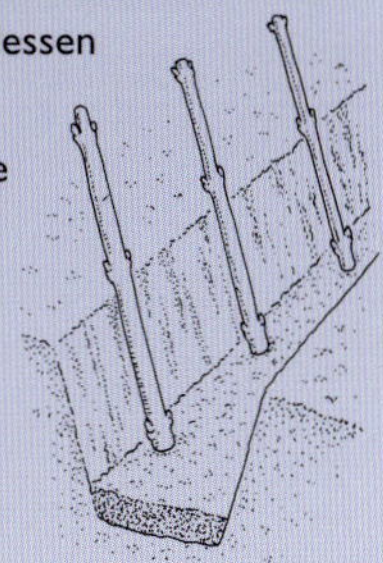

Formschnitt

Der Formschnitt ist im Kübelgarten ein schönes Thema. Gerade in formalen Gärten machen sauber gestutzte Sträucher von sich reden. Auf Terrassen und Dachgärten eignen sie sich auch, um den Raum zu gliedern und den Blick in die Höhe zu lenken.

Die Anzahl der Pflanzen, die einen Formschnitt vertragen, ist nicht sehr groß. Besonders beeindruckend ist die Eibe *(Taxus baccata)*, die aber viel Platz braucht und nur in einem großen formalen Garten wirklich gut zur Geltung kommt. Die aufwändigen Formen, die sich aus ihr schneiden lassen, sind in einem durchschnittlichen Kübelgarten kaum realisierbar. Besser geeignet sind Buchsbaum *(Buxus sempervirens)* und Lorbeer *(Laurus nobilis)*, aus denen sich mit etwas Geschick und Geduld sehr schöne Formen gestalten lassen.

Lorbeer beschneiden

Lorbeer lässt sich ausgezeichnet zu Hochstämmen mit kugeliger Krone formen. Hat die Pflanze die gewünschte Höhe ein wenig überschritten, kappt man sie oben. Alle unerwünschten Seitentriebe am Stamm werden entfernt. Dann wird die Krone in Form geschnitten. Am einfachsten ist es, dabei nach Augenmaß vorzugehen. Die Form gelingt selbst bei großen Bäumen. Bei Bedarf kann man sogar die Krone abschneiden. Bald bilden sich neue Seitentriebe, die wiederum in die gewünschte Form geschnitten werden können. Anfangs wird die Form etwas unregelmäßig aussehen. Doch sobald neue Triebe die vorhandenen Lücken füllen, löst sich dieses Problem von selbst.

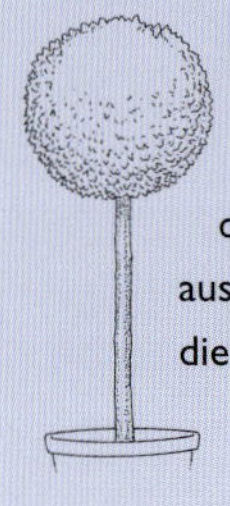

Buchsbaum formen

Buchsbaum lässt sich einfacher formen als Lorbeer, etwa zu Kugeln, Kegeln oder Spiralen. Das Prinzip des Formschnitts besteht darin, einen Hilfsrahmen um die Pflanze zu legen und alle Triebe abzuschneiden, die daraus herauswachsen. Eine einfache Form, die vor allem für Buchsbaum gern verwendet wird, ist der Kegel. Ein Hilfsrahmen lässt sich leicht aus drei oder mehr Stangen bauen, die oben zusammengebunden werden. Bei regelmäßigem Schnitt ist die Form bald zu erkennen. Für kompliziertere Formen, wie Kugeln, Spiralen oder Pyramiden, kann man im Fachhandel fertige Gerüste kaufen.

Schneiden

Ist die Form einmal zu erkennen, muss sie im Laufe des Sommers regelmäßig nachgearbeitet werden. Wenn der Herbst naht, wird das Schneiden jedoch eingestellt, weil Triebe, die im Herbst gebildet werden, durch den Frost leicht zerstört werden können.

Andere Formschnittpflanzen

Buchsbaum und Lorbeer sind besonders beliebt, doch auch Liguster wird gern für den Formschnitt verwendet. Allerdings ist er in kalten Regionen nicht immergrün. Auch Efeu *(Hedera)* kann man in vielerlei Formen bringen und vor allem in kleinen Gärten sehr gut für immergrüne Figuren einsetzen. In diesem Fall wird zuerst die gewünschte Figur aus Kükendraht modelliert. Diese belegt man dick mit Moos, das mit einer zweiten Schicht Kükendraht fixiert wird. Ist der Rohling gelungen, stellen Sie ihn auf einen Kübel mit Substrat und setzen ringsum Efeupflanzen ein. Sind die Triebe bis oben gewachsen, müssen sie nur noch in Form gehalten werden.

Einen Efeuzapfen formen

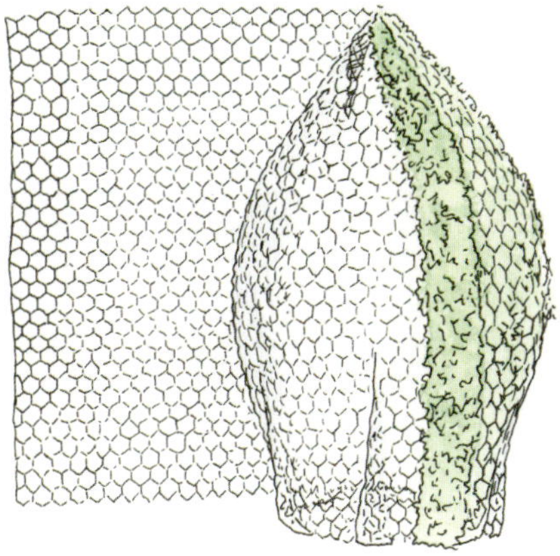

1 Zuerst eine Grundform aus Kükendraht biegen und mit Sphagnum-Moos umwickeln, das mit einer zweiten Lage Kükendraht fixiert wird.

2 Die Drahtform auf einen Kübel stellen und rundherum Efeu einsetzen. Anfangs müssen die Triebe am Draht festgebunden werden.

3 Triebe, die zu lang werden oder in die falsche Richtung wachsen, werden abgeschnitten. Für gleichmäßigen Wuchs den Kübel ab und zu drehen.

▲ *Einfache Formen aus Buchsbaum kann man nach Augenmaß schneiden, bei komplizierteren Formen sollte man eine Schnitthilfe verwenden.*

▶ *Mit etwas Geduld lassen sich auch aufwändige Formen wie diese Doppelkugeln aus Zypressen gestalten.*

Pflanzideen für den Kübelgarten

Je kleiner ein Garten und je enger der Raum, desto genauer sieht man jedes Detail aus der Nähe, darum müssen Farbe und Form der Bepflanzung sorgfältig auf Haus und Umgebung abgestimmt sein. Ein Kübel ist wie ein kleines Gemälde – Motiv und Rahmen müssen zusammenpassen.

Das Farbschema

Im Garten vertragen sich die meisten Farben miteinander, weil die grünen Blätter ausgleichend wirken. Blüten in Weiß und blassen Farbtönen bilden Brücken zwischen leuchtenderen Farben. Dennoch sollte man in einem kleinen Kübelgarten die Farbkombinationen sorgfältig planen.

Der Farbkreis

Die Farbtheorie basiert auf dem Farbkreis. Wer dieses System versteht und die Beziehungen zwischen den Farben kennt, kann auch im Garten eine ausgewogene Pflanzung zusammenstellen.

Primärfarben Die drei Primärfarben sind Rot, Gelb und Blau. Es sind die einzigen Farben, die nicht durch Mischen anderer Töne zu erzielen sind. Andererseits lassen sich durch Mischungen der Primärfarben untereinander sowie mit Schwarz und Weiß alle Farbtöne herstellen. Im Garten passen Primärfarben gut zusammen. Denken Sie nur an einen Frühlingskübel mit blauen Vergissmeinnicht *(Myosotis)*, gelben Schlüsselblumen *(Primula vulgaris)* und roten frühen Tulpen *(Tulipa* 'Brilliant Star' oder *T.* 'Mme Lefeber'). Sie alle blühen im zeitigen Frühling, das Ergebnis ist fröhlich und bunt. Wer es etwas ruhiger mag, lässt die Tulpen weg und beschränkt sich auf die Blau-Gelb-Kombination. Die Vergissmeinnicht haben hier eine zusätzliche Funktion: Als Bodendecker verstecken sie das Pflanzsubstrat.

▲ *Hier werden auf dem Farbrad die Primär- und Sekundärfarben mithilfe von Pflanzen dargestellt.*

Später im Jahr könnten die Primärfarben durch rote und gelbe Hahnenkämme *(Celosia)* und blaue Kornblumen *(Centaurea cyanus)* vertreten werden. Die Sorte 'Dwarf Blue' wird nur 30 cm hoch und eignet sich bestens für den Kübel. Im Hochsommer wirken diese Farben greller als im Frühling. Das liegt am Licht, das sanfter wirkt, wenn die Sonne noch tief am Himmel steht. Primärfarben wirken immer sehr belebend.

Sekundär- und Komplementärfarben

Mischt man zwei Primärfarben, so erhält man eine Sekundärfarbe. Rot und Blau ergeben Violett, Rot und Gelb ergeben Orange, Blau und Gelb ergeben Grün.

Als Komplementärfarben bezeichnet man die Farben, die einander auf dem Farbkreis gegenüberliegen. Durch Zugabe von Weiß und Schwarz lassen sich alle Farben aufhellen oder abdunkeln.

Mischt man eine Farbe mit unterschiedlichen Mengen von Weiß und Schwarz, entstehen feine Abstufungen. Gerade diese Abstufungen spielen im Garten eine wichtige Rolle. Die schönsten Farbschemata basieren auf einer gut abgestimmten Kombination verschiedener Abstufungen.

Farbeffekte

Pflanzenkombinationen in den warmen Farben Rot, Orange und Gelb wirken lebhaft und intensiv, während die kühleren Farben Lila, Blau und Petrol eine ruhigere Stimmung erzeugen. Blasse Farbtöne harmonieren generell mit-

◀ *Eine herbstliche Farbkombination in Rot, Gelb und Orange mit verschiedenen Dahlien, Taglilien* (Hemerocallis), *niedrigen Begonien im Vordergrund und hohen Montbretien* (Crocosmia) *im Hintergrund. Die Mischung ist lebhaft, aber nicht aufdringlich.*

1. *Crocosmia* 'Lucifer'
2. *Dahlia* 'Bishop of Llandaff'
3. *Begonia* 'Barcos'
4. *Dahlia* Unwins Dwarf-Gruppe
5. *Hemerocallis* 'Bertie Ferris'
6. *Hemerocallis* 'Lusty Lealand'
7. *Dahlia* 'Preston Park'
8. *Dahlia* Unwins Dwarf-Gruppe
9. *Dahlia* 'Jeanette Carter'

einander, denn sie wirken weniger dramatisch oder aufdringlich.

Pflanzengruppen in einem kleinen Kübelgarten sollten stets so geplant werden, dass sie auch zum Haus und zu ihrer Umgebung passen. Möglicherweise bestehen die Mauern von Haus und Garten aus Ziegeln in verschiedenen Tönen. Neue, rote Ziegel sind nicht ideal als Hintergrund für Pflanzen. Natürlich könnte man die Gartenmauer weiß streichen, doch auf lange Sicht lohnt es, einige Kübel mit Efeu zu bepflanzen und die Wand so zu begrünen. Blattgrün wirkt als Hintergrund für die meisten Blütenfarben am natürlichsten.

▶ *Eine Bepflanzung in Primärfarben wie Rot und Gelb ist zweifellos ein Blickfang, doch sie kann auch unruhig und aufdringlich wirken.*

Warme Farben

Leuchtende Farben aus dem warmen Sektor des Farbkreises sorgen im Beet oder Kübel immer für Aufsehen. Die Töne müssen aber sorgfältig kombiniert werden, damit das Arrangement nicht aufdringlich wirkt. Weiße oder pastellfarbene Blüten bringen Ruhe in eine solche Kombination.

Leuchtende Pflanzung mit roten und gelben Zwiebelblumen

Die wichtigsten Zwiebelblüher mit roten und gelben Blüten sind Tulpen und Narzissen. Generell blühen Narzissen etwas früher als Tulpen. Wer Wert auf eine gemeinsame Blüte legt, muss daher die Kataloge sehr sorgfältig durchstöbern und vorzugsweise frühe Tulpensorten wählen. Geeignet sind Sorten der Gruppe 1 (frühe einfache), Gruppe 12 (Kaufmanniana-Gruppe) oder Gruppe 14 (Greigii-Gruppe). Insgesamt gibt es 15 Gruppen, denen die verschiedenen Tulpensorten zugeordnet werden. Ähnlich differenziert ist die Einteilung der Narzissen in 11 Gruppen. Zu den Spätblühern gehören die Sorten der Gruppe 5 (Triandrus), Gruppe 7 (Jonquilla) und Gruppe 9 (Poeticus). Im Alltagssprachgebrauch werden sie alle unter dem Oberbegriff Narzissen zusammengefasst. Vor allem Zwergnarzissen eignen sich ausgezeichnet für die Kübelbepflanzung.

▲ *Ein schöner Frühlingskübel mit Blüten in Rot, Blau und Gelb. Niedrige Tulpen gibt es in der Kaufmanniana- oder Greigii-Gruppe.*

Zu den empfehlenswerten Sorten gehören *N.* 'February Gold', *N.* 'Jumblie' und *N.* 'Hawera' (alle klar gelb), während *N.* 'Shining Light' gelbe Blütenblätter und einen leuchtend orangefarbenen Innenkelch besitzt.

Tulpen gibt es in vielen Gelb-, Rot- und Orangetönen. Zu den besten für den Kübelgarten gehören die niedrigeren Sorten wie *Tulipa praestans* 'Fusilier', 'Red Riding Hood' und 'Unicum' (alle rot), *T. linifolia* Batalinii-Gruppe 'Bright Gem' und 'Yellow Gem' (gelb) sowie *T.* 'Orange Monarch' und 'Shakespeare' (orange). Wer zweifarbige Blüten schätzt, könnte sich für *T. clusiana* var. *chrysantha* (rot-gelb) oder 'Keizerskroon' (rot mit gelbem Rand) entscheiden.

◀ *Ein leuchtendes Arrangement aus Einjährigen. Die weißen Petunien betonen die intensiven Rot- und Violetttöne und bringen zugleich Ruhe.*

Besonders attraktive Pflanzenkombinationen in warmen Farben sind auch mit verschiedenen Tulpensorten möglich, die nach Sorten getrennt in Einzelkübel gepflanzt werden. Um möglichst sicherzugehen, dass die Pflanzen annähernd zur gleichen Zeit blühen, sollten alle der gleichen Gruppe angehören.

Knollen und Zwiebeln für feurige Sommerkübel

Sehr gut geeignet für einen Kübel in warmen Farben sind auch Montbretien *(Crocosmia)*, etwa 'Lucifer' (rot) und 'Golden Fleece' (gelb). Allerdings können Montbretien 1–1,20 m hoch werden und brauchen eine Stütze. Taglilien *(Hemerocallis)* bleiben niedriger und sind daher besser geeignet. Die Sorten 'Red Joy', 'Red Rum' und 'Stafford' blühen rot, 'Golden Chimes', 'Little Rainbow' und 'Nova' gelb, 'Francis Joiner' und *H. fulva* 'Flore pleno' orangefarben. Taglilien blühen im Hochsommer. Einige Sorten sind immergrün und dienen auch im Winter als Blickfang im Garten.

Herbstleuchten mit Dahlien

Ein ausgezeichnetes Knollengewächs für den Kübel ist auch die Dahlie. Dahlienknollen müssen im Herbst vor dem ersten Frost ausgegraben und an einem kühlen, frostfreien Platz überwintert werden. Sie eignen sich als idealer Pflanzpartner für Tulpen, wenn man beispielsweise einmal im Frühling und einmal im Herbst ein warm leuchtendes Farbarrangement präsentieren möchte. Die Tulpen werden nach der Blüte aus dem Kübel genommen und in einem unbenutzten Gefäß beiseite gestellt, bis das Laub eingezogen ist. Im Herbst können die Zwiebeln wieder eingepflanzt werden. Die Dahlien werden im späten Frühling gepflanzt, also nach der Tulpenblüte. Schöne Dahliensorten in warmen Farben sind 'Bishop of Llandaff', 'Christopher Taylor' und 'Rothesay Superb' (rot), 'Sunny Yellow', 'Lady Sunshine' und 'Ruskin Diane' (gelb) sowie 'Gateshead Festival' und 'Wiggles' (orange). Daneben gibt es unzählige andere Sorten. Manche der genannten Sorten werden bis zu 1,20 m hoch und müssen gestützt werden. Zwergwüchsige Dahlien werden normalerweise einjährig kultiviert.

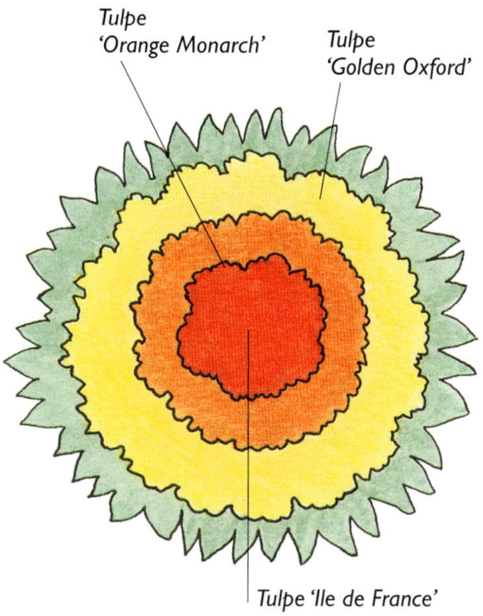

▲ *Kreisförmig angeordnete Tulpen in leuchtenden Farben sehen hinreißend aus, müssen aber sehr sorgfältig gepflanzt werden. Bedenken Sie bei der Auswahl, dass es 15 Gruppen von Tulpen mit unterschiedlichen Blütenformen, Höhen und Blühperioden gibt.*

◀ *'Paul's Lemon Pillar' ist eine beliebte Kletterrose, die oft an Pergolen gezogen wird. Die gefüllten Blüten sind gelblich weiß und verströmen einen frischen Duft.*

Warme Farben im Sommer – Kletterpflanzen und Stauden

Wer von roten und orangefarbenen Blüten für den Sommer spricht, meint fast automatisch die Einjährigen. Rote Pelargonien stehen ganz oben auf der Beliebtheitsskala, dicht gefolgt vom Fleißigen Lieschen. In größere Gefäße passen aber auch stattlichere Pflanzen, und man sollte bei der Planung eines Kübelgartens auch einige Highlights vorsehen.

Kletterpflanzen für den Kübelgarten

Die beliebteste Kletterpflanze ist die Rose. Wo es möglich ist, sollte man eine Kletterrose an einer Wand ziehen. Die meisten Sorten gedeihen gut im Kübel, sofern sie mit ausreichend Dünger versorgt werden. Prüfen Sie zuerst, wie groß der verfügbare Platz ist und wie viele Sonnenstunden er bekommt. Kaufen Sie keine Rambler-Rose, die schnell enorme Ausmaße einnehmen kann und dann nicht mehr von allen Seiten zugänglich ist. Denken Sie auch an die Dornen – nur die rosafarben blühende Sorte 'Zéphirine Drouhin' ist völlig dornenlos. Für einen Garten in warmen Farben bieten sich an: 'Climbing Ena Harkness' (scharlachrot), 'Paul's Scarlet Climber' und 'Parkdirektor Riggers' (karminrot), 'Golden Showers' (goldgelb und für eine Nordwand geeignet), 'Maigold' (gelborange/Nordwand), 'Gloire de Dijon' (mattgelb) sowie 'Paul's Lemon Pillar' (hellgelb).

Rote und gelbe Clematis

Clematis sind schöne Kletterpflanzen. Die meisten Sorten blühen in Blau- und Violetttönen, gelbe und rote Blüten sind eher selten zu finden. Unter den großblütigen Sorten empfehlen sich 'Guernsey Cream' (cremeweiß bis gelb) sowie 'Rouge Cardinal', 'Niobe', 'Mme Edouard André', 'Ville de Lyon' und 'Vino' in verschiedenen Rottönen. Alle blühen vom Hochsommer an. Unter den kleinblütigen Sorten eignen sich *C. alpina* 'Constance' (rot), *C. macropetala* 'Rosy O'Grady' (intensives Pink) und *C. viticella* 'Mme Julia Correvon' (weinrot). Zu den schönsten gelb blühenden Clematis gehören *C. orientalis* und *C. tangutica*, die vom Spätsommer bis zum Herbst blühen.

▲ *Rote Pelargonien, eingerahmt von Fleißigen Lieschen. Die Kombination wirkt sanfter, wenn man rosafarbene Pflanzen dazusetzt.*

Gelbe Wandsträucher

Wer ausreichend große Kübel besitzt und warme Farben wünscht, sollte zwei ungewöhnliche Sträucher kennen: *Fremontodendron* 'Californian Glory' und Ginster *(Cytisus battandieri)*. Beide brauchen eine Südwest- oder Südwand und reichlich Sonne. Für farbliche Abwechslung sorgt Feuerdorn *(Pyracantha)*, den man sehr gut in ein Hochbeet pflanzen und an der Wand erziehen kann. Weil er immergrün und dornig ist, eignet er sich auch als wehrhafte Hecke. Im Spätfrühling trägt er weiße Blüten, besonders attraktiv sind aber die Trauben roter, gelber oder orangefarbener Beeren im Herbst, die den ganzen Winter lang halten.

Auch die Zierquitte *(Chaenomeles speciosa)* und ihre vielen Sorten sind dornig. Im zeitigen Frühling erscheinen noch vor den Blättern ihre roten Blüten. Die Schönmalve *(Abutilon megapotamicum)* ist ein immergrüner Strauch, der hängende Blüten in Gelb oder Rot trägt.

Nachdem Sie die Entscheidung für eine Kletterpflanze oder einen Wandstrauch gefällt haben, können Sie die übrige Bepflanzung planen. Auf die leuchtend rote Fackellilie sollten sie besser verzichten, denn sie nimmt sehr viel Platz ein und breitet sich aggressiv aus. Auch Mohn ist keine gute Wahl, weil die Blütezeit nur sehr kurz ist. Gut geeignet ist dagegen der Sonnenhut *(Rudbeckia laciniata)* 'Goldquelle' mit kompaktem Wuchs und klargelben dichten Blüten. Das Rot von Prachtsalbei *(Salvia splendens)* ist unvergleichlich und für jeden Garten ein Muss.

▲ Wer genug Platz hat, kann zwei Kletterrosen nebeneinander setzen. 'Golden Showers' blüht üppig und gelb, 'Ena Harkness' blüht rot.

▼ Die Clematis 'Mme Julia Correvon' blüht vom Hochsommer bis zum Frühherbst. Sie hat einfache, weinrote Blüten mit langen Staubgefäßen.

Kühle Farben

Blau und Weiß sind die idealen Farben für eine kühl anmutende Pflanzenkombination. Als Ergänzung eignen sich grau- und silberlaubige Arten. Diese Farben verwandeln den Garten im Sommer in einen ruhigen, friedlichen Ort. Blasse Farben sehen vor dunklem Hintergrund am schönsten aus.

Bepflanzung mit Blau

Mit blauen Pflanzen sind viele Gestaltungsmöglichkeiten denkbar. In einen traditionellen Gartenbeet kann man blau blühende Arten wie *Anchusa* oder Rittersporn *(Delphinium)* als Kontrast zu leuchtend rotem Mohn *(Papaver)* einsetzen. Im Spätfrühling könnten rote Tulpen aus einem Beet mit blauen Traubenhyazinthen *(Muscari)* herausragen. Solche kontrastreichen Primärfarben sehen effektvoll aus, wirken aber etwas unruhig. In einem beengten Kübelgarten sollte man auf solche Extravaganzen besser verzichten.

In den ersten Monaten des Jahres lassen sich blau-weiße Kombinationen leicht mit Zwiebelblumen gestalten. Beispielsweise sieht ein Kübel mit abwechselnd gesetzten blauen und weißen Hyazinthen *(Hyacinthus)* zauberhaft aus und duftet obendrein betörend. Die schweren Blüten müssen allerdings gestützt werden. Verschiedene Winterheide-Arten wie *Erica carnea* und *E.* × *darleyensis* sind auch mit weißen Blüten erhältlich. Man kann sie sehr gut mit blauen Krokussen kombinieren, etwa *Crocus chrysanthus* 'Blue Pearl', *C. c.* 'Ladykiller', *C. tommasinianus* und *C. vernus* 'Pickwick'. Sie alle blühen, wenn der Winter gar kein Ende zu nehmen scheint und frische Farben besonders willkommen sind. Wer für Heidekraut keinen Kübel mit Spezialsubstrat füllen mag, sollte deshalb auf Heide verzichten. Reizvoll ist Schneeglanz *(Chionodoxa luciliae* Gigantea-Gruppe). *C. gigantea* hat blaue Blüten mit weißen Streifen, *C. g. alba* blüht weiß.

Wer auch größere Kübel besitzt und ein breiteres Spektrum von Pflanzen ziehen möchte, könnte einige Koniferen erwägen. *Chamaecyparis lawsoniana* 'Barry's Silver' ist eine grüne Art, deren junge Triebe im Sommer silbrig weiß

◀ *Eine bezaubernde Mischung von Frühlingsblüten. Für mehr Abwechslung sorgen eventuell die gefleckten Stiefmütterchen 'Freckles' und die schwarze Sorte 'Molly Sanderson'.*

schimmern. *Picea glauca* 'Alberta Blue' hat rauchig graublaue Nadeln, *Juniperus communis* 'Compressa' ist grün und passt gut in den Steingarten. Alle geben dem Garten rund ums Jahr Farbe und Struktur. Zwergnarzissen wie die gelbe Sorte 'Jumblie' sorgen für sonnige Akzente. Man kann sie gut gemeinsam mit anderen Zwergnarzissen in anderen Farben kombinieren, die zur gleichen Zeit blühen. 'Jack Snipe' hat weiße Blüten mit leuchtend gelbem Innenkelch, 'Jenny' dagegen ist nahezu schneeweiß.

Etwa um die gleiche Zeit erscheinen die blauen Blüten des Schneeglanz *(Chionodoxa)* und des Sibirischen Blausterns *(Scilla siberica)*. Traubenhyazinthen *(Muscari)* blühen etwas später. Ein guter Tipp sind auch Knolleniris *(Iris reticulata)*, die schon früh im Jahr blühen. 'Harmony' und 'Joyce' tragen intensiv blaue Blüten mit einem Tupfer Gelb.

Polster aus Steinkraut *(Alyssum)* und Schleifenblume *(Iberis)* tragen weiße Blüten bis in den frühen Sommer. Der ideale Partner dazu ist Blaukissen *(Aubrieta)*, das vom Kübelrand herabhängt. Der Nachteil solcher Kombinationen ist das kahle Laub der Zwiebelblumen. Weil die Zwiebeln den Blättern Nährstoffe zum Überdauern der Ruhezeit entziehen, darf man es nicht vorzeitig abschneiden. Das muss man entweder in Kauf nehmen oder die Zwiebeln ausgraben und zwischenlagern.

◀ *Koniferen bilden das Rückgrat dieses Arrangements in Grün, Blau und Gelb.*

1 *Cedrus deodora* 'Feelin' Blue'
2 *Chamaecyparis lawsoniana*
3 *Picea pungens* 'Globosa'
4 *Thuja orientalis* 'Raffles'
5 *Narcissus* 'Jumblie'
6 *Muscari armeniacum*
7 *Iberis saxatilis*

▶ *Dunkles Violett, blasses Gelb, Weiß, Grün und Silber bilden die Farbpalette rund um einen alten Schornsteinkopf.*

Blau und Weiß

Blüten in Blau und Weiß, gelegentlich mit etwas Gelb belebt, wirken vor allem im Frühling erfrischend, ehe die Sommerblumen ihre Blüten öffnen. So eine zarte Kombination sollte in keinem Kübelgarten fehlen. Später im Jahr kann man kühle Sommerbeete mit blauem Rittersporn oder winterhartem Storchschnabel gestalten, vielleicht vor einem Hintergrund aus 2 m hoher, nach Honig duftender *Crambe cordifolia*, blauen und weißen Iris und – im Spätsommer – blauen, violetten und weißen Glattblattastern *(Aster novi-belgii)*, die eine besänftigende Wirkung auf die goldenen Feuerfarben des Herbstes haben. Im Kübelgarten ist es natürlich schwierig, solche Pflanzen einzusetzen, weil sie viel Platz einnehmen oder sehr tief wurzeln. Verzichten Sie auf diese Pflanzen, wenn Sie kein geräumiges Hochbeet haben.

Schmucklilien

Natürlich gibt es eine Reihe von guten Alternativen. Für einen sonnigen Garten oder eine Terrasse in einer milden Gegend bietet sich die Schmucklilie *(Agapanthus)* an. Sie gedeiht sehr gut im Kübel, braucht aber eine Stütze. Besonders robust sind die Headbourne-Hybriden, die in vielen Gärtnereien erhältlich sind. 'Bressingham Blue' ist eine weitere beliebte Zuchtform mit dunkelvioletten Blüten. Rahmen Sie die Schmucklilie mit zwei gleichartigen, aber niedrigeren Kübeln ein und pflanzen Sie in jeden eine weiße Zistrose. *Cistus* × *cyprius* ist zu Recht beliebt, denn jedes der weißen Blütenblätter hat in der Mitte einen dunkelroten Fleck. *Cistus* × *corbariensis* hat reinweiße Blüten mit gelben Staubgefäßen. Zistrosen blühen vom Frühsommer bis zum Spätsommer, also etwas früher als die Schmucklilien.

◀ *Das Mauve von Petunien, Verbenen und Salbei wird von dem Weiß der Margeriten getragen.*

▶ *Schmucklilien (Agapanthus) gedeihen gut im Kübel. Headbourne-Hybriden blühen blau, 'Bressingham White' ist eine weiße Sorte.*

Vielseitiger Storchschnabel

Sehr hübsche Kombinationen sind auch mit verschiedenen winterharten Storchschnabelarten *(Geranium)* möglich. Die Gattung ist sehr groß und einige Arten sind für den Kübelgarten zu evasiv. Die meisten kleineren Arten sind jedoch sehr empfehlenswert, weil sie über Monate zierliche Blüten tragen. Weil die Blühtermine der Storchschnäbel stark variieren, besteht die größte Schwierigkeit darin, Arten zu finden, die um die gleiche Zeit blühen. *Geranium wallichinaum* 'Buxton's Variety' mit den himmelblauen, innen weiß geäderten Blüten ist aus gutem Grund ein Favorit. In einfachen Gärtnereien ist er nur selten zu finden, zudem blüht er erst vom Spätsommer an bis in den Herbst. *Geranium clarkei* 'Kashmir Blue' hat hellblaue Blüten und *G. c.* 'Kashmir White' trägt weiße Blüten mir feinen rosafarbenen Adern. Beide wachsen eher langsam und beginnen schon im Frühsommer zu blühen. Eine gute Wahl für den Kübel ist auch *G. sanguineum* 'Album', das den ganzen Sommer lang weiße Blüten trägt. *G. renardii* öffnet seine weißen bis hellen lavendelblauen Blüten mit intensiv violetten Adern im Frühsommer. *G. pratense* 'Striatum' ist etwas größer und trägt im Hochsommer weiße Blüten mit blauen Streifen. Diese überwiegend weißen Sorten eignen sich sehr gut zum Kombinieren mit den hübschen blauen und violetten Arten wie *G.* 'Johnson's Blue', dem wahrscheinlich bekanntesten Gartenstorchschnabel. Wärmer wird das Ensemble, wenn man eine der sanft rosafarben blühenden Sorten wie *G. c.* 'Kashmir Pink' hinzufügt.

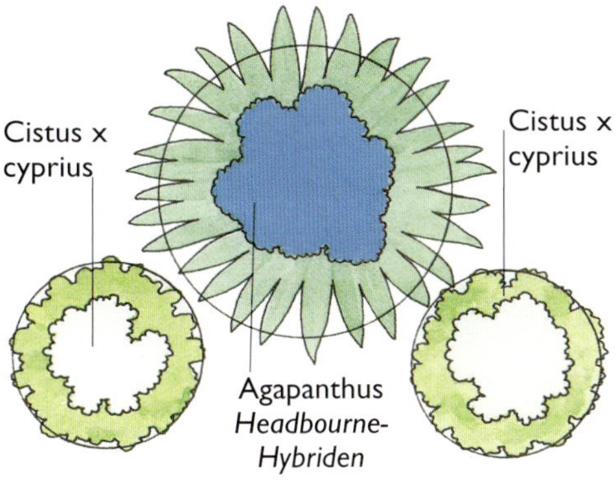

▲ *Gruppierung – ganz einfach: Jeder Kübel wird mit nur einer Farbe bepflanzt. Dann können die Kübel nach Belieben kombiniert werden.*

Im Sommer lässt sich das blau-weiße Farbschema auch durch Kletterpflanzen ergänzen. Weiße Kletterrosen, die sich auch für kleine Gärten eignen, sind beispielsweise die langsam wachsende 'White Cockade' mit ihren elegant geformten, fein duftenden Blüten, oder 'Mme Plantier', eine stark wachsende Kletterrose mit gefüllten Blüten.

Zu den großblumigen Clematis, die vom Hochsommer an weiße Blüten tragen, gehören *C.* 'Henryi', 'Gillian Blades' und 'John Huxtable'. Unter den blau blühenden Sorten sind 'General Sikorski', 'H. F. Young' und natürlich die bekannte 'Jackmanii Superba' nennenswert, wenngleich es viele weitere schöne Sorten gibt.

Von Rosa bis Rot

Warme oder kühle Farben können für sich betrachtet reizvoll sein. Für den Durchschnittsgarten ist aber eine Mischung verschiedener Farben die bevorzugte Wahl. Wichtig ist dabei, dass die Farben und Akzente einander möglichst rund ums Jahr lückenlos ablösen.

▲ *Eine Kombination aus Stiefmütterchen, Heidekraut und Ranunkeln in Rosatönen. Der Buchs gibt einen ruhigen Hintergrund ab.*

Die Wirkung weißer Blüten

Weiß hat zweierlei Wirkung. Einerseits wirkt es besänftigend und harmonisierend auf andere Pflanzen. Rot, Gelb und Blau vertragen sich besser miteinander, wenn dazwischen weiße Blüten leuchten. Daneben hebt und betont Weiß aber auch die Wirkung aller anderen Farben. Generell sollte man versuchen, in jede Gruppe eine Pflanze mit intensiverer Färbung zu setzen. Eine Gruppe hellfliederfarbener Blüten kann etwas fade aussehen. Pflanzt man eine dunkelrote Rose in ihre Mitte, wirkt das Ensemble gleich viel markanter.

Einige Farbkombinationen sind besonders geschickt. Meist liegen die Farben im gleichen Viertel des Farbkreises. Blau, Rosa und Weiß sind eine schöne Kombination. Durch einige Akzente in Gelb wirkt die Gruppe lebhafter – falls das Gelb nicht zu intensiv ist. Ähnlich gelungen wirkt die Kombination aus Creme- und Orangetönen oder eine Mischung von Rot- und Rosatönen. Die Harmonie aus Grün, Gelb und Weiß wirkt frisch und freundlich.

Manche Farbkombinationen bieten sich zu bestimmten Jahreszeiten besonders an. Im Frühling findet man viele blaue und gelbe Blüten, während Rosa und Rot noch selten zu sehen sind. Im Sommer dagegen herrschen Rosa, Pink, Mauve, Rot und Weiß vor, sodass sich Gruppen in diesen Tönen problemlos zusammenstellen lassen. Für den Kübelgarten muss nun nur noch bedacht werden, ob die gewünschten Pflanzen in engen Gefäßen gedeihen.

Frühlingsgarten in Rosa, Weiß und Rot

Zu den schönsten zierlichen Bäumen für den Kübelgarten gehört die Kamelie. Eine rosa, weiß oder rot blühende Sorte bietet sich als Mittelpunkt für ein Farbschema in Rosatönen an. Kamelien bevorzugen einen schattigen Standort. Mit ihren glänzenden, dunkelgrünen Blättern sind sie auch dann noch attraktiv, wenn die Blüten verwelkt sind. Einige Sorten vertragen zwar leicht kalkhaltigen Boden, die meisten jedoch gedeihen nur in saurem Substrat. Wenn Sie also eine Kamelie halten möchten und alkalischen Boden im Garten haben, bleibt Ihnen keine andere Wahl, als sie in einen Kübel mit Moorbeetsubstrat zu pflanzen. Zudem sollten Sie zum Gießen möglichst Regenwasser verwenden, denn auch Leitungswasser kann viel Kalk enthalten.

Es gibt eine große Auswahl geeigneter Kamelien. Alle stammen aus zwei Gruppen, den *japonica*-Hybriden und den × *williamsii*-Hybriden. Kamelien können mit der Zeit zu groß für ihren Kübel werden, doch sie wachsen sehr langsam und vertragen auch einen Rückschnitt gut. Attraktive Sorten mit rosafarbenen Blüten sind 'Akashigata' ('Lady Clare'), 'Brigadoon', 'Helen's Ballerina', 'Ave Maria', 'Lady Loch', 'Lasca Beauty' und 'Spring Festival'. Als weiße Sorten empfehlen sich 'Lovelight', 'Janet Waterhouse', 'White Nun' und 'Charlie Bettes'. Schöne, rot blühende Sorten sind 'Adolphe Audusson', 'R. L. Wheeler', 'Coqueti' und 'Royal Velvet'. Als zarte Kombination für den Frühling könnte man drei Kamelien in separaten Kübeln mit einer Unterpflanzung aus weißen Anemonen *(Anemone blanda* 'White Splendour') aufstellen. Ebenso hübsch sieht die rosa blühende Anemone 'Charmer' aus. Auch Primeln sind als Unterpflanzung gut geeignet. Sie sind in vielen Schattierungen von Weiß über Rosa bis zu rötlichem Violett erhältlich. *P. vulgaris* 'Cottage White' blüht weiß.

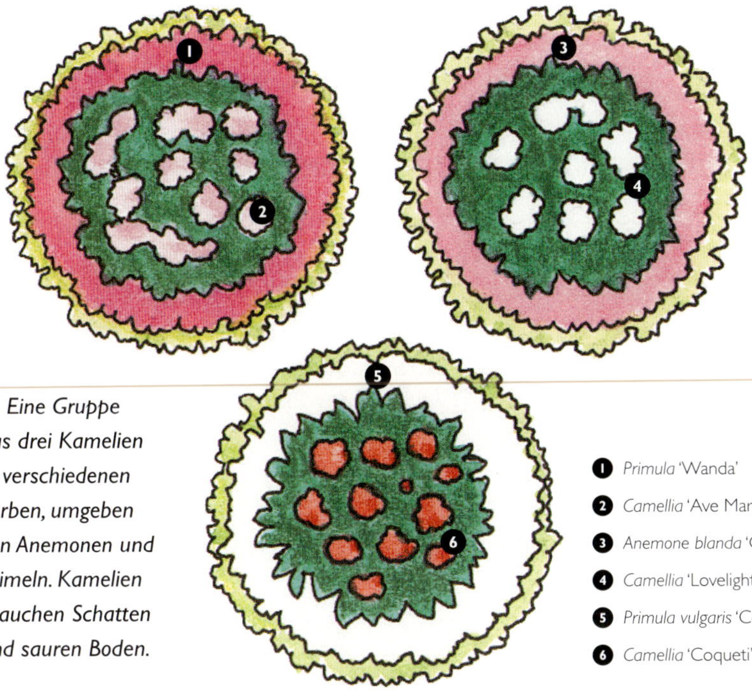

► *Eine Gruppe aus drei Kamelien in verschiedenen Farben, umgeben von Anemonen und Primeln. Kamelien brauchen Schatten und sauren Boden.*

1. *Primula* 'Wanda'
2. *Camellia* 'Ave Maria'
3. *Anemone blanda* 'Charmer'
4. *Camellia* 'Lovelight'
5. *Primula vulgaris* 'Cottage White'
6. *Camellia* 'Coqueti'

► *Ein fantasievolles Arrangement aus weißen und pinkfarbenen Fleißigen Lieschen vor einem Hintergrund aus cremefarbenen Astilben.*

Ideen für große Kübel

Wenn Ihr Garten reichlich Sonne bekommt, können Sie im Kübel ein Sommerbeet in vielen Farben gestalten. Natürlich müssen Sie die Größen der Pflanzen bedenken, doch mit einigen Vorüberlegungen lassen sich sehr schöne Ergebnisse erzielen.

Denkbar wäre beispielsweise, Wicken *(Lathyrus odoratus)* an einem Spalier oder einem Zeltgrüst aus Stäben im Hintergrund des Kübels klettern zu lassen. Schneiden Sie viele Blüten für die Vase, denn dadurch wird die Bildung neuer Blüten angeregt. In die Mitte könnte man einen langsam wachsenden, rosafarbenen Storchschnabel setzen, etwa *Geranium macrorrhizum*. Aufgefüllt wird das Ensemble durch silberlaubigen Ziest *(Stachys byzantina)* und einige Nelken *(Dianthus)* im Vordergrund. Besonders schön sind altmodische, duftende Nelken wie 'Mrs Sinkins' mit ihren gefiederten Blüten und dem unübertroffenen Duft, die man aus alten Bauerngärten kennt. Schön sind auch 'Doris' und 'Little Jock', zwei duftende, moderne Nelkensorten mit blassrosafarbenen Blüten und dunklerer Mitte. Ist im Kübel genug Platz vorhanden, könnte man zwei Bartfaden-Pflanzen *(Penstemon)* hinzufügen, die durch ihren dunkleren Rotton der Kombination mehr Gewicht verleihen. Die beste Sorte ist 'Andenken an Friedrich Hahn', auch als 'Granat' bekannt, die vom Sommer bis zum Frost dunkelrote Blüten trägt.

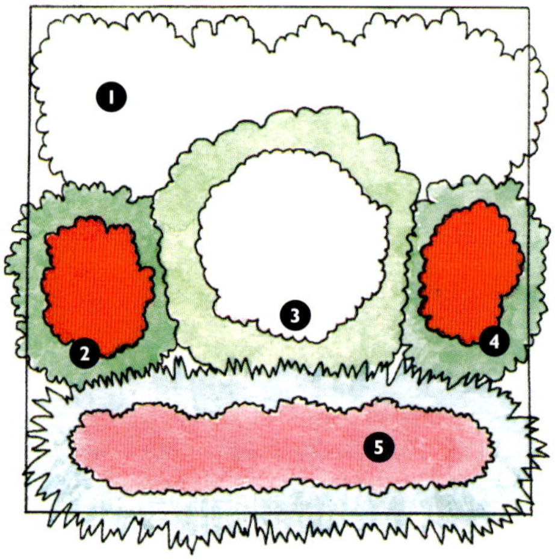

1. Ziest (*Stachys byzantina*)
2. Wicken (*Lathyrus odoratus*)
3. Storchschnabel (*Geranium macrorrhizum*)
4. Bartfaden (*Penstemon* 'Andenken an Friedrich Hahn')
5. Nelken (*Dianthus*)

▲ *Eine Kombination aus Rot, Rosa und Weiß für den Sommer. Dieses Arrangement besticht durch den Duft der Wicken und Nelken.*

Gemischter Kübel mit Zwergrosen in Rosa, Rot und Weiß

Ganz einfach, aber sehr effektvoll ist eine Kübelbepflanzung mit kleinen Rosen, die in vielen Schattierungen von Rosa, Rot und Weiß zu haben sind. Man unterteilt die kleinen Rosen in drei Gruppen. Patio-Rosen und Zwergpolyantha-Rosen werden 50–60 cm hoch, Zwergrosen bleiben normalerweise etwas kleiner.

Damit die Kombination gut wirkt, setzen Sie eine kleine, üppig blühende Strauch- oder Floribunda-Rose als Blickfang in die Mitte, z. B. die leuchtend rote 'Evelyn Fison'. Wer es etwas ruhiger mag, wählt die rosa blühende 'English Miss'. 'Margaret Merril' hat rosafarbene Knospen, die sich zu weißen Blüten

▲ *Patio-Rosen wie die weiße 'Bianca' tragen im Sommer zahlreiche, schön geformte Blüten. Die meisten blühen den ganzen Sommer lang.*

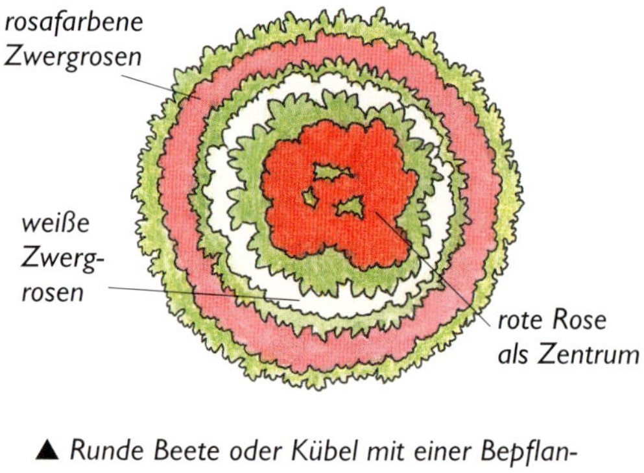

▲ *Runde Beete oder Kübel mit einer Bepflanzung aus Rosen sind im Sommer immer ein Blickfang. Wählen Sie duftende Sorten.*

öffnen. Beide Sorten duften intensiv. Diese Floribunda-Rosen erreichen Höhen von 70–90 cm, gelegentlich etwas mehr. Die Rose im Zentrum wird dann mit Zwergrosen in Rosa, Weiß oder Rot umpflanzt.

Weil die meisten Patio-Rosen eine Ausbreitung von etwa 50 cm haben, muss ein entsprechender Abstand beim Pflanzen berücksichtigt werden. Wer Zwergrosen setzt, kann den Abstand halbieren. 'White Pet' und 'Bianca' sind weiße Patio-Rosen, 'Innocence' ist eine weiße Zwergrose, 'Katharina Zeimet' und 'Yvonne Rabier' sind attraktive weiße Zwergpolyantha-Rosen. Geeignete rosafarbene Sorten sind die Patio-Rosen 'Bedazzled', 'Queen Mother' und 'Hugs 'n' Kisses'. 'Queen Margarethe' und 'Gracie Allen' haben weiße Blüten mit rosafarbenem Zentrum.

Alle Rosen brauchen reichlich Nährstoffe. Im Idealfall versorgt man sie mit gut verrottetem Stallmist oder Kompost. Bei Rosen im Kübel ist das meist nicht möglich. Düngen Sie mit Knochenmehl oder verabreichen im Frühling einen ausgewogenen Dünger. Rosen werden während ihrer Ruhezeit im Winter oder im zeitigen Frühling kräftig zurückgeschnitten, um ihre Größe zu korrigieren und den Neuaustrieb anzuregen. Stutzen Sie die Pflanzen auf die Hälfte ihrer ursprünglichen Höhe. Alle abgestorbenen Zweige werden entfernt.

▶ *Ein Zeltgerüst, an dem Wicken und Kapuzinerkresse in die Höhe klettern, ist im Sommer ein ungewöhnlicher Blickfang.*

Blattpflanzen

Viele Kübelgärten liegen in kleinen, schattigen Höfen, in die nur wenig Sonne dringt. Weil die bunten Sommerblumen hier nicht gedeihen, muss man auf die Vielfalt der Blattgewächse zurückgreifen. Es gibt viele interessante Arten, die sich in Kübeln sehr gut kombinieren lassen.

Der Hintergrund zählt

Wer einen kleinen, schattigen Garten besitzt, sollte zuerst die Hintergrundbepflanzung planen. Efeu *(Hedera)* ist bestens geeignet und bleibt ganzjährig grün. Gemeiner Efeu *(Hedera helix)* mit seinem dunkelgrünen Laub wächst fast überall. Es gibt jedoch eine Reihe von panaschierten Arten, die interessanter aussehen. Probieren Sie einmal die Sorte 'Dragon Claw' mit mittelgroßen, sanft grünen Blättern in einem schattigen Garten. Die panaschierte Sorte 'Goldherz' mit den gelb gezeichneten Blättern wirkt lebhafter, braucht aber einen geschützten Platz mit etwas Sonne.

Ein Kübel mit Farnen

Farne sind wunderschön – sanft, grün, schattenverträglich und ausgesprochen pflegeleicht. Ein Kübel mit Farnen ist leicht zu gestalten, doch wenn er wirklich Aufsehen erregen soll, braucht er einen Blickfang. Ideal geeignet ist dafür Wallichs Waldfarn *(Dryopteris wallichiana)*, eine auffällige, sommergrüne Pflanze mit aufrechten, kräftigen Wedeln. Im Frühling, wenn sie sich entrollen, sind sie hellgelbgrün, später färben sie sich dunkler. Die Wedel sind mit dunkelbraunen oder schwarzen Schuppen bedeckt. Der Farn kann bis zu 1,8 m hoch werden, diese Größe erreicht er im Kübel aber nur selten. Als Unterpflanzung eignet sich der immergrüne japanische Mondsichelfarn *(Cyrtomium falcatum)* oder der kleinere, ebenfalls immergrüne Hirschzungenfarn *(Asplenium scolopendrium)*. Besonders interessant ist die Sorte 'Crispum', die gewellte Blattränder hat.

Für den Kübelrand empfehlen sich zwei besonders kleine Farne. Der Schriftfarn *(Asplenium ceterach)* hat immergrüne attraktive Wedel und wird nur etwa 20 cm hoch. Er ist anspruchslos und wächst sogar in Mauer- und Pflasterfugen ausgezeichnet. Eine Alternative ist Tüpfelfarn *(Polypodium vulgare)*, der ebenfalls immergrün ist, aber etwa 30 cm hoch wird. Bei dieser Kombination aus Farnen ist rund ums Jahr für Abwechslung in Höhe, Blattform und Farbton gesorgt.

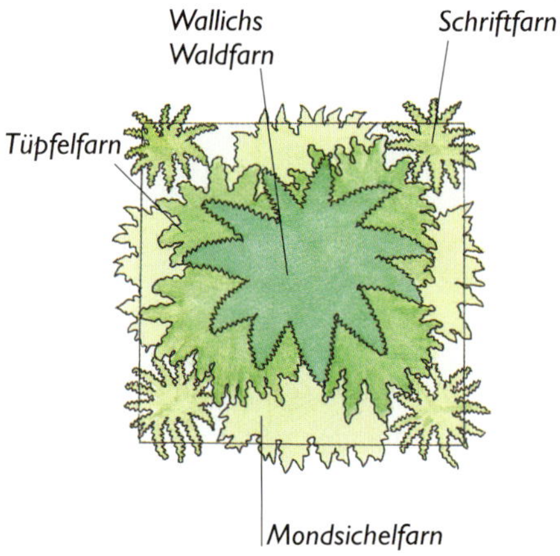

▲ *Ein Kübel mit Farnen in verschiedenen Farben und Blattformen lässt auch einen Schattengarten lebendig wirken.*

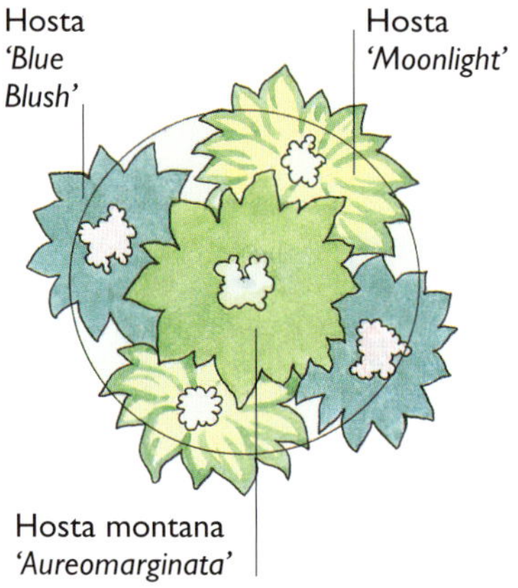

▲ *Achten Sie bei der Kombination von Funkien (Hosta) für den Schattengarten auf ausgewogene Farben, Höhen und Blattgrößen.*

◀ *Ein Tüpfelfarn bildet den Blickfang in diesem schattigen Hof. Er ist umgeben von einer Aralie und einem Fächerahorn* (Acer palmatum).

▼ Hosta *gedeihen gut im Schatten. Im Kübel sind sie vor Schnecken geschützt.* H. undulata *hat eine Zeichnung in der Blattmitte.*

Ein Kübel mit Funkien

Schnecken sind ganz wild auf Funkien *(Hosta)* und fressen sie mit Begeisterung kahl. Viele Gärtner verzichten auf diese schönen Blattpflanzen, weil sie resigniert haben. Viel bessere Chancen haben *Hosta* im Kübel, weil sich die Schneckenplage leichter abwehren lässt. Zudem fühlen sie sich im Schatten wohler als in der Sonne und sind somit ideale Pflanzen für einen schattigen Kübelgarten. Der Reiz der Hosta liegt in der unglaublichen Vielfalt der Blattfarben. Ihre hellfliederfarbenen Blüten im Sommer sind eher unscheinbar. Wer sich für kleinere Arten entscheidet, kann drei oder vier Pflanzen in einen Kübel mit 80 cm Durchmesser setzen. Fragen Sie beim Einkauf nach der Sorte 'Moonlight', die 50 cm hoch wird. Ihre hellgrünen Blätter haben einen weißen Rand und verfärben sich im Laufe des Sommers gelb. 'Aureomarginata' hat dunkelgrüne Blätter mit gelb gefleckten Rändern. Zu den Sorten mit blaugrünem Laub zählen 'Blue Bush' und 'Hadspen Blue'; 'Hadspen Blue' hat jedoch größere Blätter. Zierlicher ist die blaugrüne Sorte 'Blue Moon'. 'Albomarginata' hat etwas größere, mattgrüne Blätter mit cremefarbenen Rändern.

Beständige Immergrüne

Immergrüne sollten in keinem Garten fehlen. Vor allem in den Wintermonaten fallen ihre Farben und Formen angenehm ins Auge. Viele Koniferen verändern vom Frühling bis zum Herbst ihren Grünton, was zusätzlich auf subtile Weise für Abwechslung im Gartenbild sorgt.

Immergrüne Bäume und Sträucher als Dauerbepflanzung

Es ist erstaunlich, wie viele immergrüne Bäume ausgezeichnet in einem Kübel gedeihen. Der beliebteste Kübelbaum ist sicherlich der Lorbeer *(Laurus nobilis)*, der als Formschnittpflanze vor vielen Hauseingängen steht. Die klassischen Kugelbäumchen kann man im Gartencenter kaufen, aber auch selbst aus einem Steckling heranziehen, der im Spätsommer geschnitten wird.

Ein weiterer ausgezeichneter Baum für den Kübelgarten ist die Kamelie. Es gibt zahlreiche Sorten, aber alle brauchen zum Gedeihen Schatten, viel Feuchtigkeit und einen sauren Boden. Die Blüten in Weiß, Rosa oder Rot, die sich im Frühling öffnen, sind eine Augenweide. Einige gelb blühende Sorten sind ebenfalls zu finden. Besonders interessant ist die Sorte 'Tricolor' mit weiß, rosa und rot panaschierten Blütenblättern.

◄ *Ein Vorgarten mit Kiesbelag bietet sich für ein symmetrisches Arrangement an. Immergrüne betonen den formalen Charakter.*

▶ *Die roten Beeren des Ilex-Hochstammes reifen im Herbst. Ihr Farbton passt gut zu der Jungfernrebe im Hintergrund.*

Auch Rhododendren, die ähnliche Ansprüche stellen wie Kamelien, fühlen sich im Kübel sehr wohl. Es gibt sehr viele Rhododendronsorten, darum spielt die Auswahl eine wichtige Rolle. Rhododendren wachsen weniger aufrecht als Kamelien, darum ist es schwieriger, eine Unterpflanzung aus frühen Zwiebelblühern zu gestalten. Ihre Blüten in zahlreichen Farbtönen sind jedoch hinreißend, und einige duften zudem intensiv. Viele Rhododendren sind immergrün und sehen daher noch attraktiv aus, wenn ihre Blüte vorüber ist.

Wer kein Hochbeet hat, in dem mehrere größere Sträucher Platz finden, sollte Rhododendren und Kamelien als Solitäre in große Kübel pflanzen. Zu den Rhododendren, die immergrün sind und nicht höher als 1,5 m werden, gehören die Sorten 'Azumakagami' (rosa), 'Blue Diamond' (blauviolett), 'Doc' (rosarot mit dunkleren Rändern und Flecken), 'Fabia' (orangerot), 'Hatsugiri' (karminrot), 'Hello Dolly' (apricot bis orange), 'Hydon Dawn' (blassrosa bis weiß), 'Kirin' (pink), 'Mrs Furnival' (hellrosarot), 'Percy Wiseman' (pfirsich bis creme), 'President Roosevelt' (rot mit panaschierten Blättern), 'Ptarmigan' (weiß), 'Purple Gem' (hellviolett), 'Rose Bud' (rosarot), 'Scarlet Wonder' (leuchtend rot), 'Kure-no-yuki' ('Snowflake', kleinwüchsig und weiß) sowie *R. russatum* (rot bis violett). Gewöhnliche Stechpalme *(Ilex aquifolium)* ist auf den ersten Blick keine ideale Kübelpflanze. Schon wegen der stacheligen Blätter ist sie auf engem Raum nicht empfehlenswert. Zudem müssen männliche und weibliche Pflanzen vorhanden sein, damit Beeren gebildet werden. Und schließlich werden die meisten bald zu groß für einen Kübel. Trotzdem sollte man Ilex in einem größeren, formalen Garten nicht ausschließen, denn er wächst recht langsam, und man kann ihn sehr gut in Form schneiden. Die Blätter von 'Argenta Marginata' haben einen gelben Rand, die von 'Silver Queen' einen weißen. Beide Sorten sorgen für Abwechslung zwischen anderen Grünpflanzen. Für den kleineren Garten empfiehlt sich der japanische *Ilex crenata*.

Graulaubige Immergrüne

Zwei kleine Bäume mit silbrigem, immergrünem Laub bieten sich für den Kübelgarten an. Zum einen der Eukalyptus *(Eucalyptus gunnii)*, den man auch wie einen Strauch ziehen und im Frühling radikal zurückschneiden kann. Im Sommer bildet er dann neue Triebe mit rundlichen, silbrig grünen Blättern, die während des ganzen Winters nicht abfallen. Der zweite silberlaubige Kandidat für die Kübelkultur ist die Olive *(Olea europaea)*. Oliven wachsen sehr langsam und können darum viele Jahre in ihrem Kübel verbleiben. Mit der Zeit bilden sie eine rundliche Krone aus graugrünem Blättern, deren silbrige Unterseiten im Licht schimmern. Beide Arten sind frostempfindlich und müssen im Haus überwintert werden.

Koniferen und Gräser

Koniferen sind immer beliebt, aber im Kübelgarten spielen sie eine besondere Rolle. Man kann sie entweder als Solitärpflanzen in Einzelkübel als Blickfang einsetzen, um das Auge in einen bestimmten Bereich zu lenken, oder mit ihrer Hilfe subtil eine Illusion von räumlicher Weite schaffen.

Koniferen im Dachgarten – die Illusion von Weite

Dachgärten teilt man am besten in mehrere Bereiche auf. Lässt sich so ein Konzept jedoch nicht verwirklichen, sollte man Kübel oder Versailles-Kästen an den Seiten des Dachgartens aufreihen.

Pflanzt man Koniferen in verschiedenen Größen und ordnet sie so an, dass die größten nahe beim Betrachter und die kleinsten am Ende des Dachgartens liegen, verlängert man den Raum optisch. Den selben Kunstgriff wendet man an, wenn man in einem Garten statt eines eckigen Rasens eine unregelmäßig geschwungene Grasfläche plant, die sich zum hinteren Teil hin verjüngt. So wirkt der Garten länger und geräumiger.

▲ *Die Zuckerhutfichte (*Picea glauca *var.* albertiana *'Conica') hat eine hübsche Form und blaugrüne Nadeln. Sie wird aber 2–4 m hoch!*

Variationen in Wintergrün

Koniferen haben den zusätzlichen Vorzug, dass sie auch im Winter lebendig aussehen. Kombiniert man sie mit immergrünen Buchsbaumhecken *(Buxus sempervirens)*, ist die Wirkung doppelt schön. In einer zwanglosen Gartenhofanlage mit Kübeln in verschiedenen Größen und Formen sind formale Buchsbaumhecken schwierig zu integrieren, umso besser eignen sie sich für ein niedriges Hochbeet auf einer klassischen Terrasse. Pflanzen Sie einen Rahmen aus niedrigen Buchsbaumpflanzen, und teilen Sie die Fläche, sofern sie groß genug ist, weiter in geometrische Muster auf. Die Koniferen werden dann als Akzente in dieses Muster gesetzt. Vor allem in einem verschneiten Garten kann so ein Beet hinreißend aussehen. Wählen Sie Koniferen mit aufrechtem Habitus, die nicht zu schnell wachsen. Denkbar wären beispielsweise *Chamaecyparis lawsoniana* (grün mit silbrigen Triebspitzen im Sommer), *C. thyoides* 'Rubicon' (bronzegrün im Sommer, rötlich violett im Winter), *Juniperus communis* 'Compressa' (grün), *J.* 'Cold Coast' (gelb), *J. c.* 'Hibernica' (graugrün, säulenförmig), *Picea glauca* 'Alberta Blue' (blaugrau) und *Thuja orientalis* 'Aurea Nana' (goldgrün).

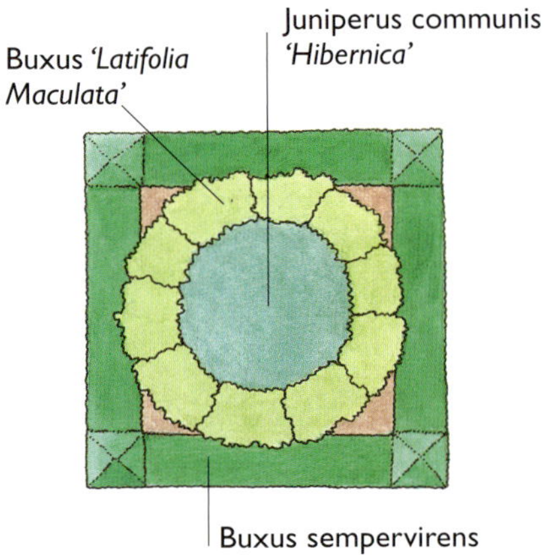

▲ *Eine Konifere in einem quadratischen Kübel, mit einem Kreis aus gelbgrünem und einem Quadrat aus dunkelgrünem Buchsbaum.*

Ziergräser

Eine weitere ungewöhnliche Idee für den Kübelgarten besteht darin, verschiedene Gräser und Binsen in separate Gefäße zu pflanzen und diese von Zeit zu Zeit umzustellen. So werden Perspektive und Schwerpunkte des Gartens laufend variiert, die Gestaltung wirkt abwechlungsreich. Für einen kleinen Garten sollte man keine Gräser verwenden, die sehr hoch werden. Die Auswahl der Arten in attraktiven Farben ist jedoch groß. Chinaschilf *(Miscanthus sinensis* 'Zebrinus') ist eine gute Wahl. Es wird etwa 1,2 m hoch und hat aufrechte Halme mit cremeweißer Zeichnung. Die mehrjährige Pflanze zieht im Winter das Laub ein. Federgras *(Stipa arundinacea)* zieht nicht ein, färbt sich im Winter aber orangerot bis bräunlich. Weil es etwas frostempfindlich ist und leicht überhängt, ist es in einem hohen Kübel am besten aufgehoben. *Hakonechloa macra* 'Aureola' empfiehlt sich für den kleinen Garten. Es wird 40 cm hoch und hat im Sommer gelb-grün gestreifte Halme.

▼ *Gräser kommen in einem Kübelgarten gut zur Geltung, weil man ihre Farben und zarten Formen aus der Nähe betrachten kann.*

Hohe Pflanzen

Hohe Pflanzen, in einen separaten Kübel gesetzt, bieten sich als Solitärpflanzen an. Neben Koniferen und Gräsern können auch blühende Stauden wie Lupinen, Rittersporn, Fingerhut oder Stockrosen verwendet werden. Stauden haben allerdings den Nachteil, dass ihre Blüte nur kurze Zeit dauert.

▶ Elymus magellanicus *ist eine Wildroggenart aus Südafrika, die mit ihren ungewöhnlichen, blaugrünen Halmen ins Auge fällt.*

Klassische Sommerblumen

Bunte Sommerblumen bilden das Rückgrat des Kübelgartens. Viele sind einjährig, andere zweijährig, und einige sind Stauden, die man nach der Blüte in den Garten pflanzen kann. Einjährige – das verrät bereits der Name – keimen, wachsen, blühen und sterben innerhalb eines Jahres.

Blüten im Winter und Vorfrühling

Die beliebtesten und bewährtesten Kübelpflanzen für den ausklingenden Winter und das beginnende Frühjahr sind die bunten Primeln, Gänseblümchen und Stiefmütterchen, die schon so zeitig im Jahr in einem großen Spektrum an Farben überall im Handel angeboten werden. Am besten pflanzt man sie nach Sorten getrennt in separate Kübel, denn unterschiedliche Wuchs- und Blattformen harmonieren nicht gut miteinander.

Primeln

Die Winter- und Frühlingsblüher unter den Primeln gehören zur Polyanthus-Gruppe. Sie haben etwas längere Blütenstiele als die bekannten Kissenprimeln und werden zweijährig kultiviert. Man

sät sie im Sommer aus, sodass die Jungpflanzen im folgenden Winter oder zeitigen Frühling des folgenden Jahres zum ersten Mal blühen. Man kann diese Primeln auch für wenig Geld in jeder Gärtnerei kaufen und auspflanzen. Die Farbenvielfalt der Blüten ist so groß, dass man mit ihnen herrlich experimentieren kann. Hübsch ist beispielsweise eine Kombination in den Primärfarben Rot, Gelb und Blau. Pflanzen Sie die Farben entweder abwechselnd, oder fassen Sie sie zu größeren Gruppen zusammen. Generell sieht es besser aus, wenn man leuchtende Farben in Gruppen anordnet.

Gänseblümchen

Die entzückenden Kulturgänseblümchen *(Bellis)* ähneln mit ihren Kugelblüten in Rot, Rosa oder Weiß winzigen Dahlien mit nur 5 cm langen Blütenstielen. Man möchte kaum glauben, dass sie Verwandte der gewöhnlichen Gänseblümchen sind, die viele Rasenbesitzer als Unkraut ansehen. Dennoch stammen alle Kulturgänseblümchen von der Wildform *Bellis perennis* ab. Die bekanntesten Serien sind Pomponette, Roggli und Tasso. Alle werden, ebenso wie die bunten Primeln, zweijährig kultiviert. Man sät sie im Sommer an Ort und Stelle an einem sonnigen oder halbschattigen Standort aus, wo sie im folgenden Frühling blühen. Weil die Farbpalette begrenzt ist, kann man mit Bellis in runden Kübeln schön abgestufte, kreisförmige Arrangements gestalten, beispielsweise mit rot blühenden Pflanzen in der Mitte, umgeben von einem Kreis aus rosa blühenden und abschließend einem Kreis aus weiß blühenden Arten.

◀ *Heidekraut, Primeln, Stiefmütterchen und rote Ranunkeln – eine gelungene Kombination von Blütenformen in gleichem Farbton.*

▶ *Die leuchtend gelben Blüten der Primeln bilden hier einen freundlichen Rahmen für die goldgrünen Nadeln einer jungen Zypresse.*

Stiefmütterchen

Die beliebten Stiefmütterchen *(Viola × wittrockiana)* sind in Bezug auf die Winter- und Frühlingsblüte kaum zu übertreffen. Im Laufe der Jahre sind viele Zuchtformen mit unterschiedlichen Charakteristika entwickelt worden. Gemeinsam ist jedoch allen, dass sie sehr ausdauernd blühen. Diese Winterblüher kauft und pflanzt man um die Herbstmitte. Ihre Blüte hält sechs bis neun Monate an – bis in den Frühling oder sogar Sommer des folgenden Jahres. Wie Primeln und Gänseblümchen werden Stiefmütterchen normalerweise zweijährig kultiviert. Es gibt Sorten mit einfarbigen Blüten, besonders attraktiv sind aber die mehrfarbigen Sorten mit dem typischen „Gesicht" aus dunkleren Flecken auf den Blütenblättern. Die Gestaltung der Pflanzung ist eine Frage des persönlichen Geschmacks. Generell pflanzt man Gruppen aus mehreren gleichen Pflanzen, entweder in separaten Kübeln oder in einem größeren Gefäß gruppiert. Eine Kombination aus weiß und blau blühenden Sorten wirkt gerade in den Wintermonaten angenehm frisch und freundlich. Auch in einem größeren Garten sollte man Stiefmütterchen möglichst in Kübel pflanzen. Setzt man sie in die Beete, ziehen sie den Blick auf sich – und damit ungewollt auch auf die winterlich kahlen Pflanzen in ihrer direkten Umgebung.

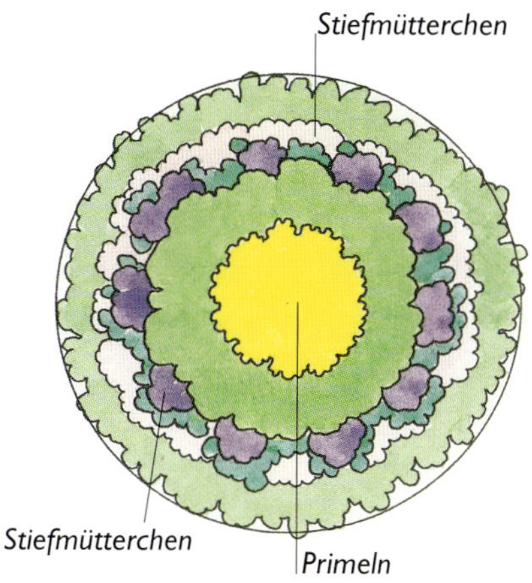

▲ *Pflanzskizze für einen Frühjahrskübel in Blau und Gelb, der sich sehr schön mit Primeln und Stiefmütterchen gestalten lässt.*

◀ *Petunien und Ringelblumen passen gut zusammen. Das üppige Laub sorgt dafür, dass diese Kombination nicht zu schreiend wirkt.*

Das Angebot an Sommerblumen ist so groß, dass ein begeisterter Gärtner im Winter viel Zeit für die Planung verwenden kann. Für drei Zwecke eignen sich diese Pflanzen besonders gut: zur Einrahmung von Beeten, zum Füllen von Lücken oder als Akzent in einem Bereich, der einen Blickfang braucht.

Im Kübelgarten kommen Sommerblumen ebenfalls auf verschiedene Weise zum Einsatz. Ein großes Hochbeet beispielsweise könnte man im Sommer mit roten und weißen Pelargonien auffüllen. Weiß ist eine besonders vorteilhafte Farbe, weil sie die anderen Farben des Beetes harmonisiert.

Rot, Weiß und Blau

Ob man jede Pflanzenart in einen separaten Kübel setzt oder mehrere Arten in einem Gefäß kombiniert, ist ebenso eine Frage des persönlichen Geschmacks wie die Zusammenstellung der Farben und die Wahl der Arten. Die klassische Kombination in Blau-Weiß-Rot aus blauvioletten Lobelien, scharlachrotem Prachtsalbei *(Salvia splendens)* und weißen Pelargonien kann jedoch in einem kleinen Garten leicht grell erscheinen. Lässt man das Blau weg, wirken die beiden verbleibenden Farben gleich viel ausgeglichener. Probieren Sie ein Rot-Weiß-Schema mit rötlich orangefarbenen Gauklerblumen *(Mimulus)*, rosafarbenen und roten Fleißigen Lieschen *(Impatiens)*, rotem Fuchsschwanz *(Amaranthus caudatus)*, roten und weißen Begonien *(Begonia semperflorens)* und weißen Petunien.

Farben vor einer Mauer

Einjährige eignen sich gut zur Bepflanzung von Wandtöpfen. Hier sollten Sie eine möglichst lebhafte Farbmischung anstreben, deren Schwerpunkt auf Rot und Rosa liegt. Aber auch Blau, Violett und sogar Orangetöne können gut aussehen, sofern genügend weiße Blüten dazwischen stehen. Pelargonien dürfen dabei nicht fehlen. Vor allem die hängenden Sorten eignen sich gut. Auch Lobelien, Fleißige Lieschen, Spaltblumen und Fuchsien sind für eine fröhlich leuchtende Mischung sehr zu empfehlen.

Wer sanftere Farbtöne vorzieht, hat die Wahl zwischen verschiedenen Wicken *(Lathyrus odoratus)* in Kübeln vor einer Mauer oder Wandtöpfe mit einer Petunienmischung in Pastelltönen, etwa 'Milleflora Fantasy Mixed' oder 'Daddy Mixed'. Fuchsien werden ebenfalls in vielen zarten Farbtönen angeboten. Auch in diesem Fall sollten Sie weiße Blüten integrieren, etwa die Petunie 'Supercascade White'.

Farbenmeer mit Sommerblumen

In einer Fernsehsendung wurde ein älteres Ehepaar vorgestellt, das alljährlich rund um seinen Wohnwagen mehr als 30 000 Sommerblumen pflanzte. Im Hochsommer wurden die Blumen zweimal täglich gewässert und ausgeputzt. Dieser hinreißende Sommergarten zeigte einerseits, was mit Einjährigen möglich ist, und bewies andererseits die Notwendigkeit des Ausputzens, um die Blüte anzuregen. Beginnt eine Einjährige mit der Samenbildung, sorgt ihr biologisches Programm dafür, dass sie die Blüte einstellt.

◀ *Ein Farbenmeer aus Sommerblumen, die eine halbhohe Gartenmauer verstecken. Dekorativ ist die symmetrische Anordnung gleichartiger Kübel.*

1. *Fuchsia* 'Gartenmeister Bonstedt'
2. *Petunia* 'Lemon Plume'
3. *Petunia* 'Carpet Mixed'
4. *Schizanthus* 'Gay Pansies'
5. Million Bells© 'Terracotta'
6. *Impatiens* 'Coral Bells'
7. *Lobelia* 'Sapphire'
8. *Tagetes* 'Safari Tangerine'
9. *Pelargonium* 'Gillian'

Orangetöne für den Herbst

Orange ist eine Farbe, die sich nicht leicht mit anderen Tönen kombinieren lässt, aber ein einzelner Kübel in Orange- und Gelbtönen, bepflanzt mit Tagetes und Kapuzinerkresse, verbreitet an trüben Herbsttagen Heiterkeit. Die Blätter der Kapuzinerkresse hängen dekorativ über den Kübelrand, während die Tagetes aufrecht in der Mitte stehen können.

Anstelle der Tagetes könnte man auch Ringelblumen *(Calendula officinalis)* verwenden, die etwas höher wachsen, aber kleinere Blüten als die Tagetes haben. Die Blätter der Kapuzinerkresse eignen sich als würzige Dekoration im Salat, während man die Blüten der Ringelblume als Speisefarbe verwenden

▶ *Kapuzinerkresse, rote Pelargonien und die leuchtende Lilie 'Fire King' akzentuieren diese Terrassenecke im Sommer.*

Alpinum im Trog

Weil viele Gebirgspflanzen attraktiv und zudem recht klein sind, bieten sie sich für die Kübelbepflanzung förmlich an. Ihr Nachteil ist jedoch, dass sie überwiegend im Frühling und Frühsommer blühen. Wer auch zu anderen Jahreszeiten für Farbe sorgen will, muss sehr sorgfältig planen.

Boden und Standort

Die meisten Steingartenpflanzen bevorzugen einen sonnigen, offenen Standort, idealerweise Süd- oder Südwestlage. Wer ein Steinbeet anlegen möchte und diese Bedingungen nicht bieten kann, sollte sich auf Arten beschränken, die in der Natur in Waldgebieten vorkommen und daher feuchten Boden und lichten Schatten bevorzugen. Es gibt eine Reihe geeigneter Arten, die man möglichst in einem Torfsubstrat halten sollte. Viele Gärtner legen für die alpinen Pflanzen ein spezielles Beet an. Besonders überzeugend sieht es aus, wenn so ein Beet aus Natursteinen aufgesetzt wird, in deren Ritzen und Spalten sich viele Gebirgspflanzen wohl fühlen. Wer ein Hochbeet aus Ziegelsteinen mit Mörtel baut, sollte bewusst einige Lücken in den Fugen lassen, die später bepflanzt werden. Viele kleine Steingartenpflanzen gedeihen hier ausgezeichnet.

Wichtig ist vor allem, dass das Substrat sehr durchlässig ist. Ideal ist eine Mischung aus zwei Teilen nahrhaftem Mutterboden, einem Teil grobem Sand und einem Teil Torf (oder Torfersatzprodukt). Unter den Mutterboden sollte ein langsam lösliches Düngergranulat gemischt werden. Achten Sie darauf, dass im Gefäßboden ausreichend viele Drainagelöcher vorhanden sind. Nach der Pflanzung wird das Substrat mit einer

▼ *Flache Steintröge oder alte Spülsteine eignen sich sehr gut für einen kleinen Steingarten. Wichtig ist vor allem eine sehr gute Drainage. Achten Sie beim Kauf auf die Ansprüche der Pflanzen: Die meisten brauchen Sonne.*

1. *Aubrieta* 'Greencourt Purple'
2. *Saxifraga* Moos-Steinbrech
3. *Fritillaria meleagris*
4. *Geranium dalmaticum*
5. *Gentiana aucalis*
6. *Armeria maritima*
7. *Pulsatilla rubra*
8. *Campanula carpatica* 'Bressingham White'
9. *Gypsophila repens* 'Dorothy Teacher'

Ein Steinbeet bepflanzen

1 Mischen Sie 2 Teile Mutterboden mit je 1 Teil grobem Sand und Torf (oder Ersatzprodukt) oder kaufen Sie ein Fertigsubstrat.

2 Alle Pflanzen einsetzen, dabei die Zwischenräume reichlich bemessen, weil sich die Pflanzen noch ausbreiten. Dazwischen dekorative Steine legen.

3 Das Substrat mit einer dünnen Kiesel- oder Splittschicht abdecken, um die Verdunstung zu reduzieren und das Keimen von Unkräutern zu unterdrücken.

1 cm dicken Schicht aus feinem Kies oder Splitt abgedeckt. Steingartenpflanzen sind zwar klein, doch sollte man sie nicht zu eng pflanzen. Es ist erstaunlich, wie schnell sich manche ausbreiten.

Beliebte Steingartenpflanzen

Steintäschel *(Aethionema)* – immergrüner oder halbimmergrüner Kleinstrauch mit rosafarbenen Blüten ab Spätfrühling.

PFLANZEN FÜR DEN STEINGARTEN

Das Angebot an Steingartenpflanzen ist so groß, dass dem Anfänger die Auswahl schwer fallen wird. Sinnvoll ist ein Besuch in einer Spezialgärtnerei, und zwar möglichst im Frühling, wenn viele Arten blühen. Wer einige größere Pflanzen als Akzent integrieren möchte, sollte Zwergkoniferen erwägen.

Bekannte Sorten sind *A. armenum, A. grandiflorum* und *A.* 'Warley Rose'.

Steinkraut und **Steinkresse** *(Alyssum* und *Aurinia)* – zwei eng verwandte, Polster bildende Pflanzen mit immergrünem Laub und gelben oder weißen, duftenden Blüten. *Alyssum spinosum* blüht weiß, *Aurinia saxatile* hat gelbe Blüten.

Mannsschild *(Androsace)* – Diese Pflanzen bilden dichte Polster mit einzeln oder in Gruppen stehenden Blüten. *A. lanuginosa* blüht zartrosafarben, *A. pyrenaica* hat weiße Blüten.

Gänsekresse *(Arabis)* – Diese Pflanze wächst in Gesteinsspalten und bildet Matten oder Polster. *A. caucasica* trägt Blüten in Weiß oder hellem Rosa, *A. c.* 'Flore Pleno' hat weiße, gefüllte Blüten.

Grasnelke *(Armeria maritima)* – sehr bekannte, Polster bildende Pflanze mit pinkfarbenen Kugelblüten. Zuchtsorten mit Blüten in Weiß und verschiedenen Rosatönen sind ebenfalls erhältlich.

Blaukissen *(Aubrieta)* – eine beliebte Bauerngartenpflanze mit immergrünen, graugrünen Blättern und bläulich oder rötlich violetten Blüten, die in langen Matten herabhängen und im Frühsommer die ganze Pflanze bedecken.

Glockenblume *(Campanula)* – eine große Pflanzengattung mit vielen Arten, die sich für den Steingarten eignen, darunter *C. cochleariifolia* (weiße bis lavendelblaue Blüten), *C. carpatica* (weiße und blaue Blüten; breitet sich schnell aus), *C. portenschlagiana* (dunkelviolette Blüten im Spätsommer).

Celmisia – immergrün mit weißen Strahlenblüten und auffälligem, gelbem Auge. Besonders attraktiv ist *C. spectabilis.*

Alpenveilchen *(Cyclamen)* – attraktive Knollenpflanze, meist mit Blüten in Weiß oder Rosa. Die Sorten von *C. coum* blühen im Spätwinter und zeitigen Frühling. *C. hederifolium*, auch als *C. neapolitanum* bekannt, blüht im Herbst.

Berufkraut *(Erigeron karvinskianus)* – kleine, immergrüne Staude, die gut in Mauerspalten gedeiht. Sie hat Strahlenblüten, die sich weiß öffnen und die Farbe von Rosa zu Rot verändern.

Alpenbalsam *(Erinus alpinus)* – Polster bildende Staude, die in milden Wintern immergrün ist und zahlreiche Blüten in Weiß, Rosa oder Violett trägt. Sie sät sich leicht selbst aus.

Schachbrettblume *(Fritillaria)* – zierliche Zwiebelblume mit zarten Blüten im späten Frühling. *F. meleagris* wird 30 cm hoch und hat weiß-violett gemusterte Blüten, *F. pontica* blüht gelb.

Enzian *(Gentiana)* – eine der beliebtesten Steingartenpflanzen mit leuchtend blauen, trompetenförmigen Blüten. *G. alpina* und *G. aucalis* blühen im Spätfrühling und Frühsommer, *G. sino-ornata* im Herbst.

Storchschnabel *(Geranium)* – Für den Steingarten eignen sich nur die kleinsten Arten, darunter *G. cinereum* (weiße oder rosafarbene Blüten), *G. c.* ssp. *subcaulescens* (magentarote Blüten mit schwarzem Auge) und *G. dalmaticum* (meist immergrün mit Blüten in leuchtendem Pink).

Teppichschleierkraut *(Gypsophila repens)* – Matten bildende Pflanze mit weißen oder rosafarbenen Blüten. Besonders schön ist die zartrosa blühende Sorte 'Dorothy Teacher'.

Sonnenröschen *(Helianthemum nummularium)* – immergrüner Zwergstrauch mit leuchtend gelben Blüten im Sommer.

Lein *(Linum)* – *Linum arborenum* ist ein immergrüner Zwergstrauch mit gelben Blüten im Spätfrühling. *L. suffruticosum* ssp. *salsoloides* ist eine Polster bildende Staude, die im Sommer weiße Blüten mit einer Äderung in Rosa oder Violett trägt.

Steinsame *(Lithodora diffusa)* – kleiner, immergrüner Strauch mit auffallenden, blauen Blüten im Spätfrühling.

Bartfaden *(Penstemon)* – eine bekannte Staudengattung mit einigen Matten bildenden Arten, die aus Gebirgsregionen stammen. *P. newberryi* trägt im Frühsommer intensiv pinkfarbene Blüten, *P. rupicola* blüht im Spätfrühling hellrosa.

Phlox – Es gibt verschiedene kriechende Phloxarten, darunter *P. subulata* mit violetten oder weißen Blüten im Spätfrühling und *P. stolonifera* mit violetten Blüten im Frühsommer. *P. adsurgens* blüht

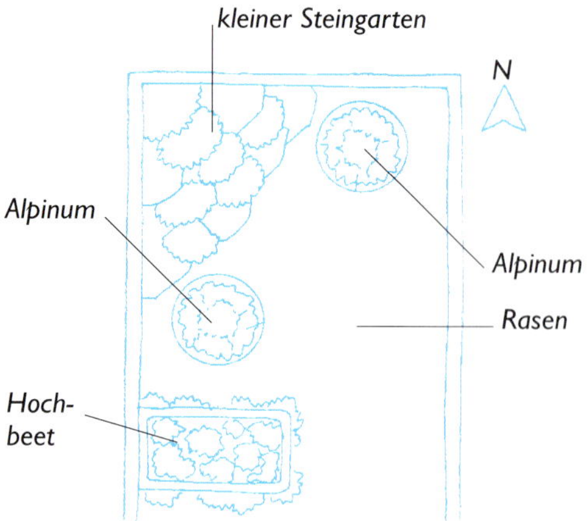

▲ *Wer einen Gartenbereich mit alpinen Pflanzen gestalten will, könnte in einer sonnigen Ecke ein kleines Steinbeet anlegen.*

◀ *Steinbrech* (Saxifraga) *darf in keinem Steingarten fehlen. Er blüht im Frühsommer weiß, rosafarben, violett oder gelb.*

▶ *Alpine Pflanzen kommen in einem rustikalen Trog besonders gut zur Geltung. Hier: immergrüne Schleifenblume (Iberis sempervirens) und kontrastierende Grasnelken in Pink.*

rosafarben, *P. douglasii* hat Blüten in dunklerem Rosa oder Karminrot.

Kalk-Kreuzblümchen *(Polygala calcarea)* – Matten bildende immergrüne Staude mit hängenden Trieben voll leuchtend blauer Blüten im Frühsommer.

Primel *(Primula)* – ideal für den schattigen Steingarten, weil sie in voller Sonne nicht gedeiht. Es gibt viele Sorten in verschiedenen Farben.

Kuhschelle *(Pulsatilla)* – beliebte, Horste bildende Staude mit sehr attraktivem Laub. Die bekanntesten Sorten sind *P. vulgaris* (violette Blüten), *P. alba* (reinweiße Blüten mit gelber Mitte) und *P. rubra* (dunkelrote Blüten).

Seifenkraut *(Saponaria ocymoides)* – mehrjährige Steingartenpflanze mit rosafarbenen Blüten vom Spätfrühling bis in den Spätsommer. Die Sorte 'Alba' blüht weiß.

Steinbrech *(Saxifraga)* – eine wichtige Gattung für den Steingarten. Die meisten Arten bilden kompakte Polster mit Blüten in Weiß, Rosa, Pink, Violett oder Gelb. Zu den beliebtesten zählen *S. burseriana* (weiße Blüten), *S. exarata* (gelbe Blüten während des ganzen Sommers) und *S. × irvingii* 'Jenkinsiae' (blassrosafarbene Blüten mit dunkler Mitte im zeitigen Frühling).

Mauerpfeffer *(Sedum)* – Die niedrigen Sedumarten sind ausgezeichnete Sukkulenten für den Steingarten. *S. acre* trägt den ganzen Sommer lang gelbe Blüten. *S. sieboldii* hat panaschierte Blätter und rosafarbene Blüten, die Sorte *S. s.* 'Mediovariegatum' hat interessante Blätter in Gelb, Blau und Rot sowie rosafarbene Blüten.

Dachwurz *(Sempervivum)* – eine große Gruppe von Sukkulenten mit attraktiven Blattrosetten, aus denen im Sommer rosafarbene Blüten wachsen. Besonders empfehlenswert sind die Arten *S. arachnoidum* mit einem spinnwebartigen Überzug und *S. tectorum* mit roten Blättern.

Kriechender Ehrenpreis *(Veronica prostrata)* – Matten bildende Staude mit blauen Blüten. Viele attraktive Zuchtformen.

▼*Pflanzplan für einen Steingarten mit einem Farbschema, das sich mit verschiedenen Pflanzenarten realisieren lässt.*

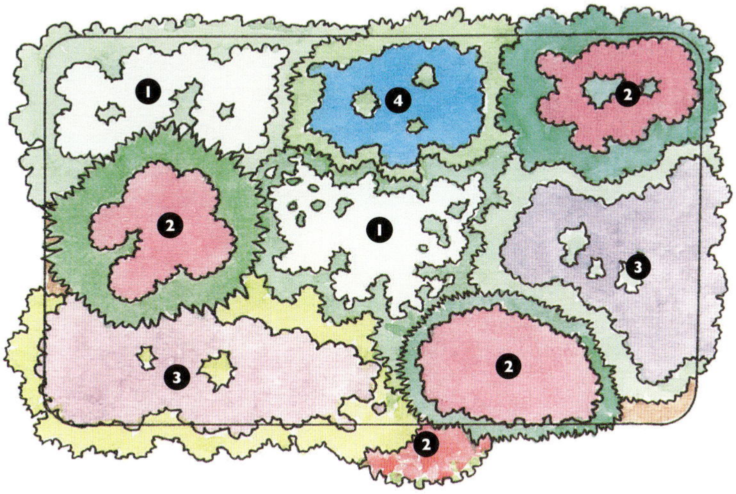

Kleine Wassergärten

Wasser ist von Natur aus ein faszinierendes Element. Im Garten erzeugt es eine friedliche Atmosphäre. Selbst in einem Kübel mittlerer Größe kann man mit etwas Fantasie einen bezaubernden Wassergarten gestalten, und auch auf bewegtes Wasser muss der Kübelgärtner nicht verzichten.

Ein Hof als Wassergarten

Ein Gartenhof lässt sich leicht in eine kühle Oase verwandeln, indem man in die Mitte ein Hochbeet baut und dieses nicht mit Schotter und Pflanzerde füllt, sondern mit einer Folie auslegt und so in ein Wasserbecken verwandelt. Am Rand des Beckens werden Pflanzkörbe aufgestellt, in denen Wasserpflanzen wachsen. Eventuell sollte man beim Bau des Wasserbeckens am Rand eine umlaufende Stufe einbauen, auf der diese Pflanzkörbe stehen können. Warten Sie nach dem Füllen des Teiches einige Tage, ehe Sie ihn bepflanzen. Derweil können sich Schwebstoffe auf dem Grund ablagern.

Um ein solches Wasserbecken anzulegen, müssen Sie am Grund den Boden ausheben. Legen Sie ihn mit dicker Teichfolie aus. Darauf kommt zuerst eine Lage Maschendraht, dann wird eine Betonschicht geschüttet. Für die Seitenwände wird eine Schalung

◀ Ein winziger Wassergarten ist selbst im Kübel denkbar. Achten Sie beim Kauf der Pflanzen darauf, welche Wassertiefe sie benötigen.

Ein Wassergarten im Kübel

1 Zuerst das Drainageloch des Kübels dicht verschließen. Im Fachhandel bekommt man Kunststoffstopfen, die zusätzlich mit Silikon befestigt werden.

2 Die Wassertiefe messen und in einer Spezialgärtnerei geeignete Pflanzen aussuchen. Die Pflanzkörbe können auf Ziegelsteine gestellt werden.

3 Den Kübel mit Wasser füllen und das Substrat in den Körben mit reichlich Kies bestreuen. So schwimmt das Substrat beim Einsetzen nicht nach oben.

gebaut, dann wird auch diese mit Zement aufgeschüttet.

Verwenden Sie für den Bodenbelag des Hofes und die Verkleidung der Beckenwände möglichst das gleiche Material. Überlegen Sie auch, die Beckenwand in Breite und Höhe so zu gestalten, dass sie als Sitzgelegenheit dienen kann.

Kleine Fische Wenn die Wassermenge ausreicht und keine Reiher den Garten besuchen, können Sie sogar zwei Goldfische in das Becken setzen. Dann muss allerdings dafür gesorgt sein, dass der Teich ausreichend bepflanzt ist und vor allem Sauerstoff liefernde Pflanzen vorhanden sind. Die Fische müssen behutsam in den Teich gesetzt werden. Wer Fische in einem mit Wasser und Sauerstoff gefüllten Plastikbeutel gekauft hat, sollte den Beutel zuerst auf der Wasseroberfläche schwimmen lassen, bis sich die Temperaturen angeglichen haben. Dann lässt man allmählich Teichwasser in den Beutel strömen. Setzen Sie die Fische nicht abrupt ins Teichwasser und wechseln Sie auch nie das Wasser komplett aus. Um das Wasser mit Sauerstoff anzureichern, sollte eventuell eine Pumpe gelegentlich über Nacht laufen.

Wasserspiele

Ein Springbrunnen ist für einen Miniteich im Kübel sicherlich nicht die richtige Lösung, ein schlichter Wasserspeier hingegen lässt sich schon eher unterbringen. Im Fachhandel sind kleine Teichpumpen erhältlich, mit denen sich auch im Kübel interessante Wasserspiele realisieren lassen. In einem Garten mit einer Mauer könnte man einen Wasserspeier an der Wand befestigen und diesen mit einer Pumpe verbinden. Das Wasser strömt aus dem Speier in ein Gefäß, aus dem es wiederum angesogen und in die Höhe gepumpt wird. Man könnte solch ein Wasserspiel mit zwei identischen Kübeln flankieren, die mit Hosta oder anderen Blattgewächsen bepflanzt sind. Reizvoll sieht auch die Goldsegge *(Carex elata* 'Aurea') aus.

Selbst wo kein Wasserspeier angebracht werden kann, lässt sich in einem wasserdichten Gefäß oder einer alten Zinkbadewanne ein kleiner Wassergarten mit Schwimmpflanzen oder Zwergseerosen anlegen. Zinkwannen sollte man vor dem Füllen immer mit einer Spezialfarbe für Wasserbecken streichen, weil das Metall den Pflanzen schaden kann.

Pflanzen für den Wassergarten

Die Pflanzen für einen Teich unterteilt man in vier Gruppen: Uferpflanzen gedeihen im flachen Wasser. Schwimmblattpflanzen wie Seerosen verlangen eine gewisse Wassertiefe. Unterwasserpflanzen geben Sauerstoff ans Wasser ab, und Schwimmpflanzen wurzeln nicht im Teichgrund.

Wasserpflanzen

Der Schmuck jedes Wassergartens ist eine Seerose. Kleine Sorten benötigen eine Wassertiefe von 35–40 cm, größere Sorten etwa 45–60 cm. Jungpflanzen setzt man in Pflanzkörbe, die mit spezieller Wasserpflanzenerde gefüllt sind. Man kann auch einfache Gartenerde verwenden, sofern sie keine Düngemittel enthält. Das Seerosenrhizom wird so gepflanzt, dass die Wachstumsspitze gerade aus dem Substrat schaut. Dann bedecken Sie das Substrat mit sauberem Kies und senken den Korb in den Teich ab. Zuerst wird er ins flache Wasser gestellt und später allmählich ins tiefe Wasser geschoben. Wer Seerosen halten möchte, sollte eine Spezialgärtnerei besuchen und sich unter den vielen Sorten mit weißen, rosafarbenen, roten und gelben Blüten umsehen. Eine passable Alternative ist die Wasserähre *(Aponogeton distachyos),* die aber weder in Bezug auf Blüten noch auf Blätter der Seerose das Wasser reichen kann.

Sauerstofflieferanten Diese Pflanzen sind vor allem wichtig, wenn Sie Fische im Teich halten wollen. Sie verbrauchen die Nährstoffe im Wasser und entziehen damit den Algen die Lebensgrundlage. Zu den wirkungsvollsten Sauerstofflieferanten gehören die Wasserpest *(Lagarosiphon* oder *Elodea)* mit langen, verzweigten Sprossen, das Tausendblatt *(Myriophyllum aquaticum)* und das Krause Laichkraut *(Potamogeton crispus),* das sogar verschmutztes Wasser wieder klären kann.

◀ *Eine alte Zinkbadewanne als Wasserbecken inmitten von Farnen. Einige Wasserpflanzen gedeihen nur in ruhigem Wasser.*

▶ *Ein kleines Wasserspiel mit Schlüsselblumen,* Hosta *und* Knautia. *Die Plastik einer schlafenden Nymphe ist von Flechten bedeckt.*

Schwimmpflanzen Diese Gruppe von Wasserpflanzen bekämpft das Algenwachstum im Teich, indem der Lichteinfall ins Wasser reduziert wird. Die meisten Schwimmpflanzen breiten sich stark aus und müssen regelmäßig ausgedünnt werden. Beispiele sind das Feenmoos *(Azolla filiculoides)*, Froschbiss *(Hydrocharis morsus-ranae)* mit attraktiven, weißen Blüten sowie die Wassernuss *(Trapa natans)* mit hübschen Blättern und weißen Blüten im Sommer.

Teichrandpflanzen

Dies ist die größte Gruppe der Pflanzen, auch Uferpflanzen genannt, die sich für den Teich oder Wassergarten im Kübel eignen. Anzahl und Typ hängt von der Größe des Teiches und von der Tiefe der Uferzone ab. Manche Uferpflanzen gedeihen in flachem Wasser bis 15 cm Tiefe, andere verlangen die doppelte Wassertiefe. Einige Uferpflanzen sind sehr wüchsig und müssen regelmäßig gestutzt werden, wenn sie den Teich nicht vollkommen zuwuchern sollen.

Zu den Pflanzen für die Flachwasserzone gehört die Sumpfdotterblume *(Calla palustris)*. Die weiß blühende 'Alba' und die gefüllte 'Flore Pleno' sind schwachwüchsiger als die Urform. Die Chamäleonspflanze *(Houttuynia cordata)* hat hübsch gefleckte Blätter mit roten Rändern. Asiatische Sumpfschwertlilie *(Iris laevigata)* ist in vielen Sorten erhältlich, die meisten blühen im Sommer blau. Die Wasserminze *(Mentha aquatica)* trägt im Sommer fliederfarbene Blüten. Wasservergissmeinnicht *(Myosotis scorpioides)* blühen im Frühsommer leuchtend blau. Auch Zwergrohrkolben *(Typha minima)* eignen sich für den Miniteich.

Zu den Uferpflanzen für größere Tiefen gehören der Froschlöffel *(Alisma plantago-aquatica)* mit hübschen Blättern und winzigen, weißen Blüten und die Sumpf-Wasserfeder *(Hottonia palustris)* mit Frühlingsblüten in Violett, Flieder oder Weiß.

◀ *Wasserpflanzen in einem Gartenteich, in dem an zwei Seiten eine Stufe für die Flachwasserpflanzen eingebaut wurde.*

1. *Typha minima*
2. *Iris laevigata*
3. *Calla palustris* 'Flore Pleno'
4. *Lagarosiphon major*
5. *Houttuynia cordata*
6. *Nymphaea* 'Indiana'
7. *Hydrocharis morsus-ranae*
8. *Azolla filiculoides*
9. *Myriophyllum aquaticum*
10. *Trapa natans*

Jahreszeitenthemen

Ein wirklich gelungener Garten ist zu jeder Jahreszeit eine Augenweide. Im Sommer quellen Kübel und Beete von Einjährigen, blühenden Rosen und Stauden in allen Farben über. Die Töne des Herbstes sind Gelb und Orange, während im Frühling das leuchtende Gelb der Narzissen und das Blau der Hasenglöckchen vorherrschen. Auch der Winter hat seinen Reiz, und mit etwas Überlegung kann der Garten auch in der trüben Jahreszeit Farbe und Abwechslung bieten.

Der Kübelgarten im Winter

Es gibt viele Pflanzen, die auch im winterlichen Kübelgarten beeindrucken: Immergrüne, Sträucher mit Beerenschmuck, blühende Sträucher, frühe Zwiebelblumen und vor allem Ein- und Zweijährige, die speziell um diese Zeit blühen. Am besten reserviert man für sie einen oder zwei Kübel.

Immergrüne im Garten – Koniferen

Die beliebtesten und geeignetsten immergrünen Bäume für den Kübel sind Koniferen. Ihr breites Farbspektrum reicht von Blaugrau oder Grün bis Gelb, zudem werden viele Zwergformen angeboten, die auch nach Jahren nicht höher als etwa 1,8 m werden. Wem die Färbungen anderer Arten besonders gut gefallen, der sollte sich in einer guten Gärtnerei nach ihrer Wuchsfreude erkundigen. Manche können zwar unter optimalen Bedingungen 12–15 m hoch werden, wachsen aber in einem normalen Garten eher langsam und erreichen in 10 Jahren nur 3 m Höhe. Und wachsen sie doch schneller als erwartet, kann man sie immer noch austauschen. Das gilt beispielsweise für die schönen, blaustichigen Arten *Picea pungens* 'Koster' und *Chamaecyparis lawsoniana* 'Pembury Blue', die aus gutem Grund beliebt sind. Wer kein Risiko eingehen will, wählt besser eine der folgenden Arten.

▲ Koniferen sind im Winter ein Blickfang. Es gibt gelbe, blaue und grüne Sorten. Manche verändern im Laufe des Jahres ihre Färbung.

Aufrechter, konischer Wuchs – *Juniperus communis* 'Compressa' (grün), 'Gold Cone', 'Golden Showers' (grün-gold) oder 'Hibernica' (graugrün).

Niedriger, breiter Wuchs – *J.* × *media* 'Golden Saucer' (gelb), 'Pfitzeriana' (grün) und *J. horizontalis* 'Douglasii' (blaugrau).

Konisch-rundlicher Wuchs – *Chamaecyparis lawsoniana* 'Barry's Silver' (silbergrau), *C. l.* 'Minima' (grün), *Taxus baccata* 'Aurea' und *Thuja occidentalis* 'Rheingold' (beide goldgelb).

Immergrüne und Sträucher mit Winterblüte

Hier sind zuerst die Kamelien zu nennen, vor allem die Zuchtformen von *Camellia japonica* und *C.* × *williamsii*. Es sind attraktive immergrüne Sträucher oder kleine Bäume mit glänzenden Blättern und wunderschönen, oft gefüllten Blüten in Rot, Rosa oder Weiß. Kamelien wachsen langsam und können beschnitten werden, wenn sie zu groß werden. Sie benötigen einen schattigen oder halbschattigen Platz und sauren Boden. Attraktive rosafarbene Sorten sind 'Akashigata' ('Lady Clare'), 'Brigadoon', 'Helen's Ballerina', 'Ave Maria', 'Lady Loch', 'Lasca Beauty' und 'Spring Festival'. Weiße Blüten tragen 'Lovelight', 'Janet Waterhouse', 'White Nun' und 'Charlie Bettes'. Rot blühen 'Adolphe Audusson' und 'R. L. Wheeler'.

Seidelbast *(Daphne):* Diese Gruppe teils immergrüner, teils sommergrüner Sträucher ist vor allem wegen der stark duftenden Blüten beliebt. Empfehlenswert sind die Sorten *Daphne cneorum* (immergrün mit rosaroten Blüten im Frühling), *D. mezereum* (sommergrün mit intensiv duftenden Blüten vom Spätwinter bis Frühling) und die leicht frostempfindliche Art *D. odora* (immergrün mit stark duftenden Blüten).

Die Ölweide *(Elaeagnus × ebbingei)* und ihre Zuchtformen sind immergrün und wegen ihrer gelb-grün gesprenkelten Blätter beliebt. Im Herbst tragen sie unscheinbare, weiße Blüten. Sie können zu groß für den Kübel werden, sodass sie ersetzt werden müssen, doch bis dahin vergehen einige Jahre.

Winterheide *(Erica carnea* und *E. × darleyensis)* ist bei Kübelgärtnern besonders beliebt. Die meisten Arten benötigen sauren Boden, nur wenige tolerieren auch einen gewissen Kalkgehalt, sofern der Boden nicht lehmig ist. Das Spektrum der Blütenfarben reicht von Pink über Rosa bis Weiß. Die Sorten *E. c.* 'Springwood Pink' und 'Springwood White' haben einen hängenden Wuchs und eignen sich gut für Balkonkästen.

Feuerdorn *(Pyracantha)* ist ein ausgezeichneter immergrüner Wandstrauch, dessen einziger Nachteil die langen Dornen an den Zweigen sind. Seine besondere Attraktion sind die Beeren, die je nach Sorte im Winter rot, orange oder gelb leuchten. Im Frühling trägt die Pflanze weiße Blüten.

Die Skimmie *(Skimmia japonica)* ist ebenfalls ein immergrüner Strauch. Die zwergwüchsige Sorte 'Bowles' Dwarf' eignet sich gut für den Kübel, allerdings sind weibliche und männliche Pflanzen erforderlich, damit Blüten und Früchte gebildet werden. Skimmien tragen während des ganzen Winters rote Beeren.

◀ *Winterblühende Sträucher*

1. *Camellia* 'Lovelight'
2. *Camellia* 'Brigadoon'
3. *Elaeagnus × ebbingei*
4. *Camellia* 'R. L. Wheeler'
5. *Daphne cneorum*
6. *Erica carnea* 'Springwood Pink'
7. *Daphne odorata*
8. *Erica carnea* 'December Red'
9. *Erica carnea* 'Vivelli'

▶ *Manche Zwergkoniferen sind wirklich winzig und wachsen sehr langsam. Sie eignen sich auch für kleinere Kübel.*

◀ *Die Nieswurz-Art* Helleborus lividus *trägt früh im Jahr hellgrüne Blüten. Alle Helleborusarten sind giftig und darum für den Familiengarten nur bedingt geeignet.*

Clematis cirrhosa ist eine immergrüne Kletterpflanze, deren grüne Blätter bronzefarbene Unterseiten haben. Im Spätwinter und zeitigen Frühling trägt sie kleine, schalenförmige Blüten in Cremeweiß. Die Art *C. balearica* hat duftende, cremefarbene Blüten mit rot getupfter Innenseite, 'Freckles' hat creme- bis rosafarbene Blüten.

Efeu *(Hedera)* bildet im Kübelgarten einen schönen, immergrünen Hintergrund. Zu den besten Arten gehört der kanarische Efeu *(H. canariensis)*, der jedoch etwas frostempfindlich ist, sowie der gemeine Efeu *Hedera helix*. Attraktiv sind auch *H. h.* 'Gloire de Marengo' mit goldgelb gesprenkelten Blättern, *H. h.* 'Anne Marie' mit weiß umrandeten Blättern und *H. h.* 'Atropurpurea' mit bronzegrünen Blättern. Daneben gibt es viele andere gute Gartensorten.

Winterjasmin *(Jasminum nudiflorum)* ist ein ausgezeichneter Wandstrauch, der jedoch nicht selbst klimmen kann. Er hat lang herabhängende grüne Triebe und trägt im Spätwinter und Frühling noch vor den Blättern leuchtend gelbe Blüten. Abgestorbene Triebe werden entfernt, blühende nach der Blüte gekürzt.

Stauden für den Winter

Der Name der **Christrose** *(Helleborus niger)* ist etwas verwirrend, weil ihre Blüten selten termingemäß erscheinen. Davon abgesehen sind die Nieswurzarten, wie auch die Lenzrose *(Helleborus orientalis)* aber wunderschöne Winterstauden mit üppigen Gruppen aus Blüten in Weiß, Rosa, zartem Gelb oder Hellgrün, je nach Sorte. Häufig sind die Blüten zusätzlich auf der Innenseite interessant mit Flecken und Linien gezeichnet. Alle bevorzugen den Halbschatten, die Stinkende Nieswurz *(H. foetidus)* gedeiht auch im tiefen Schatten.

Iris unguicularis ist eine **Rhizomiris**, die zeitig im Jahr blauviolette Blüten an kurzen Stielen trägt. Ihre schlanken Blätter sind immergrün. Weil diese Art sich stark ausbreitet, sollte sie allein in einem Kübel stehen. Nach 3–5 Jahren sollte man die Rhizome ausgraben und die alten Teile aus der Mitte entfernen.

Frühe Zwiebelblumen

Schneeglöckchen (*Galanthus* spp.) blühen schon früh im neuen Jahr, ihre Hauptblütezeit liegt im Februar. Der Märzenbecher *(Leucojum vernum)* ähnelt dem Schneeglöckchen, die Blüten sind

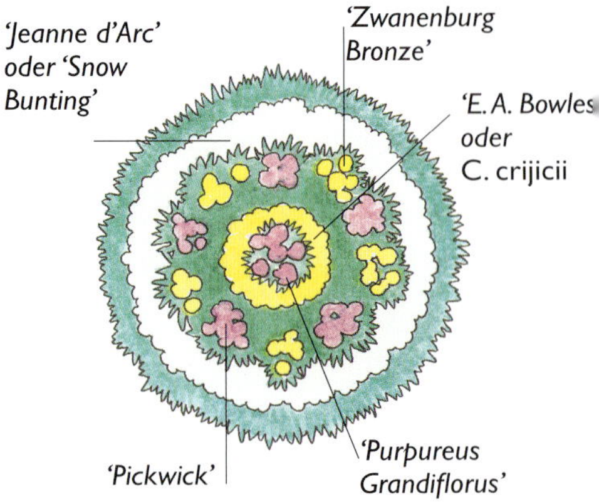

▲ *Skizze für eine kreisförmige Pflanzung aus Krokussen in mehreren Farben. Pflanzen Sie die Zwiebeln recht dicht.*

▶ *Eine Gruppe von Kletterpflanzen und niedrigeren Gewächsen, die früh im Jahr für Farbe sorgen. Winterjasmin blüht an den unbelaubten Zweigen. Nach der Blüte wird er zurückgeschnitten.*

1. *Clematis cirrhosa* 'Freckles'
2. *Jasminum nudiflorum*
3. *Helleborus argutifolius*
4. *Crocus* 'Queen of the Blues'
5. *Iris unguicularis*
6. *Hedera helix* 'Anne Marie'
7. *Crocus vernus*

aber größer und erscheinen etwas später. Beide sehen zwar zauberhaft aus, eignen sich aber nicht unbedingt für den Kübelgarten, weil sie im Sommer ungestört bleiben möchten, während das Laub abwelkt, nur dann kann man sicher sein, dass sie im nächsten Jahr wieder blühen. Wer Schneeglöckchen im Kübel halten möchte, sollte sie recht tief pflanzen und mit Krokus-Gruppen kombinieren.

Krokusse sind wesentlich unkomplizierter. Man pflanzt die Zwiebeln im Herbst, dann blühen sie im folgenden Frühling. Holländische Krokusse *(Crocus vernus)* sind besonders schön, etwa die Sorten 'Pickwick' (lila gestreift), 'Jeanne d'Arc' (weiß und violett), 'Vanguard' (helllila) sowie die Hybriden von *C. chrysanthus* 'E. A. Bowles' (gold und bronze), 'Snow Bunting' (weiß) oder 'Gipsy Girl' (gelb und violett).

Der Winterling *(Eranthis hyemalis)* ist ein mehrjähriges Knollengewächs, das sich in alkalischem Boden rasch vermehrt. In saurem Boden gedeiht er nicht. Die gelben Blüten öffnen sich kurz nach den Schneeglöckchen, und vor allem gemeinsam ergeben die beiden Pflanzen ein hübsches Bild, das einen baldigen Frühling ankündigt.

Schließlich gibt es auch Einjährige für den Winter. Vor allem sind die **Primeln** zu nennen. Besonders wichtig sind aber die Stiefmütterchen *(Viola × wittrockiana).* Ein Kübel sollte ihnen in jedem Garten vorbehalten sein, denn sie blühen vom Herbst durchgehend bis zum Frühling.

▼ *Kleine Iris sehen in einem Kübel im zeitigen Frühling hinreißend aus. Hier die Sorte* Iris histroides *'Major' mit intensiv blauen Blüten.*

Frühling

Der Frühling ist für viele die schönste Gartenjahreszeit, doch verlangt er im Kübelgarten etwas Planung. Weil der Platz oft knapp ist, müssen die Gefäße, die im Sommer mit Einjährigen oder Gemüse bepflanzt werden sollen, frei gehalten und eventuell schon vorbereitet werden.

Zwiebelblumen

Die meisten Menschen denken bei Frühling an Zwiebelpflanzen. Narzissen sind sehr beliebt, doch es gibt auch viele andere Zwiebelblüher, die sich für den Kübelgarten gut eignen, etwa Tulpen, Blaustern, Traubenhyazinthen, Hyazinthen, Schneeglanz und den Hundszahn. Wer gut plant, kann die verschiedenen Größen der Zwiebeln optimal ausnutzen und selbst in einem kleinen Kübel ein tolles Arrangement gestalten.

So ein Kübel muss im Herbst des Vorjahres bepflanzt werden. Die größten Zwiebeln werden recht tief gepflanzt. Andere Blumenzwiebeln folgen dann in Etagen nach Größe abgestuft, die kleinsten zuoberst. Alle Zwiebeln müssen mit einer Erdschicht bedeckt sein, die mindestens ihrer doppelten Höhe entspricht. Die Blätter der großen Zwiebeln suchen sich ihren Weg zwischen den kleineren.

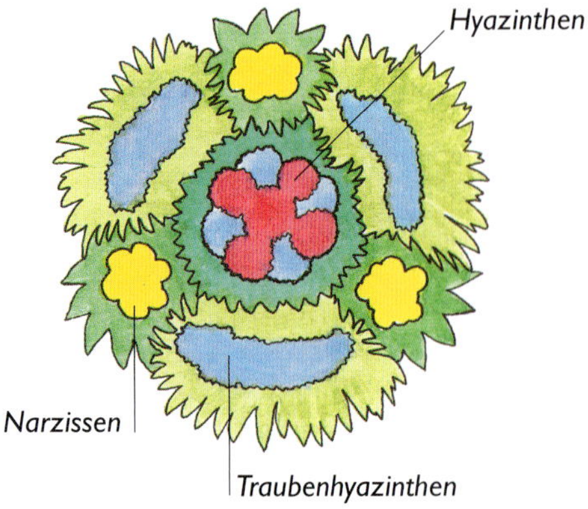

▲ Pflanzskizze in Primärfarben für den späten Frühling. Noch lebhafter wirkt das Bild mit weißen und orangefarbenen Narzissen.

◀ Das dunkle, samtige Violett der Sorte 'Black Swan' erinnert an die Tulpenmanie des 18. Jh. 'Queen of the Night' ist ähnlich dunkel.

◀ *Die Narzissensorte 'Tête-à-tête' ist für die Kübelpflanzung sehr beliebt und macht auch im Zimmer eine gute Figur.*

Es ist nicht einfach, die Bepflanzung so zu planen, dass alle Arten gemeinsam blühen. Es gibt viele Tulpen- und Narzissenarten mit unterschiedlichen Blühterminen. Generell blühen die Narzissen vor den Tulpen, aber kurz nach Blausternchen und Schneeglanz. Diese wiederum lösen die Krokusse im Kübel ab. Traubenhyazinthen, Hyazinthen und Hundszahn schließlich beenden die Blütenfolge.

Sträucher für die Frühlingsblüte

Angesichts der Frage „Was kann ich für die Frühlingsblüte pflanzen?" sind viele Gärtner nach Blumenzwiebeln und Forsythien mit ihrem Latein am Ende. Dabei gibt es viele Sträucher, die im Frühling blühen, und eine gute Anzahl von ihnen eignet sich für den Kübel. Bei der Planung muss bedacht werden, wie viel Platz zur Verfügung steht und was noch für den Sommer gepflanzt werden soll.

Zu den schönsten blühenden Sträuchern für den Frühling gehören Kamelien und Lavendelheide *(Pieris)*. Beide brauchen sauren Boden. Kamelien bevorzugen einen schattigen Platz, Lavendelheide dagegen hat es gern sonnig oder halbschattig. Ihr besonderer Reiz liegt in den anfangs leuchtend roten jungen Blättern und den weißen Blüten. Die bekannteste Art ist *Pieris japonica*. Kamelien und Lavendelheide wachsen langsam genug für den Kübelgarten.

Ein weiterer schöner Strauch für die Frühlingsblüte ist die Radspiere *(Exochorda × macrantha)* 'The Bride', die ebenfalls langsam wächst. Sie bevorzugt neutralen bis leicht sauren Boden und trägt weiße Blüten, die üppig herabhängen.

1. *Scilla siberica*
2. *Muscari armeniaca*
3. *Chionodoxa luciliae*
4. *Narcissus*
5. *Hyacinthus* 'Pink Pearl', 'Innocence'
6. *Tulipa kaufmanniana*
7. *Erythronium* 'Pagoda'
8. *Erythronium revolutum*

▶ *Kübel voller Zwiebelblumen, deren Blütezeit einander ablöst. Denkbar wären Tulpen, Traubenhyazinthen und Narzissen.*

◀ Clematis macropetala *'Jan Lindmark' blüht früh im Jahr reicher als die Urform, aber im gleichen Violettton. Die Blüten sind ungefüllt.*

Viele **Rhododendren** gedeihen gut im Kübel. Sie blühen vom späten Frühling bis zum Frühsommer und einige von ihnen duften zart. Auch sie benötigen sauren Boden. Empfehlenswerte Sorten sind 'Blue Diamond' (blauviolett), *R. calostratum* (rosarot), 'Cilpiense' (zartrosa), 'Doc' (rosarot), 'Greeting' (orangerot), *R. kiusianum* (rosa bis violett), 'Moerheim' (violettblau), 'Patty Bee' (zitronengelb), 'Kure-no-yuki' (schneeweiß) und 'Vida Brown' (rosarot).

Attraktiv sind auch die **Spiersträucher** *(Spirea japonica)* 'Goldflame' mit bronzerot austreibendem Laub sowie einige **Schneeballarten** *(Viburnum)*. Die meisten Schneebälle werden rasch zu groß für den Kübelgarten, doch der reizende *V. plicatum* 'Mariesii' wächst relativ langsam. *V. p.* 'Roseum' ist ebenfalls ziemlich kompakt und hat eine attraktive, dunkelrote Laubfärbung im Herbst.

Früh blühende Clematis

Die beliebteste zeitig im Jahr blühende **Clematis** ist *C. armandii* mit immergrünem Laub und duftenden Blüten. Allerdings ist sie nur bedingt winterhart und ausgesprochen wüchsig. Wer sie halten möchte, braucht reichlich Platz. Besser für den Kübel geeignet sind die Formen von *C. alpina* und *C. macropetala*, die vom mittleren Frühling bis in den Frühsommer blühen. Sie sind sehr winterhart, vertragen aber keinen nassen Boden. Die meisten Sorten werden nicht größer als etwa 3 m und eignen sich daher ausgezeichnet für den Kübelgarten. Nach der Blüte im Hochsommer sollten sie leicht zurückgeschnitten werden. Ein kräftiger Rückschnitt ist nur fällig, wenn sie für ihr Spalier einmal zu groß geworden sind. Zu den Alpinas mit den einfachen, glockenförmigen Blüten gehören die Sorten 'Frances Rivis' (laternenförmige, mittelblaue Blüten), 'Pink Flamingo' (zartrosa), 'Ruby' (rot mit gelben Staubgefäßen) und 'White Columbine' (weiß). Die Macropetala-Sorten ähneln den Alpinas stark, haben aber scheinbar gefüllte Blüten. Die bekanntesten Sorten sind 'Blue Bird', 'Markham's Pink', 'Rosy O'Grady' und 'White Swan'.

Obstblüte im Frühling

In Japan begeht man im Frühling zum Anlass der Kirschblüte ein traditionelles Fest. Leider gibt es nur wenige Kübelgärten, die groß genug für eine Zierkirsche sind. Selbst die Säulenform *Prunus* 'Amanogawa' wird schnell zu groß und zu breit. So bleibt nur die Lösung, Spalierobst an einem Zaun oder einer Mauer zu ziehen. Die Kirschblüte

▲ *Auch in einem kleinen Garten ist Platz für Obstbäume in Kübeln. Spalierobst braucht reichlich Wandfläche, um sich auszubreiten.*

▶ *Kleine Obstbäume in Kübeln werfen oft unerwartet gute Erträge ab. Ideal sind Spalier- und Fächerbäume oder säulenwüchsige Arten.*

1 *Malus domestica* 'Sunset'
2 Salat
4 *Malus domestica* 'Discovery'
5 *Prunus persica* 'Peregrine'

im Frühling ist wirklich eine Pracht. Die ersten Bäume, die Blüten zeigen, sind Pfirsiche und Aprikosen. Ihnen folgen Birnen und etwas später Äpfel. Pfirsich- und Aprikosenbäume tragen ihre Blüten an kahlen Zweigen, noch ehe die Blätter erscheinen. Die Blüten sind ungefüllt und rosafarben oder rot. Birnen schmücken sich mit weißen Blüten, wenn gerade die ersten Blätter sprießen. Pflaumen tragen ihre weißen Blüten etwa zeitgleich mit Birnen, und auch sie beginnen dann gerade mit dem Blattaustrieb. Die Pflaumenblüte ist weniger spektakulär als die der Birnen.

Äpfel haben wahrscheinlich die hübschesten Blüten, schon darum mag kaum ein begeisterter Gärtner auf sie verzichten. Im späteren Frühling brechen die rosafarbenen Knospen auf und entfalten sich zu weißen, rosafarben überhauchten Blüten. Einige Zierapfelsorten haben Blüten in anderen Farben, von reinem Weiß bis zu kräftigem Rosarot.

Stauden im Frühling

Es gibt nicht viele Stauden, die im Frühling blühen. Darum ist es im Kübelgarten besser, sich auf die verlässlichen und hübschen Zwiebeln zu konzentrieren.

Wer genug Platz hat, könnte das Lungenkraut *(Pulmonaria)* ausprobieren, eine der schönsten Frühlingsstauden. Es gibt eine Reihe von Zuchtformen mit verschiedenen Blütenfarben, doch alle haben große, interessant gefleckte Blätter. Die aufrechten Blütenstände mit den rosafarbenen, weißen, blauen, roten und violetten Blüten halten meist mehrere Wochen lang. Lungenkraut gedeiht am besten im Schatten und breitet sich schnell flächig aus.

▶ *Die rosa-weiße Apfelblüte ist besonders zauberhaft. Für die Bestäubung und damit die Ernte sind mindestens zwei Bäume erforderlich.*

Sommer

Im Sommer zeigt sich der Garten von seiner besten Seite. Die Bäume tragen frisches Laub, viele Blumen stehen in Blüte. Im Kübelgarten haben jetzt die Einjährigen ihren großen Auftritt. Wer aber einmal etwas anderes probieren möchte, findet hier eine Reihe von ungewöhnlicheren Pflanzideen.

◀ *Kletterpflanzen und Sträucher in verschiedenen Rot-, Rosa- und Violetttönen als Gruppe an einem sonnigen Standort. Einige weiße Blüten bringen die übrigen Farben erst richtig zum Leuchten.*

Zwiebeln und Knollen im Sommer

Die meisten Menschen kennen nur Zwiebelblumen, die im Frühling blühen, doch es gibt auch eine Reihe von Sommerblühern. Weil sie unkompliziert sind und auch im Kübel ausgezeichnet gedeihen, sollte man sie nicht übergehen: Inkalilie *(Alstroemeria* Ligtu-Hybriden), die im Sommer in vielen Pastelltönen blüht, und *Galtonia candicans* sowie *G. viridiflora* mit den weißen, lilienartigen Blüten brauchen einen guten Frostschutz. Gladiolen *(Gladiolus)* sind ebenfalls beliebt und in vielen Größen und Farben zu haben. Jakobslilien *(Sprekelia formosissima)* haben im Frühsommer schöne, rote Blüten, brauchen aber einen Platz an einer warmen Südwand und einen Winterschutz. Die Tigerblume *(Tigridia pavonia)* ähnelt mit ihren exotisch gefleckten Blüten in Gelb-, Orange- und Rottönen einer Orchidee.

◀ *Die Lilie 'Sun Ray' ist eine recht niedrige Sorte mit leuchtend gelben, braun getupften Blüten. Sie gedeiht gut im Kübel, duftet aber nicht.*

Lilien

Die Gattung der Lilien umfasst mehr als 100 Arten und zahllose Zuchtformen. Man gliedert sie in sechs Gruppen. Alle müssen rechtzeitig gestützt werden, damit die Stiele schon im Wachstum aufrecht gehalten werden. Man pflanzt die Knollen in tiefe Kübel mit einer nahrhaften Substratmischung aus gleichen Teilen Gartenerde, Torf (oder einem Ersatzprodukt) und Laubkompost. Die Knollen werden mit einer mindestens 8 cm dicken Erdschicht bedeckt. Besonders schön sind die Trompetenlilien, die sich sehr gut für den Kübel eignen, sowie die etwas kleineren asiatischen Lilien. Zu den Trompetenlilien zählt *Lilium speciosum* var. *rubrum* mit rosafarben und rot gefleckten Blüten sowie die Königslilie *L. regale* mit herrlich duftenden weißen Blüten, deren Außenseiten violett gestreift sind. *L. r.* var. *album* hat nahezu schneeweiße Blüten. Auch gelbe und orangefarbene Sorten sind zu finden.

Sommerzwiebeln pflanzen

1 Füllen Sie beim Pflanzen der Zwiebeln den Kübel mit frischem Substrat. Die Pflanztiefe einer Zwiebel entspricht ihrer 2 1/2-fachen Höhe.

2 Ein Zwiebelpflanzer ist praktisch. Die meisten haben seitlich eine Maßskala sowie ein Scharnier, um die ausgehobene Erde leicht auszuschütten.

3 Zwiebeln, die im Haus zur Blüte gebracht werden sollen, pflanzt man knapp unter die Substratoberfläche. Das gilt etwa für Hyazinthen und Amaryllis.

Sträucher und Kletterer für den Sommer

Sie sollten der Versuchung widerstehen, den Sommergarten ausschließlich mit Einjährigen zu gestalten. Erst die Vielfalt aus verschiedenen Pflanzen machen einen Garten wirklich interessant.

Zu den Kletterpflanzen, die im Sommer blühen, gehört der Korallenstrauch *(Berberidopsis corallina)*, der Schatten und sauren Boden braucht und in harten Wintern geschützt werden muss. Er ist immergrün und trägt kugelrunde, rote Früchte, die an langen Stielen von den Zweigen hängen. *Bougainvillea glabra* ist ein wüchsiger, immergrüner Kletterer, der gut im Kübel gedeiht, aber frostfrei überwintert werden muss. Gelegentlich sollte er kräftig gestutzt werden.

Im Sommer machen auch die großblütigen Clematissorten auf sich aufmerksam, die gut an einem Wandspalier wachsen. Zu den schönsten gehören 'Comtesse de Bouchaud' (rosa), 'Jackmanii Superba' (violett), 'Henryi' (cremeweiß), 'Marie Boisselot' (weiß), 'Lasurstern' (lavendelblau) und 'Nelly Moser' (rosa bis mauve).

▶ *Bougainvilleen gedeihen gut im Kübel, sofern sie einen warmen, sonnigen Standort bekommen und frostfrei überwintert werden.*

Die Spalthortensie *(Schizophragma hydrangeoides)* ähnelt der Kletterhortensie und hält sich wie diese mit Luftwurzeln an ihrem Untergrund fest. Sie trägt im Sommer winzige, duftende, weiße Blüten, die von cremefarbenen Brakteen umgeben sind. Vor allem vor einem einfarbigen Hintergrund sieht sie sehr reizvoll aus. Allerdings braucht sie etwas Platz und fühlt sich in einem festen Hochbeet oder Pflanzkasten vor einer Mauer am wohlsten. Man pflanzt sie mit etwa 60 cm Abstand zur Mauer und gibt ihr eine Kletterhilfe, bis sie sich selbst festhält.

Der Sternjasmin *(Trachelospermum speciosum)* ist ein weiterer ungewöhnlicher Kletterer, der aber nicht immer problemlos anwächst und vor Frost geschützt werden muss. Er verlangt einen tiefen Kübel mit neutraler bis saurer Erde. Die Wurzeln müssen stets kühl bleiben, während die Blüten Sonne brauchen. Hat er sich einmal etabliert, klettert er an einem Spalier oder an anderen Pflanzen in die Höhe und bildet vom Hochsommer an leuchtend rote Blüten. Besonders schön sieht er aus, wenn er sich durch einen Wandstrauch windet.

◀ Sommerjasmin ist ein zarter, in milden Regionen halbimmergrüner Kletterer mit duftenden Blüten im Sommer. Er muss kräftig beschnitten werden.

Blühsträucher für den Sommergarten

Eine Reihe von Arten bietet sich für diesen Zweck an. Schönmalve *(Abutilon)* wird gern an einer Südwand gepflanzt, weil sie Sonne und Wärme braucht. 'Boule de Neige' ist immergrün und trägt vom Frühling bis zum Spätsommer glockenförmige, weiße Blüten. *A. × suntense* ist eine sommergrüne Art mit violettblauen Blüten. 'Gorer's White' blüht weiß und *A. vitifolium* 'Veronica Tennant' trägt Blüten in Rosa bis Mauve.

Ananasginster *(Cytisus battandieri)* ist ein weiterer Strauch, der Sonne und Wärme braucht und am besten vor eine Südwand gepflanzt wird. Er trägt im Spätsommer große Gruppen duftender, leuchtend gelber Blüten, die entfernt an winzige Ananas erinnern und auch so riechen. Die Deutzie ist ein recht ungewöhnlicher Strauch, der vom mittleren Frühling bis zum Hochsommer duftende Blüten in Rosa bis Weiß trägt. Zwei besonders schöne Sorten sind *Deutzia × elegantissima* 'Rosealind' mit rosafarbenen Blüten und *D.* 'Mont Rose' mit rosaviolett gestreiften Blüten. Beide gedeihen gut in einem großen Kübel.

Fremontodendron 'California Glory' ist ein weiterer immergrüner Wandstrauch, der sich an einer Südmauer wohl fühlt und kurze Kälteeinbrüche übersteht. Vom Spätfrühling bis in den Spätsommer trägt er große, gelbe Blüten.

Die Gattung Strauchveronika *(Hebe)* umfasst viele immergrüne Sträucher, deren Blütenstände meist blau, weiß, rosa- oder fliederfarben sind.

▶ *Hosta gibt es mit unterschiedlich gefärbten Blättern von Gelb bis Graublau. Im Sommer tragen sie schlanke Blütenstände mit weißen oder violetten Blüten. Wahre Hostaliebhaber entfernen die eher unscheinbaren Blüten, weil sie von den Blättern ablenken.*

Die Vielfalt an Farben und Formen in dieser Gattung ist sehr groß. Einige werden recht groß, andere eignen sich sogar für den Steingarten, darunter *H. cupressoider* 'Broughton Dome'. Für die Pflanzung im Kübel empfehlen sich die Sorten *H.* 'Bowles Hybrid' mit lavendelblauen Blüten und *H. pinguifolia* 'Pagei' mit weißen Blüten.

Sommerstauden

Stauden werden im sommerlichen Kübelgarten allzu oft vergessen. Schade, denn sie können sehr attraktiv sein und eignen sich auch zum Füllen von Lücken. Man kann sie auf zweierlei Weise einsetzen. Wer genug Platz hat, könnte mit kleinwüchsigen Züchtungen bekannter Stauden wie Lupinen, Stockrosen und Rittersporn ein kleines Staudenbeet gestalten. Auch die von Natur aus zierlichen Arten wie Storchschnabel, Phlox, Nelken und Skabiosen eignen sich dafür gut.

Die zweite Möglichkeit bietet sich vor allem an, wenn der Platz knapp ist. Wählen Sie einige Ihrer Lieblingsstauden und setzen Sie sie in separate Kübel, sodass sie mit anderen Pflanzen zu Gruppen arrangiert werden können. Ideal sind Hosta, aber auch Skabiosen oder die blaue Ballonblume *(Platycodon grandiflorus* 'Mariesii').

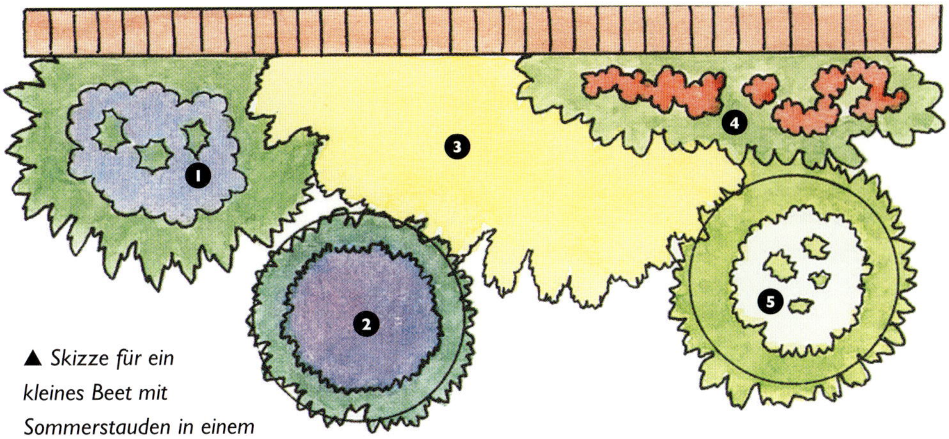

▲ *Skizze für ein kleines Beet mit Sommerstauden in einem Kübelgarten. Weiß blühende Blumen sorgen stets dafür, dass die Kombinationen anderer Blütenfarben ausgewogen wirken.*

1. *Delphinium* 'Blue Nile'
2. *Geranium* 'Johnson's Blue'
3. *Lupinus* 'Chandelier'
4. *Alcea* 'Chater's Double'
5. *Anthemis punctata* ssp. *cupaniana*

Herbst

Vielen Menschen gilt der Herbst als die schönste Jahreszeit. Der Sommer ist vorüber, die Ernte eingefahren, die Blätter an den Bäumen färben sich gelb und golden und fallen dann zu Boden. Die intensiven Farben des Sommers sind verblasst, Ruhe kehrt ein, Zeit sich zu entspannen.

Die Bedeutung der Herbstfarben

Die Herbstfarben währen nur kurz und sind stark vom Wetter abhängig – von Regen oder Sonne, Frost oder feucht-warmen Winden. Dennoch haben sie ihren besonderen Reiz, und jeder Garten, ob groß oder klein, sollte über einige Pflanzen verfügen, die sich zu dieser Zeit von ihrer besten Seite zeigen. Zu den schönsten Herbstpflanzen zählt zweifellos der Fächerahorn *(Acer palmatum)* mit vielen Zuchtformen. Meist sind es kleine, schirmförmige Bäume, die langsam wachsen und erst nach vielen Jahren zu groß für ihren Kübel werden. Im Sommer haben sie mittelgrünes Laub, doch im Herbst verwandeln sie sich in ein Feuerwerk in Orange, Gelb, Rot und Gold. Die Sorten 'Burgundy Lace', 'Butterfly', 'Garnet' und 'Red Pygmy' sind im gut sortierten Handel zu bekommen. Alle bevorzugen Sonne oder Halbschatten und einen leicht sauren Boden.

Ein weiterer Strauch, der nicht zu schnell wächst und eine wunderbare Herbstfärbung hat, ist der Federbuschstrauch *(Fothergilla major)*, der am besten auf neutralem bis saurem Boden gedeiht. Vom mittleren Frühling bis zum Frühsommer trägt er kleine, weiße Blütenähren. Im Herbst verfärbt sich sein Laub von Gelb über Orange, Rot und Bläulich bis Schwarz, ehe es abfällt. Mit dieser interessanten Färbung ist der Federbuschstrauch ein echter Blickfang.

Beerenschmuck

Da die Beeren auch bei Vögeln und Eichhörnchen sehr beliebt sind, bleiben

◀ Die leuchtend roten Beeren und das bronzefarbene Laub des Cotoneaster 'Cornubia' sind im Herbst eine Augenweide.

▶ *'Lucifer' ist eine kleinwüchsige Canna, die vom Hochsommer bis in den Herbst blüht. Sie braucht einen warmen Standort und bei Trockenheit reichlich Wasser.*

sie manchmal nicht lange an den Sträuchern. Vogelbeeren beispielsweise sind sehr schnell abgefressen. Weniger begehrt sind die kleinen Holzäpfel, die rot und gelb leuchten. Die Bäume haben außerdem im Frühling eine sehr hübsche Blüte. *Malus* 'John Downie' hat rote Früchte, 'Golden Dream' trägt gelbe Miniäpfel. Beide sind selbstbefruchtend und werden, sofern sie auf einer kleinwüchsigen Unterlage veredelt sind, nicht sehr groß.

Die Schneebeere *(Symphoricarpos × doorenbosii)* ist eine weitere gute Kübelpflanze. In Beeten ist sie eher unbeliebt, weil sie sich durch Ausläufer unkontrolliert ausbreitet. Die Beeren sind für Menschen schwach giftig und auch bei Vögeln nicht sonderlich beliebt, darum bleiben sie über mehrere Wintermonate am Strauch. Attraktive Sorten sind 'White Hedge' mit Trauben weißer Beeren sowie 'Mother of Pearl' mit rosa überhauchten Beeren.

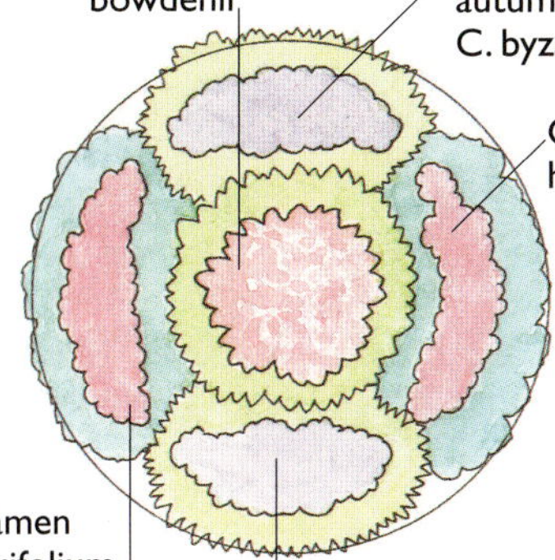

▲ *Zwiebelblüher für den Herbst eignen sich gut zum Verwildern in einer Grasfläche, wenn der Rasen nicht mehr gemäht werden muss.*

Feuerdorn *(Pyracantha)* ist für seine leuchtenden Früchte ebenso bekannt wie der Weißdorn *(Crataegus)*, der jedoch für den Kübelgarten rasch zu groß wird. Besser geeignet ist die Scheinbeere *(Gaultheria shallon* und *G. mucronata)*. Beide vermehren sich, wie die Schneebeere, durch Ausläufer und lassen sich darum in einem Kübel gut im Zaum halten. Sie benötigen ein saures Substrat und tragen auffällige, runde Beeren, deren Farbton je nach Sorte von Magenta bis Weiß rangiert.

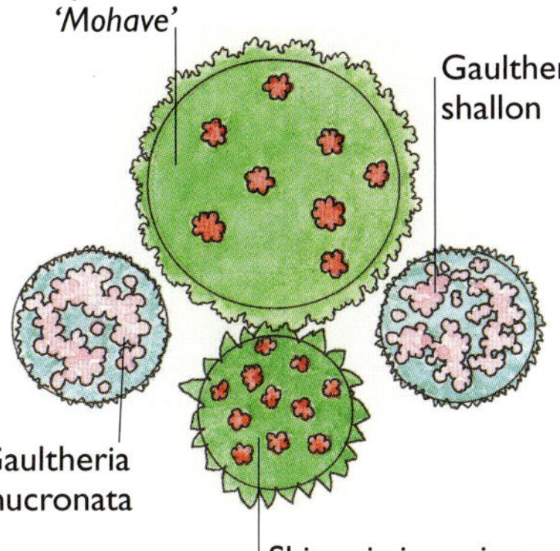

▲ *Achten Sie darauf, ob Sträucher im Herbst und Winter Beeren tragen. Sie sind für den Gärtner ebenso wie für die Vögel ein Gewinn.*

Ein weiterer ausgezeichneter Strauch für die Herbstfarbe ist die Skimmie *(Skimmia japonica)* mit vielen Sorten, die meist leuchtend rote Beeren tragen – sofern männliche und weibliche Pflanzen vorhanden sind.

Unter den Kletterpflanzen sind vor allem die Weinarten und die Jungfernrebe *(Parthenocissus tricuspidata)* für ihre schöne Herbstfärbung berühmt. Die Urform der Jungfernreben ist *P. quinquefolia*, die früher unter der treffenden lateinischen Bezeichnung *Vitis inconstans* bekannt war. Ihre Herbstfärbung dauert nur kurz an, ist aber umso beeindruckender. Auch die Zierweine haben leuchtende Farben. *V. coignetiae* und *V. vinifera* 'Purpurea' sind besonders bekannt. Das Laub des Goldhopfens *Humulus lupulus* 'Aureus' färbt sich goldgelb, ehe es zu Boden fällt. Unter den vielen Clematissorten ist vor allem die kleinblütige *Clematis tangutica* zu erwähnen, auf deren nickende, gelbe Blüten skurrile, silbrige Samenstände folgen.

Zwiebeln und Knollen

Die bekannteste Zwiebelblume für das ausklingende Jahr ist die Herbstzeitlose *(Colchicum)*, die – je nach Sorte – vom Spätsommer bis in den frühen Winter blüht. Bekannt ist vor allem *C. autumnale* mit rosafarbenen Blüten, aus der einige Zuchtformen entwickelt wurden. 'Alboplenum' blüht weiß, während 'Pleniflorum' rundliche Blüten in Rosa trägt. Lohnend sind auch *C. byzantinum* mit fliederfarbenen Blüten und *C. speciosum* in einem intensiveren Rosaton. Die Sorte *C. s.* 'Album' hat reinweiße, kelchförmige Blüten. Ungewöhnlich ist an allen Herbstzeitlosen, dass ihre Blüten vor den Blättern erscheinen. Die meisten verwildern gern in Wiesen, aber alle gedeihen auch im Kübel. Man pflanzt sie im Spätsommer in ein tiefes Gefäß mit durchlässigem Substrat.

Zwei weitere Zwiebel- oder Knollenpflanzen fühlen sich im Kübel wohl. Die Guernsey-Lilie *(Nerine bowdenii)* ist eine davon. Sie blüht am besten, wenn ihr Wurzelwerk den Topf ausgefüllt hat, und braucht einen warmen, sonnigen Standort. Ihre Rispen mit rosafarbenen Blüten erfreuen mehrere Wochen lang. Die zweite Gruppe sind die Herbstalpenveilchen oder

◀ *Die Blätter des Zierweins* Vitis vinifera *'Purpurea' färben sich im Herbst leuchtend dunkelrot. Die Trauben schmecken nicht.*

▶ *Niedrige Dahlien gedeihen auch in kleineren Kübeln gut. Zwergwüchsige Sorten werden nur etwa 60 cm hoch.*

Efeublättriges Alpenveilchen *(Cyclamen hederifolium* syn. *neapolitanum).* Ihre zierlichen Blüten stehen an schlanken Stielen über dem Laub. Sie gedeihen gut im Steingarten.

Dahlien

Dahlien sind neben Astern die Herbstblumen schlechthin. Kaum eine Pflanze ist so pflegeleicht und trägt so attraktive Blüten. Sie haben die Wahl unter mehr als 20000 Sorten. Dahlien werden anhand der Form ihrer Blüten in elf Gruppen aufgeteilt, darunter die Pompondahlien, die orchideenblütigen und die päonienblütigen. Einige haben mächtige Blüten mit mehr als 25 cm Durchmesser. Das Farbspektrum reicht von Rosa über Rot, Orange und Gelb bis Weiß. Wer Dahlien pflanzen möchte, sollte einen speziellen Katalog durchblättern und Sorten aussuchen, die in Typ, Größe und Farbe zum Garten passen. Die Rhizome werden im mittleren bis späten Frühling gepflanzt, wenn jegliche Frostgefahr vorüber ist. Schon bei der Pflanzung sollte man Stäbe einstecken. Die Rhizome werden mindestens 10 cm tief in nahrhaftes Substrat gepflanzt und zusätzlich mit einem phosphathaltigen Dünger (beispielsweise Knochenmehl oder Hornspäne) versorgt. Die jungen Triebe müssen vor Schnecken geschützt werden.

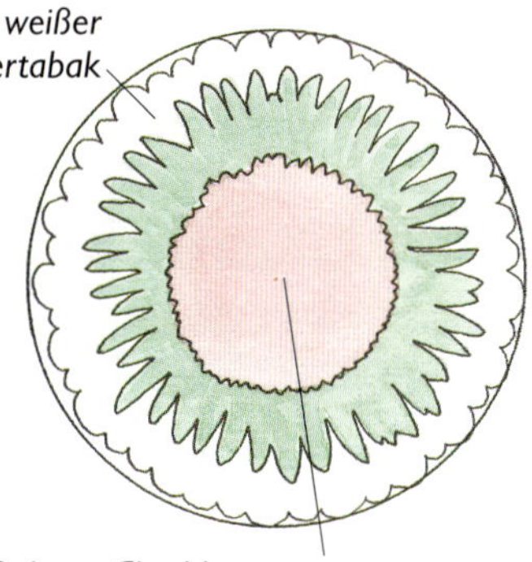

▲ *Bepflanzen Sie einen Kübel mit der Aster* novi-belgii *'Apple Blossom', und rahmen Sie sie mit* Nicotiana *'Domino White' ein.*

Stauden für die Herbstblüte

Die beliebtesten Herbststauden sind die Glattblattastern *(Aster novi-belgii)* und ihre Verwandten, die Raublattastern *(Aster noval-angliae).* Wenn viele andere Stauden ihre Hochzeit hinter sich haben, tragen beide Sorten ihre dichten Gruppen aus Strahlenblüten in verschiedenen Blau-, Lila- und Rosatönen sowie in Weiß. Die meisten haben in der Mitte ein gelbes Auge. Einige Sorten werden bis zu 1,2 m hoch und müssen gestützt werden. Vermeiden sie diese für den Kübelgarten. *A. n.-b.* 'Apple Blossom' blüht klarrosafarben, 'Marie Ballard' in einem zarten Hellblau. Eine weitere schöne Herbststaude ist die Hornnarbe *(Ceratostigma willmottianum)* mit hübschen, hellblauen Blüten, die an das Immergrün erinnern.

Ernte aus dem Kübel

Es ist erstaunlich, wie viele Obst- und Gemüsesorten man in einem kleinen Kübelgarten ziehen kann. Mit etwas Planung reifen nacheinander verschiedene Gemüsesorten, die viel besser schmecken als alles, was man im Supermarkt kaufen kann.

Planung und Pflanzung

Wer auf engem Raum Obst und Gemüse ziehen will, muss gut planen. Überlegen Sie genau, wie sich der vorhandene Platz optimal nutzen lässt. Obstbäume, die neben der herbstlichen Ernte eine schöne Frühlingsblüte haben, erfreuen somit doppelt. Minigemüse gedeiht sogar im Blumenkasten.

Planung ist das Zauberwort. Es hat keinen Sinn, ein ganzes Päckchen Salatsamen auszusäen, sodass hundert Köpfe gleichzeitig heranreifen. Sie müssen zuerst überlegen, wie viel Platz Sie für Obst und Gemüse reservieren wollen. Soll nur ein Kübel mit Gemüse bepflanzt werden, oder wollen Sie mehrere im Garten verteilen? Ist vielleicht eine sonnige Mauer vorhanden, an der man Spalierobst ziehen kann? Wie viele Pflanzbeutel wollen Sie auf einem Hof oder einer Terrasse auslegen? Wollen Sie nur Tomaten ziehen oder auch Gurken? Reicht der Platz für einige Kübel mit Erbsen oder Bohnen aus, die an einem Zeltgerüst aus Stäben ranken können? Denken Sie an einen Kräutertopf?

Nachdem diese Fragen beantwortet sind, müssen Sie sich entscheiden, was Sie gern essen und ernten möchten. Viele Gärtner lieben Kräutertöpfe oder ziehen Erdbeeren in Kübeln. Bei Gemüse muss man genau überlegen, welche Arten wann heranreifen und ob man zwei Sorten hintereinander ziehen kann.

Für die erfolgreiche Planung ist das wichtigste Kriterium die Zeit, die jede Gemüsesorte bis zur Erntereife braucht. Pastinaken beispielsweise müssen sehr früh im Jahr gesät werden, werden aber selten vor dem Spätherbst geerntet. Ihr grünes Laub sieht zwar im Sommer at-

◄ *Ein attraktiver Gemüsegarten mit Monatserdbeeren, Tomaten und Fenchel in Kübeln aus verzinktem Eisen.*

◀ *Kräuter und Gemüse können im Sommer sehr farbenfroh sein. Allerdings blühen nicht alle gleichzeitig.*

1. Stangenbohnen
2. Artischocken
3. Buschbohnen
4. Thymian
5. Tomate 'Tumbler'
6. Bohnen/violette Schoten
7. Minze
8. Petersilie
9. Zuckererbsen
10. Basilikum
11. Markerbsen 'Oregon'
12. Kapuzinerkresse
13. Ringelblumen
14. Lollo Rosso

traktiv aus, doch brauchen sie 10–11 Monate bis zur Erntereife und blockieren so wertvollen Platz. In einem traditionellen Küchengarten oder Gemüsebeet mit ausreichend Platz ist das kein Problem. In einem kleinen Garten jedoch, wo jede Pflanze ihren Platzbedarf rechtfertigen muss, kann man sich diesen Luxus kaum leisten.

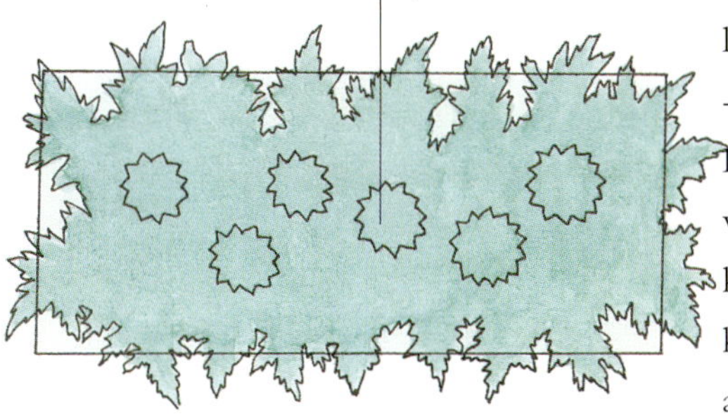

▲ *Topinambur gedeiht gut im Kübel und setzt einen vertikalen Akzent im Kübelgarten. Die hohen Pflanzen brauchen jedoch eine Stütze.*

Pflanzen Sie die Setzlinge mit geringeren Abständen, als es für das Beet empfohlen wird, und bevorzugen Sie Salate und andere Gemüsearten mit kurzer Reifezeit, um den knappen Raum mehrmals im Jahr zu nutzen. Bedenken Sie, wie groß die Pflanzen werden. Düngen Sie reichlich, denn der Nährstoffbedarf ist in Kübeln größer als im Beet.

Und vergessen Sie auch nicht das Aussehen Ihrer Kübel. Wählen Sie möglichst Gemüsearten, deren Blattform und -farbe interessante Kontraste bilden. Denken Sie daran, wie die Pflanzen während der Reifung aussehen. Abwelkendes, umfallendes Zwiebellaub ist keine Augenweide, und auch ein halb abgeernteter Brokkoli besticht nicht gerade durch Schönheit. Manche Gemüsesorten sollte man auf engem Raum darum besser vermeiden.

Senkrecht denken

Selbst im Gemüsegarten sollte man die Dimension der Höhe bedenken. Topinambur beispielsweise kann man in einen separaten Kübel setzen. Die Pflanzen bleiben bis zur Ernte der Knollen im Herbst im Boden. Sie sehen attraktiv aus, eignen sich zudem für köstliche Suppen, neigen im Beet aber zum aggressiven Wuchern. Auch Erbsen und Stangenbohnen gehören zu den Gemüsesorten, die den Blick in die Höhe lenken. Erbsen gedeihen gut im Kübel und klettern gern an einem kleinen Spalier oder an Zweigen. Kaiserschoten sind besonders schmackhaft, letztlich ist die Sortenwahl aber eine Frage der persönlichen Vorlieben. Auch Stangenbohnen wachsen gut im Kübel und sind mit ihren Blüten in Rot, Weiß oder Rosa obendrein sehr ansehnlich.

Kräuter

Kräuter gehören zu den interessantesten Pflanzen für jeden Garten. Viele Menschen meinen, sie werden ausschließlich für die Küche benötigt. Tatsächlich wurden sie ursprünglich wegen ihrer Heilkräfte kultiviert. Kräuterlisten wurden auf 5000 Jahre alten sumerischen Schrifttafeln entziffert.

Viele Gärtner, ob sie nun einen großen oder einen winzigen Garten besitzen, ziehen Kräuter in Kübeln. Das hat viele Vorteile. Kübel kann man auf die Terrasse oder neben die Küchentür stellen, wo sie beim Kochen schnell und trockenen Fußes geerntet werden können. Viele Kräuter, vor allem Minze, neigen zum Wuchern und lassen sich in einem Kübel besser bändigen. Einige Kräuter sind frostempfindlich und können im Kübel drinnen überwintert werden.

Kräuter sind faszinierend. Wer genug Platz hat, könnte sich auf einen bestimmten Aspekt konzentrieren und beispielsweise Duft-, Heil- oder Küchenkräuter aus aller Welt zusammentragen. Für einen Kübel mit blühenden Heilkräutern bieten sich beispielsweise Steinquendel *(Calamintha)*, Kalifornischer Kappenmohn *(Eschscholzia)*, Kornblumen *(Centaurea)*, Beinwell *(Arnica)* und Waldmeister *(Galium)* an. In einen Kübel mit duftenden Kräutern könnte man

▶ *Thymian wird auch gern als Steingartenpflanze gehalten. In den bergigen Regionen des Mittelmeerraums wächst er wild.*

Heliotrop (auch Vanilleblume, *Heliotropium*), Nachtviole *(Hesperis)*, Ysop *(Hyssopus)*, Wilde Bergamotte *(Monarda)*, Süßdolde *(Myrrhis)* und Duftblattpelargonien *(Pelargonium)* und Duftveilchen *(Viola odorata)* pflanzen.

Kübel mit Küchenkräutern lassen sich einer bestimmten Art widmen, etwa der Minze, oder man wählt Kräuter einer speziellen Region. Mittelmeerraumkräuter bieten sich an, wenn man eine offene, sonnige Terrasse besitzt, auf der sich Thymian, Oregano, Majoran, Salbei, Rosmarin und andere Arten, die trockene Wärme lieben, wohl fühlen. Vor allem Salbei gibt es in vielen Sorten mit Blättern in unterschiedlichen Grün- und Rottönen.

Beliebte Küchenkräuter

Schnittlauch – eignet sich auch als dekorative Einfassung von Kübeln. Blüten und Halme sind essbar, beide haben einen kräftigen Zwiebelgeschmack. Die Halme kann man gut einfrieren und im Winter verwenden, wenn die Pflanze das Laub einzieht. Man sät Schnittlauch im Frühling im Haus in Schalen aus und pflanzt ihn in Gruppen von zwei bis drei Sämlingen aus. Größere Horste können nach drei bis vier Jahren im Frühling oder Herbst geteilt werden. Schnittlauch sieht auch in Töpfen seht schön aus.

Minze – in der Küche werden vor allem Pfefferminze und Krauseminze verwendet. Krauseminze schätzt man für Saucen und kühle Sommergetränke. Empfehlenswert ist außerdem die Apfelminze mit den attraktiven grün-weißen Blättern sowie Bowles' Minze, die ausgezeichnet zu neuen Kartoffeln schmeckt.

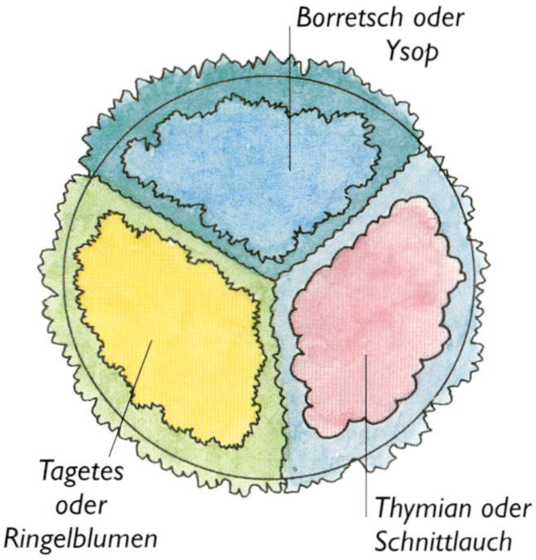

▲ *Heil- und Küchenkräuter gibt es in vielen Farben. Mit etwas Sorgfalt lässt sich mit ihnen ein Farbkreis im Kübel gestalten.*

◀ *Salbei mit verschiedenen Blattfarben sieht hübsch im Kräutergarten aus. Das Foto zeigt* Salvia officinalis *'Purpurascens' und 'Icterina'.*

Minzepflanzen sollte man in einer guten Gärtnerei kaufen. Bei der Anzucht aus Samen erlebt man oft Überraschungen, denn die Sorten kreuzen sich leicht und unkontrolliert. Man vermehrt Minze durch Teilung. Beim Berühren der Pflanze ist Vorsicht geboten, denn die behaarten Blätter können Hautreizungen verursachen. Tee aus Minzearten sollte man nicht über einen längeren Zeitraum regelmäßig trinken.

Oregano – ein beliebtes Kraut aus dem Mittelmeerraum zum Würzen von Nudel- und Schmorgerichten. Die buschige

◀ Origanum vulgare *'Aureum' ist eine Zuchtform des Oregano, der auch als Wilder Majoran bezeichnet wird.*

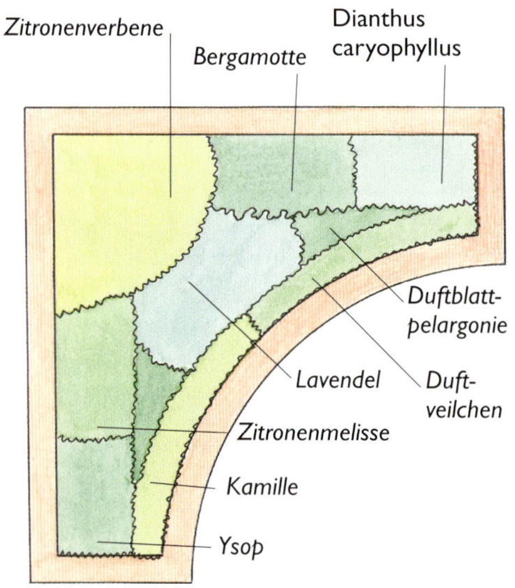

▲ *Ein kleines Hochbeet in einer sonnigen Ecke ist ideal für viele Küchenkräuter. Einige haben angenehm duftende Blätter.*

Rhizomstaude hat aufrechte Triebe. Die Blüten, die zahlreiche Bienen und andere Insekten anlocken, sind meist rosaweiß und von dunkelroten Brakteen umgeben. Es gibt einige Farbvarianten. Zu den besten Gartensorten gehören 'Aureum' (goldfarbene Blätter), 'Aureum crispum' (gekräuselte, goldfarbene Blätter) und 'Compactum' (gedrungener Wuchs). 'Heiderose' ist eine aufrechte Sorte mit rosafarbenen Blüten. Oregano sät sich selbst aus oder wird im Frühling geteilt.

Petersilie – eine zweijährige Pflanze, die man am besten einjährig kultiviert. Sie keimt nur langsam und verlangt hohe Temperaturen. Manche Gärtner säen sie erst im Sommer aus. Man kann die Samen aber auch in heißem Wasser einweichen oder nach der Direktsaat im Beet mit heißem Wasser begießen.

Rosmarin – gedeiht im Kübel an einem geschützten Platz sehr gut. Die Pflanze aus dem Mittelmeerraum verträgt leichten Frost. Sie blüht bereits im ausgehenden Winter. Der Strauch sieht leicht struppig und unordentlich aus, darf aber nicht zu stark beschnitten werden, weil er nicht aus dem Holz austreibt.

Salbei – *Salvia officinalis* ist seit Jahrhunderten als Würzkraut bekannt. Die Blätter lassen sich auch gut für den Wintervorrat trocknen. Traditionell verwendet man sie zusammen mit Zwiebeln zu gebratenem Geflügel. Man sät Salbei im Frühling im kalten Frühbeet aus oder schneidet im Sommer halb verholzte Stecklinge. Es gibt eine Reihe von Sorten mit farbigen Blättern, die besonders attraktiv aussehen.

Thymian – Es gibt verschiedene Thymiansorten mit unterschiedlichen Geschmacksnuancen. Thymian mit leichtem Kümmelgeschmack ist das traditionelle Gewürz zu Rinderbraten. Man sät Thymian im Frühling im kalten Frühbeet aus oder schneidet im Sommer halb verholzte Stecklinge.

▶ *Kleine Rosmarinpflanzen kann man zu einer niedrigen Hecke stutzen. Rosmarin bevorzugt einen geschützten Standort.*

Kräuter für den Kübelgarten

Duftkräuter
Duftnessel, *Agastache foeniculum*
Zitronenverbene, *Aloysia triphylla*
Steinquendel, *Calamintha grandiflora*
Römische Kamille, *Chamaemelum nobile*
Gartennelke, *Dianthus caryophyllus*
Waldmeister, *Galium odoratum*
Heliotrop, *Heliotropium arborescens*
Nachtviole, *Hesperis matronalis*
Ysop, *Hyssopus officinalis*
Jasmin, *Jasminum officinale*
Lavendel, *Lavandula*
Zitronenmelisse, *Melissa officinalis*
Bergamotte, *Monarda didyma*
Duftblattpelargonie, *Pelargonium*
Heckenrose, *Rosa rugosa*
Duftveilchen, *Viola odorata*

Küchenkräuter
Duftnessel, *Agastache foeniculum*
Dill, *Anethum graveolens*
Kerbel, *Anthriscus cerefolium*
Estragon, *Artemisia dracunculus*
Borretsch, *Borago officinalis*
Kümmel, *Carum carvi*
Koriander, *Coriandrum sativum*
Lorbeer, *Laurus nobilis*
Basilikum, *Ocimum basilicum*
Majoran, *Origanum majorana*
Kapuzinerkresse, *Tropaoleum majus*

Heilkräuter
Arnika, *Arnica montana*
Borretsch, *Borago officinalis*
Ringelblume, *Calendula officinalis*
Wiesenschaumkraut, *Cardamine pratensis*
Roter Sonnenhut, *Echinacea purpurea*
Natternkopf, *Echium vulgare*
Mädesüß, *Filipendula ulmaria*
Ruprechts-Storchschnabel, *Geranium robertianum*
Ysop, *Hyssopus officinalis*
Margerite, *Leucanthemum vulgare*
Poleiminze, *Mentha pulegium*
Süßdolde, *Myrrhis odorata*
Krause Petersilie, *Petroselinum crispum*
Salbei, *Salvia officinalis*
Mutterkraut, *Tanacetum parthenium*
Rainfarn, *Tanacetum vulgare*

Blühende Kräuter
Schafgarbe, *Achillea millefolium*
Grasnelke, *Armeria maritima*
Gänseblümchen, *Bellis perennis*
Borretsch, *Borago officinalis*
Ringelblume, *Calendula officinalis*
Kornblume, *Centaurea cyanus*
Gartennelke, *Dianthus caryophyllus*
Jasmin, *Jasminum officinalis*
Goldmelisse/Indianernessel, *Monarda didyma*
Duftblattpelargonie, *Pelargonium*
Tagetes, *Tagetes patula*
Duftveilchen, *Viola odorata*

Obst

Obst im Kübel muss meist an einer Wand gezogen werden. Nur im Dachgarten können Sträucher und kleine Obstbäume auch frei stehen. Erdbeeren sind eine weitere Ausnahme: Sie gedeihen in Kübeln oder Erdbeertöpfen. Die Größe des Gartens bestimmt, was Sie ernten können.

Wer Obst im Blumenkasten ziehen will, muss sich auf Walderdbeeren beschränken, die zwischen andere Kräuter oder Gemüse gepflanzt werden. Auf einem Balkon oder einer Terrasse hängen die Möglichkeiten hauptsächlich vom Platz und der Himmelsrichtung ab. In Dachgärten ist es zu windig.

Begrenzte Auswahl

Wer keine warme Mauer zur Verfügung hat oder eine nach Norden oder Osten gelegene Terrasse besitzt, hat nur eine begrenzte Auswahl. Schattenmorellen gedeihen gut an einer Nordwand. Einige robuste Apfelsorten, denen späte Fröste nichts ausmachen, tragen auch an einer Ostwand Früchte, wenngleich nicht so viele wie in einer sonnigeren Lage. Birnen blühen früher als Äpfel und sind daher durch Frost stärker gefährdet; sie brauchen mindestens eine Südostmauer. Einige Pflaumen, vor allem die beliebte Sorte 'Victoria', bringen auch bei mäßiger Sonnenbestrahlung recht gute Erträge, sofern sie im zeitigen Frühling vor Spätfrösten geschützt werden. In kühleren Regionen wird man mit Johannisbeeren an einer Mauer mehr Erfolg haben als mit Steinobst. Wer in einem sehr schattigen Garten einen Obstbaum pflanzt, sollte aufgeben, wenn dieser nach drei Jahren noch keine Blüten und Früchte trägt.

Empfindliche Früchte im Freien

Obstbäumchen in Kübeln müssen nicht zwangsläufig das ganze Jahr über im Freien stehen. Jede Terrasse gewinnt

▲ *Ein Apfelbaum in einem kleinen Beet kann an einem Wandspalier erzogen werden. Auf Seite 114/115 wird der Schnitt beschrieben.*

▲ *Wählen Sie bei der Pflanzung eines Obstbaums einen etwas größeren Kübel. Beim Einsetzen die Pflanztiefe wie vorher einhalten.*

▲ *Kleine Orangen- und Zitronenbäumchen verbringen gern den Winter in der Wohnung und den Sommer auf einer sonnigen Terrasse.*

Obstbäume richtig schneiden

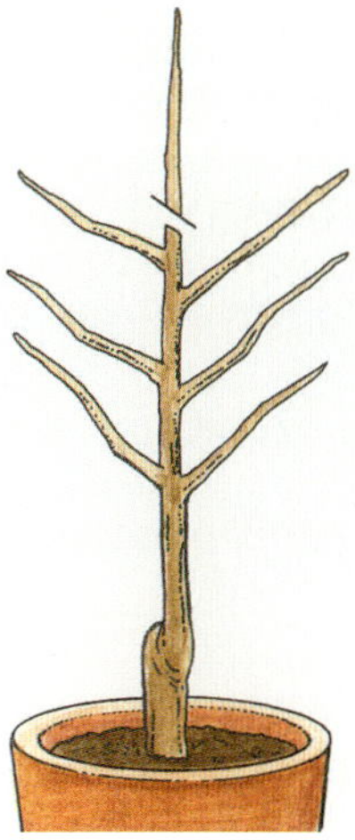

1 Um einen Obstbaum klein zu halten, schneidet man im ersten Winter den Leittrieb auf die gewünschte Länge. Es sollen 4 kräftige Zweige entstehen.

2 Den Leittrieb entfernen und 4 Zweige auswählen, die in einem günstigen Winkel stehen. Alle anderen Triebe abschneiden, die ausgewählten Triebe kürzen.

3 Am Ende des zweiten Jahres haben sich Verzweigungen gebildet. Acht davon auswählen und wie im Vorjahr beschneiden. Innere Zweige zurückschneiden.

beispielsweise durch einen kleinen Zitrusbaum. Orangen und Zitronen verbringen den Sommer gern im Freien, werden im Winter jedoch wie Zimmerpflanzen gepflegt. Besonders geeignet sind die kleinwüchsigen Sorten von × *Citrofortunella microcarpa* (Calamondin-Orange) sowie einige kleine Zitronensorten. Im Winter brauchen diese Pflanzen eine Mindesttemperatur von 10 °C. Nach einer Phase der Gewöhnung können sie über den Sommer ins Freie gestellt werden.

Tipps und Tricks

Der Erfolg steht und fällt mit dem Platzangebot und dem Schnitt. Cordonobst nimmt besonders wenig Platz ein – etwa 1,8 m × 1,2 m. Fächerförmig gezogene Bäume können, je nach Art der Veredelungsunterlage, den dreifachen Raum verlangen. Messen Sie die Fläche aus, und planen Sie entsprechend. Auch Säulenbäumchen, die frei stehen können und in einem oder mehreren Kübeln einen hübschen Blickfang abgeben, sind eine Überlegung wert. Sie verzweigen sich nicht vom Stamm aus und werden ca. 2 m groß. Weil der Pflanzabstand nur 60 cm groß sein muss, kann man zwei Bäumchen in einen großen Kübel pflanzen. Achten Sie aber vor allem auf die Veredelungsunterlage des gewählten Baums. Wählen Sie einen Baum auf einer zwerg- oder schwachwüchsigen Unterlage, sonst wird er schnell zu groß für den Kübel. Und schließlich erkundigen Sie sich, ob die gewählte Sorte selbstbestäubend ist. Handelt es sich um einen Fremdbestäuber, brauchen Sie einen zweiten Baum zur Fruchtbildung.

▶ *Weinreben in großen Kübeln ranken über eine Pergola und gliedern so den kleinen Garten in mehrere Bereiche.*

Ungewöhnliche Obstsorten

Ein kleiner Garten sollte Sie nicht davon abhalten, Obst zu ziehen. Selbst wenn der Platz für Äpfel oder Birnen nicht ausreicht, kommen immer noch Johannisbeeren oder ungewöhnlichere Beerenfrüchte infrage, die wenig Platz einnehmen. Leider sind sie im Handel selten zu bekommen.

Es gibt eine Reihe ausgezeichneter Obstsorten, die der Kübelgärtner in Erwägung ziehen sollte.

Feigen – ein idealer Baum für den Kübel, denn im Boden breiten sich die Wurzeln oft stark aus, sodass der Baum schnell wächst, aber kaum Früchte trägt. Feigen kann man an einem einigermaßen warmen Standort im Freien halten. Sie reifen am besten in Regionen, in denen starker Frost nur selten vorkommt. In kälteren Gebieten gedeihen sie besser im Gewächshaus. Feigen müssen speziell beschnitten werden, wenn sie Früchte tragen sollen. Informieren Sie sich darüber in einem Fachbuch. Die jungen Früchte brauchen einen Winterschutz.

Pflaumen – eine gute Wahl für eine geschützte Terrasse, weil sie zeitig im Frühling blühen. Bei verspäteten Frosteinbrüchen muss die Blüte allerdings geschützt werden. Wählen Sie Sorten, die auf einer zwergwüchsigen Unterlage veredelt sind. In manchen Jahren tragen die Bäume ungewöhnlich viele Früchte. Dann sollten Sie den Behang ausdünnen, damit die Zweige unter dem Gewicht nicht brechen. Wer nur für einen Pflaumenbaum Platz hat, sollte eine saftige Dessertsorte wählen und den Baum an einer Wand ziehen.

Süß- und Sauerkirschen – Neuere Veredelungsunterlagen machen es möglich, Kirschbäume im Kübel als Fächer zu ziehen. Sie brauchen dann nur eine Wandfläche von 1,8 m in der Höhe und 3,5 m in der Breite. Außerdem gibt es

◀ *Feigenbäume tragen an warmen Mauern Früchte. Die Wurzeln dürfen nicht zu viel Platz zur Ausbreitung haben. Der Rückschnitt wird in Fachbüchern ausführlich erklärt.*

Kulturbeeren ziehen und schneiden

1 Kulturbeeren bilden alljährlich neue Triebe, die senkrecht und dann horizontal angebunden werden. Abgeerntete Triebe des Vorjahres abschneiden.

2 Wählen Sie 6 kräftige Triebe und binden Sie diese wellenförmig an Spanndrähten fest. Sind alle Triebe angebunden, bilden sie ein Muster wie in Zeichnung 3.

3 So sieht der Strauch am Ende des Jahres aus. Neue Triebe senkrecht anbinden, die abgeernteten Triebe wieder über dem Boden abschneiden.

heute viele selbstbestäubende Sorten. Die aromatische Schattenmorelle, eine Sauerkirsche, gedeiht sogar an einer Nordwand und hat einen ähnlichen Platzbedarf. Wenn die Früchte reifen, lassen sich Kirschen am Spalier recht einfach mit einem Netz vor gefräßigen Vögeln schützen. Wer diese Mühe scheut, muss die Früchte wohl oder übel mit den Vögeln teilen.

Pfirsiche – In milden Regionen kann man Pfirsiche durchaus ins Freiland pflanzen, doch ist ihre Pflege keineswegs einfach. Wer einen Pfirsichbaum in seinem Garten halten möchte, sollte sich unbedingt vorher in der einschlägigen Fachliteratur eingehend informieren. Soll der Baum als Fächer erzogen werden, müssen vier Bedingungen erfüllt sein. Es muss eine Wandfläche von 1,8 m × 3,5 m vorhanden sein. Sie brauchen eine Konstruktion aus stabilen Spanndrähten, an denen die Zweige mit Stäben angebunden werden. Sie müssen Zeit und Geduld haben, um den Fächer sorgfältig zu erziehen. Ferner müssen Sie wissen, dass Pfirsiche am Holz des vorigen Jahres tragen und dies beim Rückschnitt berücksichtigen. Schließlich müssen Sie die Pflanzen im Winter gegen häufig auftretende Krankheiten spritzen.

Beerenfrüchte

Johannisbeeren – Sie gedeihen auch gut in kühleren Regionen. Schwarze, weiße und rote Johannisbeeren wachsen gut im Kübel und können an einer Wand als Cordon oder Spalier gezogen werden.

Kultursorten – Stachellose Brombeeren, Jostabeeren und Loganbeeren sind nur einige der Zuchtformen, die gut in einem Kübel an einer Wand gedeihen. Spanndrähte brauchen sie alle, doch sie sind einfach zu ziehen und weitaus besser geeignet als Himbeeren, die für den Kübel zu wüchsig sind.

Erdbeeren – die Lieblingsfrucht des Kübelgärtners. Erdbeeren sehen mit ihren weißen Blüten und den hübschen roten Früchten in Kübeln und Töpfen zauberhaft aus. Wer sie in Pflanzbeuteln kultivieren will, pflanzt sie im Spätsommer, sodass sie im folgenden Jahr Früchte tragen. Erdbeerpflanzen können zwei Jahre lang in den Pflanzbeuteln bleiben, besser ist es jedoch, sie alljährlich zu erneuern. Weil sie einen sehr hohen Nährstoffbedarf haben, müssen sie schon bei der Pflanzung mit einem Langzeitdünger versorgt werden.

Gemüse

Wegen des begrenzten Platzes ist es im Kübelgarten anzuraten, sich auf wenige Lieblingssorten zu beschränken. Wählen Sie schnell reifende Sorten, die speziell für Kübel und Kästen gezüchtet wurden, sowie einige Spezialitäten für besondere Anlässe.

Es gibt viele Gründe, Gemüse im Kübel zu ziehen. Man kann es taufrisch ernten und verwerten, es schmeckt viel besser als die Ware aus dem Geschäft, man kennt Wachstumsbedingungen und Hilfsstoffe wie Düngemittel genau – und es ist befriedigend, etwas so Konkretes zur Ernährung der Familie beizutragen.

Der Gemüsegarten im Kübel muss genau geplant werden. Der Platz ist knapp, darum können von jeder Sorte nur einige Pflanzen gezogen werden. Informieren Sie sich zuerst, wie viel Platz die ausgewachsenen Pflanzen einnehmen, und versuchen Sie, Samen für die Miniversionen zu bekommen, die speziell für Kübel und Kästen gezüchtet wurden. Bevorzugen Sie Sorten, die auf geringem Raum möglichst hohe Erträge bringen.

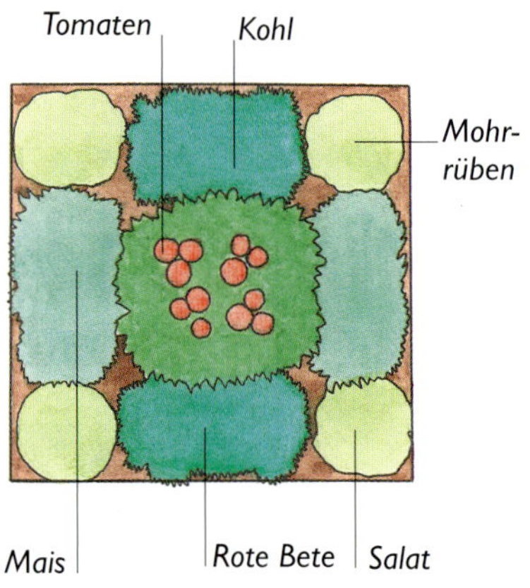

▲ *Viele Gemüsesorten gedeihen gut im Kübel. Bevorzugen Sie Minisorten, die ebenso gut schmecken wie ihre großen Verwandten.*

Auberginen – Dieses Gemüse braucht einen warmen, geschützten Standort, um gut zu gedeihen. Wenn man ihr sogar einen vollsonnigen Platz bieten kann, wächst und fruchtet sie gut. Am besten sät man sie im Frühling im Haus direkt in Kübel, die im Frühsommer ins Freie gestellt werden. Für ein optimales Wachstum sollten die Temperaturen tags und nachts zwischen 16 und 18 °C liegen. Auberginen haben lange Wurzeln und benötigen darum einen tiefen Kübel mit nahrhaftem Substrat. Sie brauchen etwas Zeit, um sich zu entwickeln, und müssen während der Wachstumsperiode regelmäßig gegossen werden. Man sät sie im Frühling im Haus bei Temperaturen zwischen 21 und 30 °C.

Erbsen – eines der köstlichsten und beliebtesten Gemüse, das aber nicht ganz unproblematisch ist, weil auch Vögel und Mäuse ihre Freude daran haben. Einerseits keimen Erbsen nur widerwillig in kaltem Boden, andererseits brauchen sie einen eher kühlen Standort und gedeihen in offenen Lagen nur schlecht. Im Kübel wachsen sie jedoch recht gut und eignen sich an einem kleinen Spalier auch als Blickfang. Lesen Sie aber beim Samenkauf die Angaben über die Wuchshöhe, die je nach Sorte zwischen 50 cm und 1,5 m variieren kann. Liegt die Terrasse oder der Dachgarten eher offen, ist ein gewisser Schutz vor Wind und auch vor Vögeln erforderlich. Die reifen

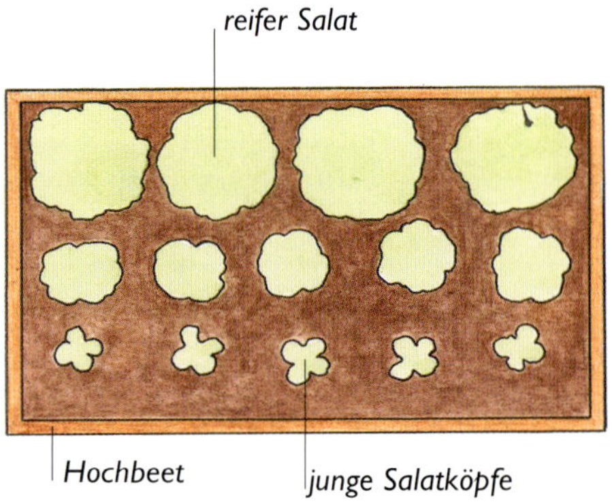

▲ *Damit laufend geerntet werden kann, legt man Salat in Folgesaaten. Es gibt viele köstliche Sorten wie 'Salad Bowl' und 'Lollo Rosso'.*

Erbsen sollten nach der Ernte sofort gekocht werden, weil vom Augenblick des Pflückens an sich der Zucker allmählich in Stärke verwandelt. Wer Platz für mehr als einen Kübel hat, sollte von Frühling bis Frühsommer Folgesaaten legen.

Gurken – Freilandgurken waren lange Zeit unbeliebt, weil sie wenig Ertrag brachten und die knappen Früchte oft auch noch klein, unförmig und bitter waren. Inzwischen wurden aber neue Sorten gezüchtet, die auch in kühleren Gegenden gedeihen und lange, glatte, bitterfreie Früchte tragen. Die Samen werden hochkant in Torftöpfe oder direkt an Ort und Stelle in den Boden gesteckt, wo sie bei 20 °C keimen. Gurken mögen nicht umgepflanzt werden.

Kohl – Auf dem engen Raum im Kübelgarten ist Kohl keine bevorzugte Sorte, andererseits wächst er recht kompakt und vor allem Rot- und Wirsingkohl können durchaus dekorativ aussehen. Die meisten Kohlsorten sind im Herbst erntereif, es gibt aber auch einige Sorten, die im Frühling geerntet werden und so für frische Vitamine zeitig im Jahr sorgen. Aus Platzmangel sät man Kohl in Folgesaaten vom zeitigen Frühling bis zum Frühsommer. Frühlingskohl wird im Spätsommer gesät.

▶ *Roter Mangold sieht mit seinen leuchtenden Blattstielen interessant aus. Man bereitet ihn wie Spinat zu.*

Kopfsalat – eine gute Wahl für den Kübelgarten. Salat wächst schnell, braucht wenig Platz und kann auch zwischen andere Gemüsepflanzen gesät werden. Das ist besonders praktisch, wenn Pflanzen abgeerntet sind und so Lücken entstehen. Im Kübelgarten besteht zudem kaum das Risiko, dass zu viele Salatpflanzen gleichzeitig erntereif sind. Damit aber eine Versorgung über einen möglichst langen Zeitraum gewährleistet ist, sollte die Aussaat sorgfältig geplant werden. Der Kübelgärtner sollte nicht an Ort und Stelle säen, sondern besser nach Bedarf je zwei Samenkörner in Torftöpfe geben. Keimen beide, wird der schwächere entfernt. Vor dem Umpflanzen in den Kübel müssen die Pflanzen abgehärtet werden. Probieren Sie neben dem Kopfsalat auch Eisberg- oder Romanasalat.

Andere Blattsalate – Dunkelgrüne, zarte Blätter geben belegten Broten und Salaten ein pikantes Aroma. Wenige Blättchen Rauke, Feldsalat oder Gartenkresse reichen schon aus, um einem Gericht mehr Pepp zu geben. Am besten legt man Folgesaaten von Mai an.

Für noch mehr Abwechslung sorgen fertige Mischungen verschiedener Blattsalate wie der südfranzösische Mesclun. Auch diese Mischungen werden in zweiwöchentlichen Intervallen gesät. Sie wachsen schnell und können schon nach etwa drei Wochen geerntet werden.

Mohrrüben – Im Gemüse-Kübelgarten muss man sich auf Mohrrübensorten beschränken, die eine kurze, gedrungene Form haben. Die größeren Wintermohrrüben brauchen zu lange bis zur Erntereife. Außerdem müssen Mohrrüben in einen tiefen Kübel gesät werden. In einem flachen Pflanzbeutel gedeihen sie nicht. Das fiedrige grüne Laub bildet einen schönen Kontrast zu anderen Gemüsesorten, die man mit Mohrrüben zusammen in einen Kübel pflanzen kann. Man sät sie sehr dünn an Ort und Stelle oder in Torftöpfen, in denen sie später ausgepflanzt werden. Ideal sind Folgesaaten in Abständen von zwei Wochen, sodass man laufend ernten kann.

Paprika – ursprünglich stammt dieses Gemüse aus den Tropen, doch inzwischen gibt es Züchtungen, die auch in kühleren Regionen gedeihen. Der ideale Platz ist eine warme Terrasse. Paprika ist eine beliebte Salatzutat, man kann sie aber auch grillen oder füllen. In Wuchs und Ansprüchen ähneln sie den Tomaten. Man zieht sie entweder im Gewächshaus

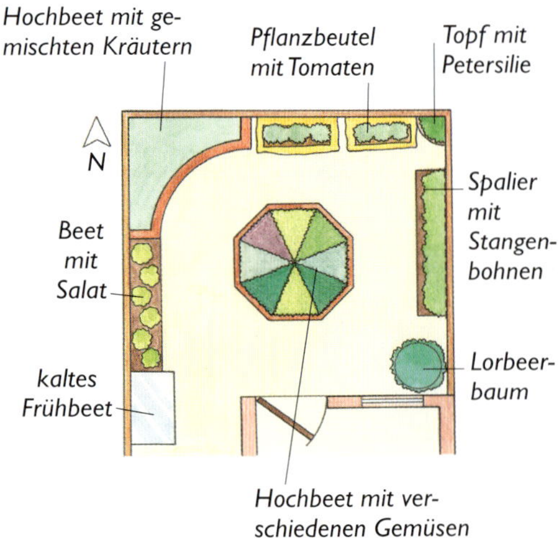

▲ Ein kleiner Gartenhof mit allerlei Sommergemüse. Im Winter könnte das Hochbeet mit Stiefmütterchen bepflanzt werden.

◀ Die Salatssorte 'Salad Bowl' setzt einen Farbakzent. Säen Sie Salat in kleinen Mengen aus, sonst reift zu viel gleichzeitig heran.

Tomaten im Kübel anbinden

1 Strauchtomaten im Kübel werden an 1,2 m langen Stangen angebunden. Am besten fixiert man die Stangen zur Sicherheit an der rückwärtigen Wand.

2 Wenn die Pflanzen wachsen, bindet man den Leittrieb an und kneift die Seitentriebe aus, die in den Blattachseln erscheinen. Das Gießen nicht vergessen.

3 Wenn die Pflanze 4 Trauben Früchte angesetzt hat oder zu groß wird, wird der Leittrieb über dem zweiten Blatt über dem obersten Fruchttraube abgeknipst.

oder im Freien. Gesät wird Paprika im Haus bei 21 °C. Die Samen keimen binnen 14–21 Tagen.

Radieschen – eines der unkompliziertesten Gemüse, das sich auch bestens eignet, um Kinder einzubeziehen. Radieschen keimen schnell und können schon nach etwa einem Monat geerntet werden. Gärtner mit großem Gemüsebeet verwenden sie gern als Markiersaat zwischen anderen, langsam keimenden Gemüsearten. Wer experimentierfreudig ist, könnte auch Winterradieschen oder japanischen Rettich ausprobieren.

Für den Kübelgarten eignen sich vor allem die kugelrunden Sommer-

▶ *Auberginen sind ungewöhnliche Pflanzen, die im großen Kübel auf einer sonnigen Terrasse gut gedeihen. Man pflegt sie wie Gemüsepaprika.*

◀ *Eichblattsalat ist ein Pflücksalat, von dem man nur so viel erntet, wie man gerade braucht. Er ist auch optisch eine Bereicherung.*

▼ *Neue Gurkensorten gedeihen gut im Freiland und tragen große, milde Früchte.*

Stangenbohnen

Bohnen sind unkompliziert. Zieht man die Pflanzen an Stangen vor einer Wand, bilden sie mit ihren leuchtend roten, weißen oder rot-weißen Blüten einen fröhlichen Hintergrund. Kleinwüchsige Sorten werden nur 50 cm hoch und gedeihen sogar in Blumenkästen und Trögen. Stangenbohnen brauchen einen sehr nahrhaften Boden. Sobald sich die ersten Schoten bilden, muss regelmäßig geerntet werden. Man legt jeweils zwei Samen in einen Topf (8 cm Durchmesser) und entfernt den schwächeren Keimling. Ausgepflanzt wird erst, wenn die Frostgefahr vorüber ist.

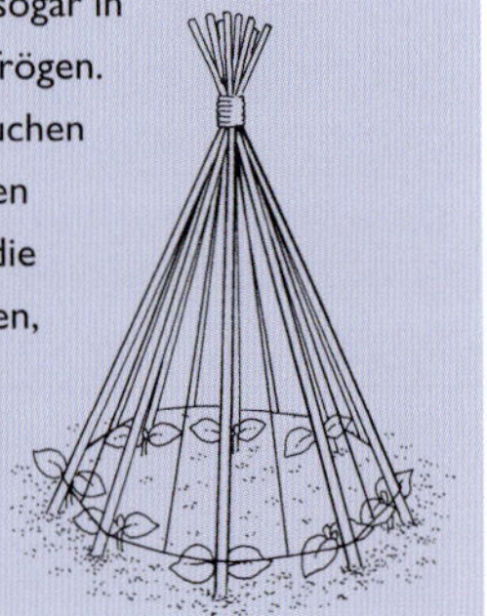

radieschen, die man gut mit Salat und Mangold kombinieren oder zum Füllen der Lücken zwischen Kohlgewächsen verwenden kann.

Rote Bete – ein köstliches Gemüse, vor allem ganz frisch gedünstet mit Butter und Knoblauch eine Delikatesse. Die Blätter sind sehr dekorativ, darum ist ein Kübel mit Roter Bete auch ein Schmuck für die Terrasse. Man sät ab dem mittleren Frühling, wenn sich der Boden erwärmt hat, direkt in den Kübel. Weichen Sie die Samen über Nacht in Wasser ein, dann keimen sie binnen 10–14 Tagen.

Tomaten – Freilandtomaten sind recht unkompliziert und zählen zu den besten Gemüsearten für den Kübel. Die Blüten und Früchte sind attraktiv, doch am besten gedeihen die Pflanzen in warmem Klima. Wer ihnen nicht ausreichenden Windschutz und die Wärme einer Südwand bieten kann, darf keine großen Erträge erwarten.

Man unterscheidet generell zwischen Strauchtomaten und Cordontomaten. Die Cordonsorten sind besonders verbreitet, aber um gut zu gedeihen, muss man die Pflanzen in regelmäßigen Abständen an Stangen oder Drähten anbinden, ohne die Triebe abzuschnüren. Dazu verwendet man am besten Bast.

Seitentriebe, die sich in den Blattachseln bilden, werden regelmäßig ausgeknipst. Auf diese Weise erhalten Sie einen geraden Stamm mit mehreren

Trauben von Früchten. Wenn sich an der vierten Traube kleine Früchte bilden, sollte der Haupttrieb über dem zweiten Blatt oberhalb der obersten Traube abgeknipst werden. So können die Früchte sich gut entwickeln und ausreifen.

Falls der Sommer ungewöhnlich früh endet und noch viele grüne Tomaten an den Pflanzen hängen, können sie abgepflückt werden und im Haus nachreifen. Köstlich schmeckt aber auch ein würziges Chutney aus grünen Tomaten, das als Beilage zu kaltem Fleisch passt.

Strauchtomaten sind unkomplizierter. Wie der Name verrät, wachsen sie entweder zu niedrigen Sträuchern heran oder kriechen flach über den Boden. Sie müssen weder angebunden noch ausgeknipst werden, allerdings sollte man den Boden abdecken, damit er keinen Kontakt zu den Früchten bekommt. Zwergtomatenpflanzen werden kaum höher als 20 cm und gedeihen auch in Töpfen und Blumenkästen, liefern aber keine großen Erträge. Man legt zwei Samen in einen kleinen Topf und entfernt den schwächeren Keimling.

Zucchini – dieses Mitglied der Gurken- und Kürbisfamilie ist bei Gärtnern sehr beliebt und eignet sich als leckeres Sommergemüse. Besonders attraktiv sehen die gelbschaligen Sorten aus.

Zucchini aus dem Garten schmecken viel besser als solche aus dem Geschäft. Empfehlenswert sind vor allem die kompakten, buschigen Sorten. Sofern regelmäßig geerntet wird, tragen sie über einen langen Zeitraum Früchte. Man sät sie wie Gurken, die Samen keinem bei etwa 15 °C. Normalerweise sät man Zucchini in Töpfen und pflanzt sie erst aus, wenn sich der Boden erwärmt hat und nicht mehr mit Frost zu rechnen ist. Alle im Haus gezogenen Gemüsepflanzen sollten vor dem Auspflanzen abgehärtet werden. Dazu stellt man die Töpfe tagsüber zuerst stundenweise, dann etwas länger ins Freie. Alle Sorten gedeihen in lockerer, nährstoffreicher Erde am besten.

▶ *Edle Gartenobelisken sehen auch mit Tomaten in voller Sonne sehr schön aus, wenn die Pflanzen sorgfältig gepflegt sind.*

Pflanzenverzeichnis

Alle in diesem Verzeichnis aufgeführten Pflanzen eignen sich für die Kübelkultur. Natürlich ist die Liste keineswegs vollständig, sie soll lediglich eine Auswahl aus dem breiten Spektrum interessanter Pflanzen vorstellen. Bei der Auswahl spielen auch das Mikroklima, Bodenqualität und Himmelsrichtung des Gartens eine Rolle. Im Zweifelsfall fragen Sie einen Gärtner um Rat.

Bäume

OBSTBÄUME

Malus domestica

Apfel

Höhe: 1,8 m

Ausbreitung: 1,8 m

Kleinwüchsige Apfelbäume gedeihen gut im Kübel. Man kann sie als Cordon oder an einem Wandspalier ziehen. Vor allem sind sie als Raumteiler in Dachgärten beliebt. Sorten, die auf einer kleinwüchsigen Unterlage veredelt sind, werden als Cordon etwa 3 m und am Spalier etwa 1,8 m breit, jeweils bei 1,8 m Höhe. Achten Sie darauf, dass ausreichend Platz zur Verfügung steht. Einzelne Halbstämmchen oder Säulenformen können auch frei stehend im Kübel gehalten werden. Sie erreichen etwa 1,8–2,5 m Höhe. Die meisten Apfelsorten brauchen zur Bestäubung einen weiteren Baum, evtl. im Nachbargarten. Erkundigen Sie sich beim Kauf in der Baumschule, welche Sorten als Bestäubungspartner geeignet sind. Empfehlenswerte Dessertäpfel sind: 'Gravensteiner', 'Fiesta', 'North Pole', 'Golden Sentinel' und 'William's Pride'.

Pyrus communis

Birne

Höhe: 1,8 m

Ausbreitung: 1,8 m

Birnen werden wie Äpfel kultiviert. Weil sie jedoch früher als Äpfel blühen, ist die Blüte stärker durch späte Fröste gefährdet. Die Schönheit der Blüte lohnt jedoch einen Versuch. Birnen bevorzugen eine Süd- oder Südwestwand. Für den Kübelgarten sollten sie auf einer kleinwüchsigen Unterlage veredelt sein. Wie Äpfel brauchen sie einen Bestäubungspartner, da die meisten Arten nicht selbstbestäubend sind. Lassen Sie sich beim Kauf in der Baumschule beraten. Beliebte Sorten sind: 'Highland', 'Conférence', 'Comice', 'Warren' und 'Harrow Delight'.

Prunus domestica

Pflaume

Höhe: 1,8 m

Ausbreitung: 3,7 m (am Fächerspalier)

Für den Kübelgarten sollte man Pflaumenbäume wählen, die auf einer kleinwüchsigen Unterlage veredelt sind, und sie als Fächer erziehen. Der Fächer ist eine besondere Form der Spaliererziehung, die etwas schwieriger ist. Informieren Sie sich zusätzlich in einem speziellen Buch über Obstbaumschnitt. Pflaumenbäume werden auch in Säulenform angeboten. Auf engem Raum ist es sinnvoll, eine selbstbestäubende Sorte zu wählen, etwa 'Italian Prune', 'Golden Transparent Gage', 'Cambridge Gage', 'Santa Rosa' oder die beliebte Sorte 'Victoria'. Die Letztere gedeiht auch an einem relativ schattigen Platz.

ZIERBÄUME

Acer palmatum* var. *dissectum

Fächerahorn

Höhe: 1,8 m

Ausbreitung: 3 m (nach einigen Jahren)

Japanischer Fächerahorn ist ein idealer Kübelbaum, der in einem kleinen Garten für fernöstliche Atmosphäre sorgt. Er bleibt recht niedrig und trägt tief eingeschnittene, hängende Blätter. Sein besonderer Reiz ist die faszinierende Herbstfärbung in Schattierungen von Orange, Gelb und Dunkelrot. Ist die Sorte *A. p.* var. *dissectum* nicht erhältlich, wählen Sie eine andere langsam wachsende Sorte aus der *A. p.* Dissectum-Gruppe.

Pyrus communis 'Conférence'

Prunus domestica

Acer palmatum var. *dissectum*

Ilex aquifolium

Camellia 'Donation'
Kamelie

Höhe: 5 m

Ausbreitung: 2,5 m

Kamelien kann man den kleinen Bäumen oder den Sträuchern zuordnen. Finden sie in freier Natur günstige Bedingungen vor, können sie stattliche Größen erreichen. Weil sie aber langsam wachsen und einen Rückschnitt gut vertragen, lassen sie sich über viele Jahre erfolgreich in einem Kübel kultivieren. Mit ihren zugespitzten, immergrünen Blättern und den herrlichen Blüten im Frühling sind Kamelien ideale Hochstämme für den formalen Garten. Um gut zu gedeihen, brauchen sie Schatten und sauren Boden. Es gibt viele Zuchtformen, hauptsächlich mit Blüten in Rosa, Weiß und Rot. Die Sorte 'Donation' bevorzugt tiefen Schatten.

× *Citrofortunella microcarpa/ Citrus limon*
Calamondin-Orange, Panama-Orange, Zitronenbaum, Zitrus

Höhe und Ausbreitung: 45–60 cm

Zitrusbäumchen werden in gemäßigten Regionen als Zimmerpflanzen gehalten. Im Sommer fühlen sie sich aber auch an einem geschützten, sonnigen Platz im Freien wohl. Die Calamondin-Orange hat dunkelgrüne Blätter und trägt im Frühling duftende, weiße Blüten, denen orangefarbene oder gelbe Früchte folgen. Zitronenbäume haben hellgrüne Blätter und ungewöhnlich intensiv duftende Blüten, aus denen sich Zitronen entwickeln. Die Sorte 'Meyer' ist wegen ihres kompakten Wuchses für die Kübelkultur besonders beliebt. Alle Zitrusbäumchen eignen sich ausgezeichnet als Blickfang für die Terrasse, vor allem im Terrakottakübel.

Ilex aquifolium
Ilex, Stechpalme

Höhe: 3 m

Ausbreitung: 2 m

Ilex ist ein langsam wachsender Strauch mit interessantem, immergrünem Laub, weißen Blüten und roten Beeren im Winter, die sich für Weihnachtsdekorationen eignen. Er ist sehr schnittverträglich und kann auch als niedrige Hecke gehalten werden. Die Blätter der männlichen Sorte 'Silver Queen' haben weiße Ränder, die weibliche Sorte 'J. C. van Tol' trägt dunkelgrünes Laub. Beeren bilden sich nur, wenn es weibliche und männliche Sorten gibt.

Camellia 'Leonard Messel'

Laurus nobilis
Lorbeer

Höhe: 12 m

Ausbreitung: 9 m

Bei guten Voraussetzungen kann der Lorbeer in freier Natur extrem groß werden. Dennoch ist er für den Kübelgarten sehr beliebt, weil er sehr langsam wächst und auch einen kräftigen Rückschnitt nicht übel nimmt. Er lässt sich gut zu Kugeln, Hochstämmchen und Kegeln trimmen. Vor allem als Hochstamm ist er ein schöner Schmuck für kleine Gärten, Höfe und Balkone. Die dunkelgrünen, zugespitzten Blätter können als Küchengewürz verwendet werden. Lorbeerbäume tragen im Frühling unscheinbare, weiße Blüten, denen winzige, schwarze Früchte folgen.

Olea europaea
Olive

Höhe und Ausbreitung: 6 m und mehr

Die langsam wachsenden Olivenbäume aus dem Mittelmeerraum erfreuen sich in gemäßigten Regionen zunehmender Beliebtheit als Kübelpflanzen. Die Winter werden generell milder, und bei starkem Frost kann man die Pflanzen zusätzlich schützen. Oliven haben immergrüne, längliche, graugrüne Blätter mit silbriger Unterseite. Als Bäume entwickeln sie eine rundliche Krone. Sie brauchen ein nahrhaftes Substrat und müssen in der Wachstumsperiode regelmäßig mit Flüssigdünger versorgt werden. Die kleinen, weißen Blüten duften angenehm. Die Früchte sind zuerst grün und werden mit zunehmender Reife schwarz.

Koniferen

Koniferen spielen im Kübel- und Steingarten eine wichtige Rolle. Hier stellen wir einige langsam wachsende Sorten mit interessanter Färbung vor, die vor allem in Gruppen reizvolle Kontraste bilden.

Cedrus deodara 'Feelin' Blue'
Zeder

Höhe: 30 cm

Ausbreitung: 90 cm

Die meisten Zedern sind stattliche Bäume, die viel Platz brauchen. Es sind aber einige Zwergformen gezüchtet worden, die auch mit wenig Platz im Kübel oder Steingarten zufrieden sind. Diese Art hat attraktive, blaugrüne Nadeln an herabhängenden Zweigen. Wie alle Zedern bevorzugt sie einen durchlässigen, aber feuchten Boden in vollsonniger Lage. Weitere kleinwüchsige Sorten sind *C. deodara* 'Golden Horizon' (etwas größer, bei einem Standort im Schatten dunkelblaugrüne Nadeln) und *C. d.* 'Aurea' mit goldgrünen Nadeln.

Chamaecyparis lawsoniana 'Barry's Silver'
Lawson-Zypresse

Höhe: 1,5 m

Ausbreitung: 80 cm

Es gibt eine Reihe von Scheinzypressen in unterschiedlichen Farbtönen. 'Barry's Silver' ist eine neue, langsam wachsende Sorte aus Neuseeland. Die jungen Triebspitzen im Sommer sind silbrig weiß und färben sich später grün. Der aufrecht wachsende Strauch steht idealerweise in voller Sonne, doch sollte der Boden nicht austrocknen. Empfehlenswert sind auch die Sorten 'Little Spire' (blaugrün) und 'Stardust' (gelb).

Laurus nobilis

Juniperus communis 'Compressa'

Buxus sempervirens

Juniperus communis 'Compressa' Wacholder

Höhe: 75 cm

Ausbreitung: 15 cm

Diese beliebteste Konifere für den kleinen Garten wächst zu einer schlanken, kompakten Säulenform heran. Sie hat leuchtend grüne Nadeln mit silbriger Rückseite. Sie wächst sehr langsam und wird kaum jemals zu groß für ihren Kübel. Sie eignet sich auch gut als vertikaler Akzent für Blumenkästen und passt ausgezeichnet in den Steingarten. *J. c.* 'Depressa Aurea' ist ein kleinwüchsiger Wacholder mit goldgelben Nadeln, die sich im Winter bronzegrün färben. Die Pflanze wird bis zu 1,5 m hoch.

Picea glauca 'Alberta Blue' Kanadische Fichte

Höhe und Ausbreitung: 40–60 cm

Eine hübsche Zwergkonifere mit intensiv silbrig blauen jungen Trieben im Sommer, die zum Herbst dunkler werden. Auch diese Pflanze passt gut in den Steingarten und in Kübel aller Art. Sie bevorzugt Sonne oder Halbschatten und einen durchlässigen Boden. *P. abies* 'Ohlendorffii' ist eine weitere langsam wachsende Sorte für den Kübel mit dunkelgrünen Nadeln und kugeligem Wuchs. Sie kann bis zu 3 m hoch werden.

Thuja orientalis 'Raffles' Lebensbaum

Höhe: 30–50 cm

Ausbreitung: 30 cm

Ein reizvoller Aspekt der Lebensbäume ist, dass sich ihre Färbung im Laufe des Jahres verändert. Die Sorte 'Raffles' hat im Frühling gelblich grüne Nadeln, die sich bronzerot färben, wenn die kalten Herbstwinde kommen. Die langsam wachsende Sorte hat eine kegelförmige Gestalt und eignet sich gut für den Kübel. Die Pflanze ist giftig, die Nadeln dürfen nicht gegessen werden.

Sträucher

Buxus sempervirens Buchsbaum

Höhe (als Baum): 5 m

Ausbreitung: 5 m

Buchsbaum ist eigentlich ein Baum, doch er wird fast immer als niedriger Strauch kultiviert und ist weltweit beliebt für niedrige Hecken und Formschnittfiguren. Er bildet das Gerüst fast aller Knotengärten, und eine niedrige, akkurat beschnittene Buchsbaumhecke ist beinahe das Markenzeichen eines ernsthaften Gärtners. Wegen seiner kleinen Blätter lässt er sich auch zu dekorativen Figuren trimmen. Es gibt eine Reihe attraktiver Zuchtformen, darunter 'Aureovariegata' (golden gefleckte Blätter), 'Elegantissima' (besonders dichter Wuchs) und 'Suffruticosa' (kompakt und langsam wachsend).

Fatsia japonica

Exochorda × macrantha 'The Bride' Blumenspiere, Radspiere

Höhe: 1,2 m

Ausbreitung: 1,5 m

Dieser langsam wachsende Strauch eignet sich gut für Kübel und kleine Gärten. An einem sonnigen oder halbschattigen Standort trägt er im späten Frühling oder Frühsommer üppige Kaskaden reinweißer Blüten, die an den hängenden Zweigen stehen. Schon wegen der herrlichen Blüte sollte er besser bekannt sein. Die Blüten erscheinen am Austrieb des Vorjahres, darum sollte man den Strauch nicht schneiden. Er gedeiht in jedem Gartenboden, bevorzugt aber neutrales Substrat. Manche Arten vertragen seine Nachbarschaft nicht.

Fatsia japonica Aralie

Höhe und Ausbreitung: 1,5 m

Dieser Strauch ist zu Recht wegen seiner Wuchsform und seiner dekorativen Blätter beliebt. Im Spätsommer erscheinen an langen Stielen Gruppen kleiner, weißer Blüten. Sie sind, wie die nachfolgenden schwarzen Beeren, eher unscheinbar und erinnern entfernt an Raumstationen aus einem Sciencefictionfilm. Die Pflanze mit den großen Blättern ist frostempfindlich, verträgt aber Schatten und verschmutzte Luft gut. Daher eignet sie sich ausgezeichnet für Großstadtgärten. Es gibt eine Reihe von bemerkenswerten Zuchtformen wie die Strahlen-

× *Halimiocistus wintonensis*

Höhe: 60 cm

Ausbreitung: 1 m

Ein weiterer, leider zu wenig bekannter Strauch, der sich gut für den Kübelgarten eignet. Es handelt sich um eine Kreuzung zwischen *Cistus* (Zistrose) und *Halimium*, die viele gute Eigenschaften von beiden Eltern geerbt hat. Der Strauch gedeiht an jedem sonnigen, offenen Standort und harmoniert gut mit anderen Zistrosen im Steingarten. Er behält sein graugrünes Laub auch im Winter und trägt hübsche, schalenförmige, weiße Blüten mit gelben Staubgefäßen, die von einem dunkelroten Band eingerahmt sind.

Hebe 'Rosie'
Hebe, Strauchveronika

Höhe: 30 cm

Ausbreitung: 60 cm

Die Gattung Hebe umfasst mehr als 100 Arten immergrüner Sträucher in Größen bis zu 2,5 m, aber auch Zwergformen, die gut in den Steingarten passen. Die Frostverträglichkeit der Arten ist unterschiedlich. Beliebt sind sie wegen der konischen Blütenstände in Blau, Weiß oder Violett, die im Hochsommer erscheinen und lange halten. 'Rosie' ist eine relativ neue, kleinwüchsige Art, die sich gut für den Kübel eignet. Sie trägt mehrere Monate lang hübsche, dunkelrosafarbene Blüten und ist ausgesprochen winterhart.

Hydrangea macrophylla
Hortensie

Höhe: 1,2 m

Ausbreitung: 1,8 m

Hortensien eignen sich gut für die Kübelkultur und verdienen einen Einzelplatz. Die Sträucher tragen dicke, kugelige Blütenstände in Rosa, Weiß, Blau oder Flieder. Die Blütenfarbe kann je nach Sorte und abhängig vom Säuregehalt des Bodens variieren. Eine der schönsten Sorten ist 'Générale Vicomtesse de Vibraye'. Sie gedeiht gut im Kübel, kann als Jungpflanze aber auch im Haus gehalten werden. Die Blüten sind in saurem Boden blassblau, ansonsten zeigen sie verschiedene Rosatöne.

Hydrangea macrophylla

Pieris formosa

Kolkwitzia amabilis 'Pink Cloud'
Kolkwitzie

Höhe: 3 m

Ausbreitung: 4 m

Auch dieser attraktive Strauch sollte besser bekannt sein – nicht nur für den Kübelgarten. Da die Kolkwitzie unerwünschte Wildtriebe bildet, ist sie im Kübel bestens aufgehoben. Sie wächst langsam, und es dauert lange, bis sie ausgewachsen ist. Sie benötigt fruchtbaren Boden und Sonne oder Halbschatten. Ihr besonderes Plus sind die Kaskaden rosafarbener Blüten, die im Spätfrühling von den Zweigen hängen. Die Blüten der hier genannten Sorte haben einen ungewöhnlich intensiven Farbton. Die jungen Blätter können durch späte Fröste geschädigt werden, darum ist ein Winterschutz empfehlenswert.

Lavandula angustifolia 'Hidcote'
Lavendel

Höhe und Ausbreitung: 50–90 cm

Lavendel ist einer der besten Sträucher für den Kübelgarten, sofern man ihm einen sonnigen, warmen Platz bieten kann. Er stammt ursprünglich aus dem Mittelmeerraum und benötigt wie alle Pflanzen aus dieser Region viel Sonne und Wärme. Blätter und Blüten haben einen intensiven Duft, darum werden sie gern getrocknet und zum Füllen von Duftkissen verwendet. Die Sorte 'Hidcote' ist wegen ihrer dunkelvioletten Blüten besonders beliebt. 'Munstead' hat dunkelblaue Blüten, 'Loddon Pink' blüht rosa. Weitere beliebte Lavendelarten sind *L.* × *intermedia* (englischer Lavendel) und *L. stoechas* (Schopflavendel). Alle Lavendelarten werden im zeitigen Frühling in Form geschnitten.

Pieris formosa var. *forrestii*
Lavendelheide

Höhe: 4 m

Ausbreitung: 3,5 m

Lassen Sie sich von der Maximalgröße dieses Strauches nicht abschrecken. Lavendelheide wächst langsam und erreicht diese Ausmaße nur unter optimalen Bedingungen. Es ist ein ausgezeichneter Strauch für den Kübelgarten. Die jungen Blätter im Frühling sind leuchtend rot und verfärben sich später zu hellem Grün. Dunkelrosafarbene Knospen öffnen sich zu weißen Blüten. Lavendelheide braucht einen halbschattigen Platz mit saurer Erde. Kalten Frühlingswind verträgt sie nur schlecht. Die Sorte *P. formosa* 'Wakehurst' hat einen relativ aufrechten Wuchs, *P. japonica* hat eine rundlichere Kontur.

Spiraea japonica 'Goldflame'
Spierstrauch

Höhe: 1,8 m

Ausbreitung: 1,5 m

Spiersträucher sind sommergrün. Verschiedene Arten eignen sich gut für Kübel und kleine Gärten, weil sie relativ kompakt wachsen.

Spiraea japonica 'Goldflame'

Lavandula angustifolia 'Hidcote'

S. j. 'Goldflame' ist recht bekannt. Sie treibt im Frühling goldfarbene bis bronzerote Blätter, die sich später grün verfärben und im Herbst wieder einen Goldton annehmen. Ab Hochsommer erscheinen dunkelrosafarbene Blütenstände. Die Pflanze bevorzugt volle Sonne und sehr nahrhaften Boden.

Kleine Rosen

Die kleinen Rosensorten kann man in drei Gruppen gliedern. Besonders klein sind die Zwergrosen, die meist nur 30 cm hoch werden. Patio-Rosen werden etwa 50 cm hoch und kleinwüchsige Polyantha-Rosen erreichen eine Höhe von 60–90 cm.

'Pretty Polly'
Zwergrose

Höhe: 25 cm

Ausbreitung: 50 cm

Eine ausgezeichnete Zwergrose mit zahlreichen kleinen, rosaroten, gefüllten Blüten. Sie eignet sich sehr gut für einen kleinen Gartenhof und sogar für den Blumenkasten. Manche Gärtner pflanzen sie als blühende Hecke um Beete oder Kübel. Als interessante Kontraste bietet sich die Sorte 'Black Jade' mit dunkelschwarzroten Blüten von Frühling bis Herbst an. 'Little White Pet' blüht ebenso ausdauernd, trägt jedoch rote Knospen, die sich zu weißen Blüten öffnen.

'Stars 'n' Stripes' Zwergrose

Höhe: 30 cm

Ausbreitung: 60 cm

Zwergrosen sind attraktive, buschige Pflanzen mit winzigen Blüten. Weil sie so wenig Platz brauchen, sind sie ideal für den Kübelgarten und sogar für Blumenkästen geeignet. In großen Gärten kann man sie als niedrige Hecke pflanzen. 'Stars 'n' Stripes' wurde an der amerikanischen Westküste gezüchtet. Sie hat weiße Blüten mit roten Tupfen und Streifen und sieht aus wie eine Zwergversion der alten Rose *Rosa gallica* 'Versicolor'. Weitere schöne Zwergrosen sind 'The Fairy' (rosafarbene Blüten ähnlich einer Moosrose) und 'Innocence' (cremeweiße Blüten).

'Singin' in the Rain' Patio-Rose

Höhe und Ausbreitung: 60 cm

Dies ist eine der besten Patio-Rosen mit üppigem, dunkelgrünem Laub und aufrecht stehenden, stark gefüllten Blüten in einem warmen Apricotton. Sie hat einen zarten Duft. Wie die Zwergrosen blühen auch Patio-Rosen mehrmals, sind aber geringfügig größer. 'George Burns' hat gestreifte Blüten in Gelb, Rot und Rosa, während 'Gracie Allen' weiße Blüten mit rosafarbenem Auge zeigt. Wer intensivere Farben mag, könnte 'Europeana' (samtig dunkelrot) wählen oder auch 'Sun Flare' (gelb) und 'Judy Garland' (gelb, später leuchtend orange bis scharlachrot).

'Katharina Zeimet' Zwergpolyantha

Höhe und Ausbreitung: 30–90 cm

Es gibt zwei Typen von Zwergpolyantha-Rosen. Einige tragen große Gruppen dicht gefüllter Blüten, die an Rambler-Rosen erinnern. Die Blüten der anderen Gruppe ähneln in der Form kleinen Teehybriden. 'Katharina Zeimet' mit weißen, duftenden Blüten gehört zur ersten Gruppe, ebenso wie 'Coral Cluster' und 'Nathalie Nypels' (beide rosa). Die bekannteste Sorte der zweiten Gruppe ist 'Cécile Brünner' mit bläulich rosa Blüten. 'Perle d'Or' hat eine ähnliche Blütenform, jedoch in Apricot.

Rosa 'Sweet Dream'

Rosa 'Compassion'

Kletterrosen

Kletterrosen – nicht zu verwechseln mit Ramblern – haben größere Blüten und blühen meist mehrmals. Die meisten modernen Kletterrosen blühen fortwährend den ganzen Sommer lang. Rambler sehen herrlich aus, wenn sie in einen alten Baum klettern dürfen, sind aber für den Kübelgarten viel zu wüchsig.

'Blairii Number 2' Bourbon-Rose

Höhe: 4,5 m

Ausbreitung: 1,8 m

Die Gruppe der Bourbon-Rosen entstand in der zweiten Hälfte des 19. Jahrhunderts. 'Blairii Number 2' hat sich ihre Beliebtheit über mehr als 150 Jahre erhalten. Sie hat wunderschöne, duftende, gefüllte Blüten in Rosa – dunkler in der Mitte, zum Rand hin verblassend. Sie blüht einmal reich, dann folgt eine schwächere Nachblüte. Die jungen Blätter treiben rötlich grün aus und färben sich später mittelgrün. Die Sorte ist etwas anfällig für Mehltau.

'Compassion' Moderne Kletterrose

Höhe: 3 m

Ausbreitung: 2,5 m

'Compassion' mit den großen, an eine Teerose erinnernden Blüten mit apricotgelber Innen- und blassrosa Außenseite zählt zu den besten und beliebtesten modernen Kletterrosen. Die Blüten sind haltbar und ihr angenehmer Duft straft die Behauptung Lügen, moderne Rosen dufteten nicht. Sie hat einen kräftigen, buschigen Wuchs und blüht fortlaufend während des ganzen

Sommers. Der ideale Standort ist eine Südwand, an der ihre Blüten gut zur Geltung kommen.

'Constance Spry'
Englische Rose

Höhe: 3,5 m

Ausbreitung: 3,5 m

Dies ist eine der schönsten Englischen Rosen aus der Zucht von David Austin. Man kann sie als Strauchrose halten, doch lassen sich die geschmeidigen Triebe auch gut an ein Spalier binden. Die riesigen, klarrosafarbenen Blüten haben einen ausgeprägten Myrrheduft. Diese Rose ist ein Hingucker. Ihr einziger Nachteil ist, dass sie – im Gegensatz zu den meisten Englischen Rosen – nur einmal blüht. Dennoch wiegen die Vorteile diesen Nachteil definitiv auf.

'Copenhagen'
Moderne Kletterrose

Höhe: 2,5 m

Ausbreitung: 2,5 m

Eine weitere moderne Kletterrose mit angenehm duftenden, mittelgroßen, dunkelscharlachroten Blüten in Teerosen-Form. Die Sorte blüht fortlaufend den ganzen Sommer lang und sieht besonders schön aus, wenn sich eine weiße Clematis wie 'Gillian Blades' durch ihre Zweige schlingt. Als Alternative bietet sich die moderne Kletterrose 'Crimson Cascade' an, die eine ähnliche Höhe erreicht, aber größere Blüten trägt. Sie ist sehr wüchsig und krankheitsresistent.

'Golden Showers'
Moderne Kletterrose

Höhe: 3 m

Ausbreitung: 3 m

Diese Sorte ist eine der besten und zuverlässigsten Kletterrosen. Sie hat gefüllte, klargelbe Blüten, die mit der Zeit zu einem hellen Cremeton verblassen. Die Blüten duften und erscheinen während des ganzen Sommers. Ihr besonderer Vorzug ist, dass sie auch an einer Nordwand reich blüht und sich daher für schattige Gärten gut eignet. 'Danse de Feu' mit rötlich orangefarbenen Blüten verträgt ebenfalls einen Platz an einer Nordwand.

'Climbing Iceberg'
Floribunda

Höhe: 3 m

Ausbreitung: 2,5 m

Die kletternde Form der beliebten Sorte 'Iceberg' wächst ausgezeichnet an einer Wand und bildet einen guten Hintergrund für andere Pflanzen. Das Laub ist hellgrün, die weißen Blüten sind gelegentlich rosa überhaucht und stehen in zarten Gruppen. Leider duften sie nur sehr schwach. 'Iceberg' blüht länger als die meisten anderen Rosensorten, und es kann in milden Wintern durchaus vorkommen, dass man noch zu Weihnachten Blüten schneiden kann.

'Maigold'
Kletterrose

Höhe: 3,5 m

Ausbreitung: 3 m

Wie 'Golden Showers' ist auch 'Maigold' sehr robust und nimmt mit fast jedem Standort vorlieb. Das sind Vorteile, die diese beiden Sorten gegenüber anderen auszeichnet. Sie trägt zahlreiche halb gefüllte Blüten in einem warmen Bronzegelb, blüht allerdings nur einmal. Dafür duften die Blüten aber auch ganz besonders stark. Das üppige, dunkelgrün glänzende Laub ist kaum anfällig für Krankheiten. Wer eine Kletterrose pflanzen möchte, ihr aber nur eine Nordwand bieten kann, sollte sich für diese Sorte entscheiden. Jedes andere Exemplar würde hier aufgeben.

Rosa 'Constance Spry'

Rosa 'Copenhagen'

'New Dawn'
Moderne Kletterrose

Höhe: 3 m

Ausbreitung: 2,5 m

Diese verdientermaßen beliebte Sorte gehört zu den ältesten modernen Kletterrosen. Sie ist sehr wüchsig und hat glänzende, hell- bis mittelgrüne Blätter. Die zartsilbrig rosa gefärbten Blüten haben ein etwas dunkleres Zentrum. Sie blühen den ganzen Sommer lang in Gruppen und haben einen angenehm frischen Duft. 'New Dawn' ist kaum anfällig für Krankheiten und verträgt auch einen halbschattigen Platz. An einer Nordwand fühlt sie sich jedoch nicht wohl.

'Paul's Lemon Pillar'
Teehybride

Höhe: 6 m

Ausbreitung: 3 m

Diese klassische Kletterrose mit dem dunkelgrünen Laub sieht man in vielen Gärten an Pergolen oder alten Baumstämmen. Sie gedeiht auch in Kübeln am Fuß eines Bogens oder einer Pergola. Sie hat große, zitronengelbe, gefüllte Blüten, deren Blätter sich an den Rändern nach außen biegen. Der Duft ist sehr intensiv. Die robuste, wüchsige Rose muss angebunden werden, beispielsweise an einer Säule.

Rosa 'New Dawn'

'A Shropshire Lad'
Englische Rose

Höhe: 2,5 m

Ausbreitung: 1,8 m

Eine weitere Englische Rose, die sich an einer warmen Wand auch als Kletterrose halten lässt. Sie hat die typische, dicht gefüllte, schalenförmige Blütenform vieler Englischer Rosen und einen angenehmen Duft. Die Blüten öffnen sich in einem warmen Pfirsichrosa und verblassen mit der Zeit. Am besten wirkt die Rose an einem Spalier an einer Südwand, man kann sie aber auch an andere Standorte setzen.

Kletterpflanzen und Wandsträucher

Abutilon × suntense 'Violetta'
Zimmerahorn, Schönmalve

Höhe: 5 m

Ausbreitung: 3 m

Manche *Abutilon*-Arten sind immergrün, andere werfen das Laub ab. Alle sind frostempfindlich. *A.* × *suntense* ist jedoch eine sehr unkomplizierte Pflanze, die in einem Kübel vor einer geschützten Südwand gut gedeiht. Die Blüten sind groß und haben eine offene Schalenform. Bei der Sorte 'Violetta' sind sie intensiv violett und erscheinen im späten Frühling. Triebe mit Frostschäden sollten im Frühling bis ins gesunde Holz zurückgeschnitten werden.

Clematis alpina 'Frances Rivis'
Clematis, Waldrebe

Höhe: 4 m

Ausbreitung: 1,8 m

Clematis alpina ist für die Kübelkultur sehr gut geeignet, weil sie relativ klein bleibt und weitaus langsamer wächst als *C. montana.* Die ungefüllten, glockenförmigen Blüten mit den spitzen Blütenblättern erscheinen im Frühling. 'Frances Rivis' ist die größte *C. alpina*-Sorte mit hübschen, dunkelblauen Blüten, auf die plusterige Samenstände folgen. Alle Formen dieser Art sind unkompliziert und gedeihen auch an ungünstigen Standorten. Lediglich Staunässe vertragen sie nicht.

Clematis tangutica
Clematis, Waldrebe

Höhe: 4,5 m

Ausbreitung: 1,8 m

Als spät blühende Sorte bezaubert *C. tangutica* im Herbst mit ihren ungewöhnlichen, leuchtend gelben Glockenblüten, die manchmal aussehen, als wären die Spitzen miteinander verklebt. Aus ihnen entwickeln

Rosa 'Paul's Lemon Pillar'

sich interessante Samenstände, die den ganzen Winter halten und überfrostet sehr gut aussehen. Die Sorte 'Helios' bleibt kleiner und eignet sich besonders für kleine Gärten. Es gibt eine Reihe von Zuchtformen, die alle winterhart sind.

Fremontodendron 'California Glory'

Höhe: 3 m

Ausbreitung: 3 m

Fremontodendron muss vor einer Wand gezogen und angebunden werden. Er ist nur bedingt winterhart, übersteht mit entsprechendem Schutz aber auch kalte Winter. Die immergrünen Blätter sind recht locker verteilt und bis zu 8 cm lang. Die Attraktion der Pflanze sind die großen, leuchtend gelben Blüten, die vom Spätfrühling bis in den Spätsommer fortlaufend erscheinen. Die Pflanze wurzelt tief und braucht daher einen hohen Kübel und gute Drainage. Vom Frost geschädigte Triebe werden im Frühling bis ins gesunde Holz zurückgeschnitten.

Clematis tangutica

Hydrangea petiolaris syn. *H. anomala* ssp. *petiolaris*

Hedera helix 'Glacier'
Efeu

Höhe: 1,8 m

Ausbreitung: 1,8 m

Aus dem gemeinen Efeu *(Hedera helix)* sind eine Vielzahl von Zuchtformen entwickelt worden. Alle eignen sich zur ganzjährigen Wandbegrünung, aber auch als Bodendecker und sogar als Zimmerpflanzen. Die Sorte 'Glacier' ist für alle drei Zwecke zu empfehlen. Sie hat dunkelgraugrüne Blätter mit silbrigen oder cremefarbenen Rändern. Im Freien braucht sie einen hellen Platz, um eine schöne Blattfärbung zu entwickeln; sie gedeiht aber auch im Halbschatten.

Hydrangea petiolaris syn. *H. anomala* ssp. *petiolaris*
Kletterhortensie

Höhe: 10 m

Ausbreitung: 10 m

Die Kletterhortensie ist ein ausgezeichneter Wandstrauch, weil sie kaum Ansprüche an Standort und Lichtverhältnisse stellt. Sie ist sehr wüchsig, kann aber im Frühling kräftig zurückgeschnitten werden. Sie hält sich mithilfe von Luftwurzeln am Untergrund fest. Im Sommer trägt sie Gruppen von unscheinbaren, sterilen Blüten und auffälligeren, weißen Brakteen. Im Herbst färbt sich das Laub leuchtend gelb.

Jasminum officinale
Echter Jasmin

Höhe und Ausbreitung: 12 m

Auch diesen wüchsigen Kletterer sieht man häufig als Kübelpflanze. Mit seinen langen Trieben bedeckt er schnell Spaliere oder große Wände, sofern er eine Kletterhilfe vorfindet, um die er seine Triebe schlingen kann. Die weißen Blüten erscheinen vom Sommer bis zum Frühherbst und duften sehr intensiv. Am besten beschneidet man Jasmin gleich nach der Blüte. Um seinen Wuchs zu bändigen, kann er stark zurückgeschnitten werden. An kalten, exponierten Standorten fühlt er sich nicht wohl.

Lapageria rosea

Höhe und Ausbreitung: 5 m

Eine windende Kletterpflanze, die eine Kletterhilfe braucht und vor Frost geschützt werden muss. Da sie aus den Wäldern Chiles stammt, gedeiht sie nur an einem warmen, schattigen Standort. Volle Sonne verträgt sie nicht. Wer ihr aber geeignete Bedingungen bietet, kann sich an einer attraktiven Immergrünen mit langen, dunkelgrünen Blättern und rosa- oder pinkfarbenen Trompetenblüten erfreuen. Die Blüten erscheinen vom Hochsommer bis zum Herbst.

Jasminum officinale

Pyracantha 'Orange Glow'
Feuerdorn

Höhe und Ausbreitung: 3 m

Feuerdorn ist ein robuster Strauch, der sich leicht an einer Wand ziehen lässt und jeden Standort von voller Sonne bis zu tiefem Schatten toleriert. Je weniger Sonne die Pflanzen erhalten, desto schwächer fallen allerdings Blüte und Fruchtschmuck aus. An einer Wand sollte man die Triebe an Drähten anbinden. Ein kräftiger Rückschnitt ist im Frühling fällig, ein zweiter im Spätsommer, damit die gelben, roten oder orangefarbenen Beeren sichtbar werden, die auf die weißen Frühlingsblüten folgen.

Solanum crispum 'Glasnevin'
Kletternder Nachtschatten

Höhe und Ausbreitung: 6 m

Zwei Verwandte der Kartoffel sind beliebte Kletterpflanzen: *S. crispum* und *S. jasminoides.* Beide sind immergrün oder halbimmergrün und bedingt winterhart. Die Sorte 'Glasnevin' ist in gemäßigten Regionen beliebt, weil sie an einer warmen Wand auch harte Winter übersteht. Die Triebe beider Arten sind geschmeidig und müssen an ein Spalier oder eine andere Kletterhilfe angebunden werden. 'Glasnevin' trägt vom Sommer bis zum Herbst blauviolette Blüten.

Stauden

Kübelgärtner konzentrieren sich meist auf Einjährige und Kletterpflanzen, Stauden sieht man seltener. Es gibt jedoch eine Reihe von mehrjährigen Stauden, die ausgezeichnet im Kübel gedeihen.

Agapanthus Headbourne-Hybriden
Schmucklilie

Höhe: 90 cm

Ausbreitung: 45 cm

Der Name „Schmucklilie“ ist irreführend, denn ihre imposanten Blütenstände, die im Spätsommer erscheinen und an eine große Kugel aus Glockenblumen an einem langen, gemeinsamen Stiel erinnern, sehen nicht wie andere Lilien aus. Schmucklilien haben fleischige Wurzeln, die in Trockenzeiten Wasser speichern. Sie brauchen einen sonnigen Standort. Weil sie frostempfindlich sind, benötigen sie einen Winterschutz. Die Headbourne-Hybriden und einige Namenssorten wie 'Blue Giant' und 'Alice Gloucester' sind jedoch relativ robust.

Aponogeton distachyos
Wasserähre

Ausbreitung: 1,2 m

Die Wasserähre ist eine Rhizomstaude aus Südafrika. Ihre ovalen Blätter schwimmen,

Pyracantha 'Orange Glow'

wie die einer Seerose, auf der Wasseroberfläche. Im Frühling und noch einmal im Herbst erscheinen kleine, weiße, duftende Blüten, die an verzweigten Stielen etwa 5 cm über dem Wasser stehen. Sie bevorzugt volle Sonne, toleriert aber auch Halbschatten. Die Wasserähre eignet sich gut, um das Wachstum von Algen in einem Teich einzudämmen.

Aquilegia vulgaris
Akelei, Columbine

Höhe: 90 cm

Ausbreitung: 50 cm

Die Akelei ist eine beliebte Bauerngartenpflanze, die im späten Frühling und Frühsommer blüht. Sie gedeiht in verschiedensten Gefäßen, sowohl allein als auch in Gesellschaft anderer Arten. Die Grundform hat dunkelblauviolette Blüten, es gibt jedoch eine Vielzahl von Zuchtformen mit Blüten in Weiß, verschiedenen Blautönen, Rosa und Gelb. Die interessant geformten Blüten stehen an langen Stielen über einer Rosette aus hellgrünen Blättern. Akelei sät sich willig selbst aus.

Solanum crispum 'Glasnevin'

Aster novi-belgii
Glattblattaster

Höhe: 1–1,20 m

Ausbreitung: 60–90 cm

Glattblattastern zählen zu den farbenprächtigsten Pflanzen im Kübelgarten. Sie blühen vom Spätsommer bis zum Frühherbst in vielen Schattierungen von Rosa, Violett, Flieder oder Weiß, zumeist mit einem gelben Auge, das für die Pflanzenfamilie typisch ist. Zu den schönsten Sorten gehören 'Marie Ballard' (hellblau), 'Jenny' und 'Royal Ruby' (pink), 'Lassie' (hellrosa) und 'Kristina' (weiß). Alle bevorzugen durchlässigen Boden und gedeihen auch im Halbschatten. Im Kübel brauchen die höheren Sorten eine Stütze.

Aubrieta cultorum
Blaukissen

Höhe: 5 cm

Ausbreitung: 60 cm

Das Blaukissen ist eine winterharte Staude, die man im zeitigen Frühjahr im Haus oder im Frühsommer im Freiland aussäen kann. Es bildet dichte Matten aus kleinen Blättern, über denen blaue oder violette Blüten stehen. Auch in Mauerfugen wird es gern gesät. Nach der Blüte wird es zurückgeschnitten. Fast alle Sorten haben bläulich violette Blüten. 'Hartswood Purple' und 'Joy' sind beliebt.

Aster novi-belgii

Dicentra formosa
Tränendes Herz

Höhe: 50 cm

Ausbreitung: 60 cm

D. spectabilis ist eine beliebte Staude, die im Frühling blüht, für einen durchschnittlichen Kübelgarten aber zu groß wird. Besser geeignet ist die niedrigere Form *D. formosa*, die sich leicht ausbreitet. Die reizenden, rötlich violetten Blüten stehen über silbergrauen Blättern. Die Sorte 'Stuart Boothman' ähnelt ihr im Aussehen, ist aber etwas höher, nicht ganz so wüchsig und hat weiße Blüten. Alle Sorten blühen im späten Frühling und Frühsommer und bevorzugen einen Schattenplatz und neutralen Boden. Man vermehrt sie einfach durch Teilung.

Euphorbia amygdaloides
Wolfsmilch

Höhe: 80 cm

Ausbreitung: 30 cm

Es gibt mehr als 2000 verschiedene Wolfsmilcharten – von winzig bis baumgroß. Die bekannteste Gartenart ist wohl *E. characias* ssp. *wulfenii*, eine auffällige Beetpflanze, die sich aber für einen kleinen Kübelgarten nicht eignet. Empfehlenswert ist dagegen *E. amygdaloides*, ein kleiner Bodendecker, der auch im Schatten gedeiht. Er hat dunkelgrüne Blätter und gelbgrüne Blüten, die an hohen Stielen stehen. Die Sorte 'Purpurea'

Geranium farreri

während var. *robbiae* 'Mrs Rob's Bonnet' breitere Blätter trägt. Da sie zum Wuchern neigt, muss sie eingedämmt werden

Geranium farreri
Storchschnabel

Höhe: 10–15 cm

Ausbreitung: 15 cm

Wenige Gartenpflanzen sind so dankbar wie die Storchschnabel-Arten. Sie blühen den ganzen Sommer lang, und es gibt sie in verschiedenen Größen. *G. psilostemon* hat stattliche Ausmaße, *G. farreri* ist winzig und für den Steingarten beliebt. Die zierliche Art hat intensiv rosa- bis lilafarbene Blüten mit auffälligen schwarzen Staubgefäßen. Andere beliebte Storchschnabel-Arten, die sich für den Kübel eignen, sind *G. wallichianum* 'Buxton's Variety' (himmelblau mit weißer Äderung und dunklen Staubgefäßen) sowie *G. clarkei* 'Kashmir White' (weiß mit pinkfarbener Äderung).

Helianthus × multiflorus 'Loddon Gold'
Staudensonnenblume

Höhe: 1,5 m

Ausbreitung: 90 cm

Die meisten Sonnenblumen sind einjährig und häufig Gegenstand des Wetteiferns zwischen Hobbygärtnern um die größte Höhe. Auch die Staudensonnenblume ist recht groß und macht im Kübel Eindruck, wenn man genug Platz für sie hat. Sie hat stattliche Blütenstände in leuchtendem Gelb und braucht nicht gestützt zu werden. Es gibt eine Reihe von Zuchtformen wie 'Capenoch Star' (einfache, gelbe Blüten) und 'Soleil d'Or' (gefüllte, gelbe Blüten). Alle brauchen einen sonnigen Standort.

Helleborus orientalis
Lenzrose

Höhe: 50 cm

Ausbreitung: 50 cm

Die Lenzrose blüht kurz nach ihrer Verwandten, der Christrose *(H. niger)* – also zu einer Zeit, wenn noch kaum Blüten im Garten zu sehen sind. Die schalenförmigen, leicht nickenden Blüten sind weiß, rosafarben, mauve oder mattrot und halten sich sehr lange an der Pflanze. Die Innenseiten sind oft interessant gezeichnet. An einer geschützten Stelle ist die Lenzrose immergrün. Sie schätzt einen windgeschützten Schattenplatz und lockeren Boden.

Helleborus orientalis

Hosta 'Blue Moon'
Hosta, Funkie

Höhe: 10 cm

Ausbreitung: 30 cm

Hosta gedeihen besser in Kübeln als in Beeten, weil sie bei Feuchtigkeit im Handumdrehen von Schnecken abgefressen werden. Im Kübel lässt sich der Schaden begrenzen, weil Schnecken nicht so schnell die Gefäßwände hinaufkriechen können. Hosta wirken hauptsächlich wegen ihres interessanten Laubs. Es gibt viele Arten mit blaugrauen, grünen, gelbgrünen und panaschierten Blättern, die auch als Gruppe reizvoll aussehen. Im Schatten fühlen sie sich besonders wohl. 'Blue Moon' ist eine niedrige Art mit blaugrauem Laub. 'Aureomarginata' hat gelb geränderte Blätter, 'Gold Standard' hat gelbe Blätter mit grünem Rand.

Lobelia cardinalis
Kardinalslobelie

Höhe: 90 cm

Ausbreitung: 30 cm

Die Kardinalslobelie ist eine kurzlebige Rhizomstaude mit dunkelroten Stielen und leuchtend grünen, bronzefarben überhauchten Blättern. Im Spätsommer und Frühherbst trägt sie Blüten in einem Rot, mit dessen Intensität nur wenige Gartenpflanzen konkurrieren können. Die Blüten eignen sich gut als Basis für eine Farbkomposition in feurigen Tönen. Kardinalslobelien bevorzugen tiefgründigen, feuchten Boden in voller Sonne, tolerieren aber auch Halbschatten. *L. erinus* ist die niedrige, hängende Art, die als Einjährige beliebt ist.

Lobelia cardinalis

Lupinus Gallery-Hybriden
Lupine

Höhe: 50 cm

Ausbreitung: 20 cm

Viele Lupinen, darunter auch die beliebten Russell-Hybriden, sind mit durchschnittlich 1,2 m Höhe für den normalen Kübelgarten zu groß. Wer aber einen Bauerngarten im Kleinformat gestalten möchte, sollte unbedingt die kleinwüchsigen Gallery-Hybriden in Erwägung ziehen. Die Farben sind etwas zarter als bei den Russell-Hybriden, es gibt eine Reihe sanfter Rosa-, Gelb-, Blau-, Rot-, Violett- und Lavendeltöne. Zudem sind die Blüten kompakter als bei den großen Sorten. Weitere Zwergzüchtungen sind die Lulu-Serie und Dwarf Russell Mixed. Alle Lupinen brauchen einen sonnigen Platz.

Nymphaea 'Gonnère'
Seerose

Ausbreitung: 1–1,20 m

Seerosen muss man mit viel Sorgfalt auswählen. Die wichtigsten Kriterien sind die Größe und vor allem die Wassertiefe des Teiches. 'Gonnère' ist eine der schönsten weißen Sorten mit klargelber Mitte. Sie hat zahlreiche Blütenblätter und einen zarten Duft. Sie benötigt eine Wassertiefe von etwa 90 cm, breitet sich aber nicht so stark aus wie andere Seerosen. Seerosen blühen nur in voller Sonne gut. In fließendem Wasser gedeihen sie nicht, leichte Bewegung tolerieren sie aber.

Penstemon 'Andenken an Friedrich Hahn'
Bartfaden

Höhe: 80 cm

Ausbreitung: 60 cm

Der Bartfaden ist leider nicht sehr bekannt. Es ist eine ausgezeichnete immergrüne oder halbimmergrüne Pflanze, die vom Hochsommer bis zum Herbst lange Blütenstände trägt. Die Pflanze lässt sich leicht vermehren. Man nimmt entweder im Sommer Stecklinge oder teilt sie im Herbst. Sie ist auch für Kübelgärtner sehr empfehlenswert, die nicht so viele Einjährige verwenden möchten. Es gibt eine Reihe schöner Namenssorten, darunter 'Andenken an Friedrich Hahn' (dunkelrot), 'Apple Blossom' (zartrosa) und 'Maurice Gibbs' (rot mit weißer Mitte).

Lupinus

Phlox paniculata
Staudenphlox

Höhe: 1,2 m

Ausbreitung: 60–80 cm

Der Phlox ist eine schöne Sommerstaude, deren Blüte vom Hochsommer bis in den Herbst andauert. Es gibt viele Sorten mit Blüten in unterschiedlichen Schattierungen von Rosa, Rot, Violett, Flieder, Blau und Weiß. Die locker-kugeligen Blütenstände stehen wie ein runder Hut oberhalb der Blätter. Zu den beliebtesten Sorten gehören 'Amethyst' (violett), 'Eva Cullum' (pink), 'Fujijama' (weiß), 'Le Mahdi' (blauviolett), 'Mother of Pearl' (weiß mit einem Hauch Rosa) und 'Prince of Orange' (orangerot).

Primula vulgaris
Primel, Schlüsselblume

Höhe: 20 cm

Ausbreitung: 30 cm

Die Gattung der Schlüsselblumen und Primeln umfasst mehr als 400 Arten und tausende von Sorten. Dennoch ist die einfache Schlüsselblume *P. vulgaris* eine Lieblingspflanze vieler Gärtner geblieben. Die Blüten sind von zartem Hellgelb mit dunklerer Mitte. Sie duften leicht und wirken zauberhaft bescheiden. Schlüsselblumen lassen sich problemlos durch Teilung nach der Blüte vermehren. Sie bevorzugen Schatten. An einem heißen, trockenen Platz gedeihen sie nicht. Schlüsselblumen stehen unter Naturschutz, man darf sie nicht im Wald ausgraben, um sie in den Garten zu pflanzen.

Phlox paniculata

Pulmonaria saccharata
Lungenkraut

Höhe: 30 cm

Ausbreitung: 60 cm

Das Lungenkraut ist ein hübscher Anblick, wenn sich im Frühling die Blüten über die gefleckten Blätter erheben, wegen derer die Pflanze ihren volkstümlichen Namen trägt. Es gedeiht gut im Kübel und breitet sich leicht in lockerem Substrat aus. Ideal sind erhöhte Gefäße, sodass man die zierlichen Blüten aus der Nähe betrachten kann. Meist sind die Blüten blau oder rosafarben, einige öffnen sich auch rosafarben und werden nach einigen Tagen blau, sodass an einem einzigen Stiel sowohl rosafarbene als auch blaue Blüten stehen können. Es gibt eine Reihe von Namenssorten. Sorten der Argenta-Gruppe haben silbriges Laub und rote Blüten, die sich violett verfärben. 'Mrs Moon' trägt rosafarbene Knospen, die sich zu fliederfarbenen Blüten öffnen.

Scabiosa caucasica 'Clive Greaves'
Skabiose

Höhe: 60 cm

Ausbreitung: 60 cm

Die wilde Skabiose *S. columnaria* ist eine beliebte, zauberhafte Wildblume. Die Gattung ist jedoch recht groß und umfasst mehr als 80 Arten. Die Kultursorten haben sich den Charme der Wildform meist bewahrt. Viele haben zartblau oder fliederfarbene Blüten, es gibt aber auch andere Töne von Violett bis Weiß. Die Skabiose blüht im Spätsommer, wenn die Sommerblumen schon verblüht sind. So hilft sie, die Blühsaison im Garten zu verlängern. 'Clive Greaves' hat lavendelblaue Blüten, 'Perfect Alba' und 'Mrs Willmott' blühen weiß.

Stachy byzantina
Ziest

Höhe: 50 cm

Ausbreitung: 60 cm

Der Ziest ist eine der bekanntesten graulaubigen Gartenpflanzen. Er gedeiht fast überall und bildet einen guten Hintergrund für das grüne Laub anderer Arten. Er bildet eine dichte Matte aus silbrig weißen, filzähnlich behaarten Blättern, über denen sich im Sommer lavendelblaue Blüten an schlanken Stielen öffnen. Ziest bevorzugt einen sonnigen Platz und verträgt jeden Boden, solange er durchlässig ist. Zu den Zucht-

Primula vulgaris

formen gehören 'Big Ears' (grüne Blätter mit grauem Flaum) und 'Silver Carpet' (silbrige Blätter). Letztere blüht gar nicht und eignet sich gut als Bodendecker.

Einjährige

Sie bilden den Mittelpunkt des Kübelgartens, weil man mit ihnen jedes Jahr eine neue Farbkombination ausprobieren kann. Manche sind eigentlich frostempfindliche Mehrjährige, die jedoch in kühlen und gemäßigten Regionen einjährig kultiviert werden.

Ageratum houstonianum
Leberbalsam

Höhe: 15–30 cm

Ausbreitung: 15–30 cm

Diese niedrige, frostempfindliche Einjährige stammt aus Mexiko. Die gängigste Blütenfarbe ist Blau, es gibt jedoch auch weiße und rosafarben blühende Sorten. Wie Polster stehen die kleinen Blüten direkt über dem Laub. Zu den bekannteren Namenssorten gehören die Hawaii-Serie, die kleinwüchsige 'Swing Pink' (pink bis rot) und 'Blaue Donau' (sanftes Blau). Im Frühling bei 16 °C aussäen.

Pulmonaria saccharata

Amaranthus caudatus
Fuchsschwanz

Höhe: 80 cm

Ausbreitung: 50 cm

Eine frostverträgliche Einjährige mit ungewöhnlichen, nickenden „Blütenschwänzen". Es gibt auch Sorten mit aufrechten Blütenständen. Sie ist größer als die meisten Einjährigen. *A. tricolor* wächst buschiger und hat leuchtend gefärbte Blätter. Im Frühling bei 20 °C aussäen.

Antirrhinum majus
Löwenmäulchen

Höhe: 30–50 cm

Ausbreitung: 30 cm

Diese frostempfindlichen Stauden werden hierzulande einjährig kultiviert. Kinder lieben die Blüten besonders, die sich auf leichten Druck öffnen und schließen lassen. Es gibt sie in vielen leuchtenden Farben: Rot, Gelb, Orange und Weiß, zudem sind viele Serien und Zuchtformen erhältlich. Die Rocket-Serie ist besonders hoch. Die Sonnet-Serie blüht früh und ist mittelhoch. Die Tahiti-Serie und 'Floral Showers' sind kleinwüchsig.

Aubrieta cultorum
Blaukissen

Eigentlich eine Staude (s. S. 225), wird aber gerne wie eine Einjährige behandelt und als Beetpflanze verkauft.

Begonia
Begonie

Höhe: 25 cm

Ausbreitung: 30 cm

Es gibt sehr viele Begonienarten. In sommerlichen Gärten sieht man fast immer Sorten von *B. tuberosa*, der Knollenbegonie, mit großen, farbenprächtigen Blüten, oder *B. semperflorens*, die oft bronzefarbiges Laub hat und viele kleine Blüten trägt. Beide werden am besten wie Einjährige behandelt. Die Vielfalt der Blütenformen und -farben ist enorm. Unter den Sorten von *B. semperflorens* ist die Cocktail-Serie empfehlenswert. Die Knollenbegonie 'Can-Can' hat große, gelbe Blüten mit einem rötlichen, gekräuselten Rand.

Bellis perennis
Bellis, Kulturgänseblümchen

Höhe: 15–20 cm

Ausbreitung: 15 cm

Bellis sind ebenfalls winterharte Stauden, die normalerweise einjährig kultiviert werden. Die Pomponblüten in Rot, Weiß oder Rosa stehen an schlanken Stielen. Man kann sie überwintern, aber die meisten Gärtner pflanzen sie jedes Jahr neu. Es ist möglich, sie im zeitigen Frühjahr bei 10 °C im Haus auszusäen. Bekannt sind die Serien Pomponette, Roggli und Tasso, es gibt aber auch noch viele andere empfehlenswerte.

Antirrhinum majus

Brachyscome iberidifolia

Höhe: 30 cm

Ausbreitung: 30 cm

Diese beliebten, kleinen Einjährigen tragen Gruppen von meist weißen, fliederfarbenen oder violetten Blüten, die an Gänseblümchen erinnern. Besonders beliebt ist die Splendour-Serie. Dwarf Bravo Mixed ist etwas kleiner, Summer Skies hat Blüten in schönen Schattierungen von Blau, Rosa und Weiß.

Calceolaria Herbeohybrida-Gruppe
Pantoffelblume

Höhe: 25 cm

Ausbreitung: 15 cm

Diese bedingt frostverträglichen Zweijährigen werden gern als Sommerblumen in Kübel und Kästen gepflanzt. Die Blüten haben eine kompakte Rautenform und sind meist leuchtend gelb oder orangefarben. Einige gelbe Sorten haben eine attraktive orangerote Zeichnung in der Mitte. 'Bright Bikinis' trägt rote, gelbe und orangefarbene Blüten. Die Anytime-Serie ist kompakt und kommt schnell zur Blüte. Man sät sie bei 18 °C im Spätsommer oder zeitigen Frühling.

Calceolaria integrefolia

Calendula officinalis
Ringelblume

Höhe: 30–50 cm

Ausbreitung: 30 cm

Diese beliebte Einjährige wird schon seit Jahrhunderten kultiviert. Die gelben und orangefarbenen Blüten sehen kleinen Chrysanthemen ähnlich. Sie können im Frühling oder Herbst an Ort und Stelle ausgesät werden. Die Pacific-Beauty-Serie ist am meisten verbreitet. Die Blüten von *C. officinalis* sind ungefüllt.

Callistephus chinensis
Gartenaster, Sommeraster

Höhe: 20–40 cm

Ausbreitung: 20–40 cm

Diese Pflanzen werden schnell buschig und bilden chrysanthemenähnliche Blüten in einer Reihe von Farben aus: Rosa, Gelb, Rot Mauve und Weiß. Unter den vielen Serien sind folgende am bekanntesten: Ostrich Plume, Comet, Milady Mixed und Thousand Wonder. Bei 15 °C im zeitigen Frühjahr aussäen oder etwas später an Ort und Stelle.

Campanula carpatica
Karpatenglockenblume

Höhe: 30 cm

Ausbreitung: 30–60 cm

Es gibt zahlreiche Glockenblumen, die ihren Namen zu Recht wegen der hübschen, meist blauen, violetten oder weißen Glockenblüten tragen. Die Art *C. carpatica* ist eine winterharte Staude, die dichte Polster bildet und sich auch sehr gut als Einfassung für Beete und Wege eignet. Sie ist sehr wüchsig und muss eventuell eingedämmt werden. Beliebte Sorten sind 'Jewel' (dunkelviolett), 'Blue Clips' (blau) und 'Bressingham White' (weiß). Alle werden im Frühling an Ort und Stelle gesät. Man kann auch ältere Pflanzen teilen.

Catananche caerulea
Rasselblume

Höhe: 80 cm

Ausbreitung: 30 cm

Eine attraktive, Horste bildende, kurzlebige Staude mit graugrünen, grasartigen Blättern. Den ganzen Sommer über bildet sie viele einzelne Blüten in verschiedenen Blautönen an langen Stielen. Häufig wird sie als Einjährige kultiviert. Es gibt einige Namenssorten. 'Bicolor' hat weiße Blüten mit blauer Mitte. 'Major' hat fliederfarbene Blüten mit dunkler Mitte und 'Perry's White' hat weiße Blüten mit cremefarbener Mitte. Die Namenssorten müssen durch Teilung oder Wurzelstecklinge vermehrt werden. Bei Aussaat sind sie nicht farbtreu.

Calendula officinalis

Celosia argentea
Hahnenkamm
Höhe: 20–50 cm
Ausbreitung: 15–40 cm

Es gibt zwei Formen des Hahnenkamms. Die Plumosa-Gruppe hat offene, pyramidenförmige, fiedrige Blütenstände, während die Cristata-Gruppe dicht gedrängte, gewellte Blütenstände trägt. Sorten der Plumosa-Gruppe sieht man häufig in den Beeten von Parks und Grünanlagen. Mit ihren Blüten in Gelb, Pink, Orange und Rot kann man sie kaum übersehen. Besonders bekannt sind die Sorten der Century-Serie. Die Kimono-Serie ist kleiner und besser für Kübel und kleine Gärten geeignet. Man sät sie ab dem Frühling bei 18 °C.

Campanula carpatica 'Blue Gem'

Centaurea cyanus
Kornblume
Höhe: 25–90 cm
Ausbreitung: 15–20 cm

Kornblumen sind winterharte Stauden mit Blüten in Blau, Weinrot, klarem Rot und Rosa. Die traditionelle Farbe der Kornblume ist jedoch ein intensives Blau, und viele Gärtner geben diesem den Vorzug. Es gibt eine Reihe von Serien, darunter die Boy-Serie, zu der auch die leuchtend blaue 'Blue Boy' gehört. Bekannte Sorten sind ferner 'Jubilee Gem', 'Pinkie' und 'Florence Blue'. Man sät Kornblumen im Herbst oder im Frühling an Ort und Stelle.

Chrysanthemum parthenium 'Aureum'

Chrysanthemum parthenium
syn. *Tanacetum parthenium*
Rainfarn
Höhe: 50–60 cm
Ausbreitung: 30 cm

Der Name dieser kurzlebigen Staude ist vor kurzem geändert worden, sodass sie in manchen Büchern unter dem ersten oder dem zweiten, heute gültigen Namen zu finden ist. Die Gartensorten haben gelbe oder weiße Blüten, einige haben gelbe Blätter. Hübsch sind die gefüllten Formen, etwa 'Plenum' und 'Snowball' (beide weiß). Sie werden im zeitigen Frühling bei 10 °C ausgesät oder durch krautige Stecklinge im Frühling vermehrt.

Cineraria maritima
syn. *Senecio cineraria*
Greiskraut
Höhe: 20–30 cm
Ausbreitung: 25–30 cm

Der gültige Name ist *Senecio*, man wird diese Pflanze aber häufig noch unter ihrer alten Bezeichnung finden. Es ist eine klassische Blattpflanze mit silbrigen Blättern, die einen ausgezeichneten Hintergrund für farbenfrohe Einjährige abgibt. Besonders bekannt sind die Sorten 'Silver Dust' und 'Cirrus'. Man sät sie im Frühling bei 20 °C aus oder nimmt im Spätsommer halbreife Stecklinge, die überwintert werden.

Clarkia amoena
Atlasblume

Höhe: 80 cm

Ausbreitung: 30 cm

Eine sehr hübsche Einjährige mit trichterförmigen Blüten, manchmal mit gezeichneter Mitte. Gelegentlich findet man sie auch unter dem Namen *Godetia amoena* und *G. grandiflora*. Die Blüten sind meist rosafarben, weiß oder intensiv lavendelblau. Die Satin-Serie bleibt gedrungener. *C. unguiculata*, auch als *C. elegans* im Handel, ist größer und hat aufrechte Blütenstände. Die Blüten der Royal-Bouquet-Serie erinnern an kleine Stockrosen. Man sät sie im zeitigen Frühling an Ort und Stelle, ein Umpflanzen ist nicht nötig. Atlasblumen lassen sich gut trocknen.

Consolida ajacis

Consolida ajacis
Lerchensporn

Höhe: 30–50 cm

Ausbreitung: 15–25 cm

Dekorative Einjährige mit aufrechten Blütenständen in angenehmen Pastelltönen von Weiß, Hellblau und Rosa, gelegentlich auch Dunkelviolett. Die kleineren Sorten werden meist bevorzugt, beliebt sind die Serien Dwarf Hyacinth und Dwarf Rocket. Die kräftigen Pflanzen vertragen Wind recht gut. Die Serie Giant Imperial ist mit 90 cm wesentlich höher und sollte im Hintergrund eines Kübels oder Beets gepflanzt werden. Die winterharte Einjährige wird im Herbst oder im zeitigen Frühling an Ort und Stelle ausgesät. Die Pflanze ist für den Menschen giftig.

Convolvulus tricolor
Winde

Höhe: 30–40 cm

Ausbreitung: 25–30 cm

Die Ackerwinde ist eins der hartnäckigsten Gartenunkräuter, doch die Kulturformen sind sehr ansprechend und umfassen verschiedene Arten von Sträuchern bis zu Einjährigen. *C. tricolor* wird als winterharte Einjährige kultiviert. Die Serie Flagship Mixed blüht in Rot, Dunkelblau, Hellblau, Weiß und Rosa. Die trompetenförmigen Blüten haben eine auffällige, weiße Zeichnung und eine gelbe Mitte. *C. sabatius* ist eine blaue Staude, die meist im Steingarten gehalten wird. Vor starkem Frost muss sie geschützt werden. Die Einjährigen im mittleren Frühling an Ort und Stelle säen, die Staude durch Stecklinge vermehren.

Coreopsis tinctoria
Färber-Mädchenauge

Höhe: 30 cm

Ausbreitung: 15 cm

Die kleineren Mädchenauge-Sorten stammen von dieser Art ab. Beliebt ist vor allem die Serie Dwarf Mixed. 'Mahogany Midget' hat bronzerote Blüten mit gelbem Auge, die vom Hochsommer bis zum Herbst in großer Zahl erscheinen. *C. grandiflora* und ihre Sorten sind winterharte Stauden, die manchmal als Einjährige kultiviert werden und meist gelb blühen. 'Early Sunrise' und 'Tiger Flower' sind zuverlässige Sorten. Man sät im Frühling an Ort und Stelle.

Dianthus chinensis
Einjährige Nelke

Höhe: 15–25 cm

Ausbreitung: 10–15 cm

Die Gattung *Dianthus* ist sehr groß und umfasst viele Arten, die sowohl im Haus als

Eschscholzia californica

auch im Freien gedeihen. Viele beliebte Gartennelken werden als frostempfindliche Einjährige kultiviert. Man sät sie im Frühling bei 16 °C, dann blühen sie im Spätsommer des gleichen Jahres. Es gibt verschiedene Serien und Namenssorten. Die Serien Baby Doll und Carpet haben einfache Blüten, meist in Rosatönen, aber auch in Rot und Weiß. Die schöne 'Raspberry Tart' hat rosafarbene Blüten mit dunkelroter Mitte. 'Dad's Favorite' trägt weiße Blüten mit rotem Rand und violetter Mitte.

Erigeron karvinskianus
Berufkraut

Höhe: 15–30 cm

Ausbreitung: bis 90 cm

Eine ausgezeichnete Pflanze, die über Mauern herabhängt. Auch sehr gut für Blumenkästen und Ampeln. Die kleinen Strahlenblüten erscheinen im Hochsommer. Sie sind zuerst weiß und verfärben sich dann langsam zu Rosa und Rot. In Blumenkästen und Ampeln wird sie einjährig kultiviert. Im Garten treibt sie jedes Jahr wieder aus. Weil sie aber sehr wüchsig ist, muss man sie eventuell eindämmen. 'Profusion' ist eine beliebte Sorte. Im Frühling im kalten Frühbeet aussäen.

Fuchsia 'Tennessee Waltz'

Eschscholzia californica
Kalifornischer Kappenmohn

Höhe: 15–30 cm

Ausbreitung: 15 cm

Kalifornischer Kappenmohn lässt sich ganz unkompliziert aussäen, weil die Pflanzen selbst in einem Kiesbeet wurzeln. Sie säen sich aber auch stark selbst aus und müssen in den Folgejahren eventuell gejätet werden. Die einfachen Blüten stehen auf aufrechten Stielen. Sie sind meist gelb oder orange, es gibt aber auch Sorten mit roten, rosafarbenen und weißen Blüten. Besonders schön ist die Serie Thai Silk mit halb gefüllten Blüten in verschiedenen Farben. Im Frühling an Ort und Stelle säen.

Fuchsia
Fuchsie

Höhe (kleine Sorten): 40–60 cm

Ausbreitung: 30–60 cm

Fuchsien sind bedingt winterharte, mehrjährige Sträucher. Einige Sorten vertragen Temperaturen bis –5 °C im Freiland. Sie haben hängende Blüten, meist in attraktiven Rosatönen, viele sind auch zweifarbig. Fuchsien eignen sich sehr gut für Ampeln und Kübel und können im Haus überwintert werden. Empfehlenswert sind 'Margaret Brown' (Blüten in zwei Rosatönen), 'La Campanella' (weiß und violett), 'Swingtime' (gefüllte, weiße Blüten mit roten Hüllblättern).

Gazania

Höhe: 20 cm

Ausbreitung: 25 cm

Frostempfindliche Staude, die einjährig kultiviert wird. Gazanien sind entfernt mit den Astern verwandt und haben Strahlenblüten mit etwas breiteren Blütenblättern. Die Chansonette-Serie hat Blüten in Gelb, Rosa, Rot und Orange. Die Mini-star-Serie ist kleiner und hat ein reicheres Farbspektrum. Im zeitigen Frühling bei 18–20 °C aussäen.

Heliotropium arborescens
Heliotrop, Sonnenwende, Vanilleblume

Höhe: 30–50 cm

Ausbreitung: 30–35 cm

Viele Sorten des Heliotrop wachsen zu Sträuchern heran, die kleineren Sorten werden meist als Einjährige kultiviert. 'Marine' ist die beliebteste Sorte mit besonders intensivem Duft. 'Mini Marine' ist etwas kleiner und kompakter. Die Blüten sind blauviolett und machen sich sehr gut in einem sommerlichen Kübel. Man sät sie im Frühling bei 16 °C aus.

Gazania

Lavatera trimestris 'Silver Cup'

Die Namenssorten werden durch Stecklinge vermehrt, weil sie bei Aussaat nicht farbtreu sind.

Iberis umbellata
Doldige Schleifenblume

Höhe: 15–30 cm

Ausbreitung: 20 cm

Eine weitere sehr beliebte, winterharte Einjährige, die im Herbst oder zeitigen Frühling an Ort und Stelle gesät wird. Bekannt sind vor allem die Fairy-Serie mit Blüten in Rosa, Lavendel und Weiß sowie die Flash-Serie mit intensiveren Tönen von Pink, Violett und Rot. Die Blüten sind in flachen Dolden angeordnet und bedecken die Pflanze komplett.

Impatiens Neu-Guinea-Gruppe
Fleißiges Lieschen

Höhe: 35 cm

Ausbreitung: 30 cm

Fleißige Lieschen gehören zu den beliebtesten Sommerblühern. Eigentlich sind es frostempfindliche Stauden, sie werden jedoch fast immer einjährig kultiviert. Die Sorten der Neu-Guinea-Gruppe (Neu-Guinea-Hybriden) haben Blüten in verschiedenen Schattierungen von Rosa, Pink, Rot und Weiß, auch zweifarbige Blüten sind zu finden. Die Blätter sind oval und zugespitzt, meist hellgrün oder bronzegrün, gelegentlich auch cremefarben, weiß oder gelb panaschiert. Fleißige Lieschen bevorzugen den Halbschatten und haben den Vorzug, sogar im tiefen Schatten reich zu blühen. Es gibt eine Reihe weiterer Serien. Zu den bekannten Sorten gehören 'Cheers', 'Concerto', 'Tango' und 'Red Magic'. Man sät sie im Frühling bei 16 °C. Im Sommer geschnittene Stecklinge kann man im Haus überwintern.

Lavatera trimestris
Malve

Höhe: 60–90 cm

Ausbreitung: 30–50 cm

Diese Einjährigen sind recht hoch, aber außergewöhnlich schön. Sie tragen die typischen, weit geöffneten Trompetenblüten der Malvenfamilie. 'Pink Beauty' hat rosafarbene Blüten mit weißer Äderung und einer dunkleren Mitte. 'Silver Cup' hat ein intensiveres Pink, während 'Mont Blanc' nahezu reinweiß blüht. 'Ruby Regis' zeigt ein dunkles Pink, das fast als Rot gelten kann. Man sät sie im mittleren Frühjahr an Ort und Stelle.

Impatiens Neu-Guinea-Gruppe

Limnanthes douglasii
Sumpfblume, Spiegeleierblume

Höhe: 15 cm

Ausbreitung: 15 cm

Die niedrige Einjährige mit den schalenförmigen, weißen Blüten und dottergelbem Auge hat einen sehr treffenden Populärnamen. Die Blüten erscheinen während des ganzen Sommers und sind eine gute Bienenweide. Die unkomplizierte Pflanze wird im Herbst oder Frühling an Ort und Stelle gesät. Bei Herbstaussaat blüht sie früher, muss aber vor Frost geschützt werden.

Linum grandiflorum
Lein

Höhe: 50–60 cm

Ausbreitung: 15 cm

Lein blüht normalerweise blau, das trifft auch auf die meisten ausdauernden Leinarten zu. Lediglich die einjährige Form hat rosarote Blüten. Zu den Namenssorten gehören 'Bright Eyes' (weiß), 'Caeruleum' (blau), 'Magic Circles' (rot und weiß) sowie 'Rubrum' (rot). Lein ist eine unkomplizierte, winterharte Einjährige. Sie wird im Frühling oder schon im Herbst an Ort und Stelle gesät. Alle bevorzugen einen sonnigen Standort und humusreichen, durchlässigen Boden. Am besten wirken die Pflanzen in größeren einfarbigen Gruppen.

Lobelia erinus

Lobelia erinus
Lobelie

Höhe: 10–15 cm

Ausbreitung: 15 cm

Diese niedrigen, Polster bildenden Stauden werden als Einjährige kultiviert. In aller Welt sind sie als Ampelpflanzen beliebt, weil die Triebe mit den kleinen Blüten – meist blau mit weißem Auge – so hübsch herabhängen. Lobelien passen auch gut in den Steingarten oder in ein blau-weißes Beet – zusammen mit silbrigem Greiskraut *(Senecio)* und der weißen Lobeliensorte 'White Cascade'. Die Sorten der Cascade-Serie haben Blüten in Pink, Rot, Blau und Weiß, während die der Palace-Serie meist blau oder weiß sind. Es gibt auch höhere Sorten, die sich für Beeteinfassungen eignen.

Matthiola incana
Levkoje

Höhe: 20–50 cm

Ausbreitung: 25–30 cm

Levkojen sind aufrechte Stauden oder Halbsträucher, die meist als frostempfindliche Einjährige kultiviert werden. Innerhalb ungewöhnlich kurzer Zeit bilden sie aufrechte Blütenstände in Weiß, Rot, Rosa oder Violett, mit intensivem Duft. Im Handel findet man verschiedene Serien, darunter die Brompton-Serie, die zweijährig kultiviert wird. Ten Week Mixed hat meist gefüllte Blüten, während die Sentinel-Serie besonders hoch wird.

Mesembryanthemum criniflorum
Mittagsblume

Höhe: 8 cm

Ausbreitung: 15 cm

Mittagsblumen sind beliebte Einjährige, die sich an trockenen, sonnigen Standorten von der besten Seite zeigen. Sie haben zahlreiche Strahlenblüten in Rosa, Weiß, intensivem Pink und Gelb, gelegentlich auch in Pastelltönen, und eignen sich sehr gut als Bodendecker. Man sät sie im zeitigen Frühling bei 16 °C im Haus.

Mimulus × hybridus
Gauklerblume

Höhe: 10–30 cm

Ausbreitung: 30 cm

Eine frostempfindliche Staude, die einjährig kultiviert wird. Bekannt sind vor allem die Serien Calypso, Magic und Mystic. Die trompetenförmigen Blüten sind meist gelb oder orange, es gibt aber auch Sorten mit cremeweißen, roten oder rosafarbenen Blüten. Viele sind in der Mitte gefleckt. Gauklerblumen bevorzugen feuchten Boden und werden bei mindestens 7 °C im Frühling im Haus gesät.

Matthiola incana

Nemesia strumosa
Nemesia
Höhe: 20–30 cm
Ausbreitung: 10–15 cm
Eine beliebte frostempfindliche Einjährige für den Steingarten mit schönen, originellen Blüten, die voll geöffnet zwei Hälften haben und oft zweifarbig sind. 'KLM' ist blau-weiß, 'National Ensign' und 'Danish Flag' sind rot-weiß. 'Blue Gem' ist saphirblau mit weißem Auge, während die Sorten der Carnival-Serie kleiner bleiben. Nemesia wird im Frühling an Ort und Stelle gesät. Bei Aussaat im Herbst blüht sie früher, muss aber vor Frost geschützt werden. Die Pflanzen brauchen zur Blütenbildung viel Wasser.

Nicotiana × sanderae
Ziertabak
Höhe: 30–60 cm
Ausbreitung: 20–40 cm
Diese Art ist etwas kleiner als der traditionelle Ziertabak. Die Blüten öffnen sich bereits tagsüber und nicht erst am Abend. Sie duften jedoch weniger intensiv. 'Lime Green' ist eine beliebte Sorte mit hellgrünen Blüten. Es gibt eine Vielzahl von Serien. Bekannt sind vor allem Domino und Havana, während Merlin speziell für Kübel und Kästen gezüchtet wurde. Man kultiviert sie als frostempfindliche Einjährige und sät sie im Frühling bei 18 °C.

Petunia
Petunie
Höhe: 20–30 cm
Ausbreitung: 30–90 cm
Petunien zählen zweifellos zu den bekanntesten und beliebtesten Sommerpflanzen. Es sind frostempfindliche Stauden, die generell einjährig kultiviert werden. Man unterteilt sie in zwei Gruppen. Grandiflora-Sorten haben einzelne, sehr große Blüten, während die Multiflora-Sorten buschiger wachsen und viele kleine Blüten tragen. Die Farbauswahl ist enorm, sie umfasst einfarbige und zweifarbige Blüten, viele haben auch einen andersfarbigen Schlund oder ein Fleckenmuster in einem dunkleren Farbton. Für Ampeln ist die Supercascade-Serie besonders beliebt. Die Carpet-Serie eignet sich für Sommerbeete, während die Picotee-Serie gekräuselte, weiße Ränder besitzt. Man sät Petunien im Frühling im Freien. Um die Blüte anzuregen, muss Verwelktes regelmäßig entfernt werden.

Pelargonium
Pelargonie, auch fälschlich: Geranie
Höhe: 15–60 cm
Ausbreitung: 20–30 cm
Diese große Pflanzengattung wird in sechs Gruppen unterteilt. Die verbreitetste ist die der Zonal-Pelargonien, die wiederum sieben an der Blütenform orientierte Untergruppen umfasst. Hängende Pelargonien sind ideal für Blumenkästen an Balkonbrüstungen, aber auch für Ampeln. Die Blütenfarben reichen von klarem Rot über alle Schattierungen von Pink und Rosa bis zu Weiß. Pflanzen aus der Horizon-Serie sind kompakt und buschig, also ideal für Kübel, während Sorten der Orbit-Serie früh blühen. Es gibt eine Vielzahl von Namenssorten. Pelargonien kann man im Frühling bei 16 °C aus Samen ziehen, besser aber vermehrt man sie durch Stecklinge, die ganzjährig geschnitten werden können.

Nicotiana x sanderae

Petunia

Sidalcea malviflora

Phlox drummondii
Einjähriger Phlox
Höhe: 10–50 cm
Ausbreitung: 20 cm
Diese hübsche, frostempfindliche Einjährige trägt attraktive Blütenstände, die entfernt an kleine Hortensien erinnern. Das Farbspektrum ähnelt dem von Petunien: Weiß, Violett, Lavendel, Rosa und Rot sind die Hauptfarben. Es gibt eine Reihe von Serien, die sich vor allem in der Höhe unterscheiden. Sehr beliebt ist die Serie Twinkle Star Mixed mit sternförmigen Blütenblättern. Die Fantasy-Serie in klaren Farben duftet angenehm, die Palona-Serie umfasst buschige, kleinwüchsige Sorten. Im Frühling bei 16 °C im Haus oder im Frühsommer im Freien aussäen.

Salvia splendens
Prachtsalbei, Salvie
Höhe: 30–40 cm
Ausbreitung: 15–20 cm
Die Gattung Salbei umfasst viele Arten, doch die als Zierpflanzen verwendeten Formen sind aus *S. splendens* entstanden, die im Sommer aufrechte, leuchtend rote Blütenstände trägt. Sie gehören zu den beliebtesten Sommerblumen und eignen sich sehr gut für die Kübelpflanzung. Zu den Zuchtserien gehören beispielsweise Sizzler mit acht Blütenfarben, darunter Lachs, Pink, Hellgelb, Lavendel, Rot, Violett. 'Firecracker' ist eine Zwergsorte. Daneben gibt es viele weitere Namenssorten. Man sät sie im mittleren Frühling bei 16 °C.

Tropaeolum majus

Schizanthus pinnatus
Spaltblume
Höhe: 20–50 cm
Ausbreitung: 20–30 cm
Die Spaltblume kann im kalten Gewächshaus gezogen und als Zimmerpflanze kultiviert werden. Man kann sie aber auch an einem warmen, geschützten Platz im Freien als Einjährige halten. Außerdem kann sie während des Winters unter Glas ausgesät werden. Die Blütenstände bestehen aus attraktiven, offenen Röhrenblüten in Weiß, Gelb, Rosa, Rot oder Violett, meist mit einer gelben oder gelb-roten Zeichnung in der Mitte. 'Hit Parade' und 'Star Parade' gehören zu den bekanntesten Sorten. Bei 16 °C im Frühling säen, alternativ im Spätsommer säen und die Pflanzen im Winter im Haus zur Blüte bringen.

Sidalcea malviflora
Präriemalve
Höhe: 30–90 cm
Ausbreitung: 10–50 cm
Präriemalven sind Stauden, die wild auf Weideland, in lichten Wäldern und an den Ufern der Flüsse Nord- und Westamerikas vorkommen. Sie gedeihen in fast jedem Boden, sofern er nicht staunass ist, und bevorzugen volle Sonne. Für den Kübelgarten eignen sich vorwiegend die kleineren Sorten 'Loveliness' mit blassrosafarbenen Blüten, 'Puck' mit intensiv pinkfarbenen Blüten oder eine der Spezialzüchtungen für Kübel und Kästen. Die Blüten haben eine offene Schalenform und stehen an langen Stielen über einer Rosette aus grundständigen Blättern.

Tropaeolum majus
Kapuzinerkresse
Höhe: 30 cm
Ausbreitung: 50 cm
Diese beliebte Kletterpflanze gedeiht in fast jedem Boden und kann vom späten Frühling an im Freiland an Ort und Stelle gesät werden. Sie bevorzugt einen sonnigen Standort. Es gibt eine Reihe verschiedener Züchtungen, manche eher buschig wachsend, andere mit langen, rankenden Trieben. Alle tragen Blüten in verschiedenen Gelb- und Orangetönen. Beliebt ist die Whirlybird-Serie sowie die gefüllten Gleam-Mixed-Hybriden.

Verbena × hybrida
Gartenverbene
Höhe: 30 cm
Ausbreitung: 25 cm
Verbenen sind strauchige Stauden, die als Einjährige kultiviert werden. Züchter haben eine Reihe von Serien mit verschiedenen Blütenfarben entwickelt, von dunklem Violett über Blau, Rot, Rosa, Pfirsich und Weiß. Die Blüten erscheinen in Gruppen, die Einzelblüten ähneln Schlüsselblumen. Häufig haben sie eine kräftiger gezeichnete Mitte. Einige

Serien wachsen aufrecht, andere haben einen flach breiten oder hängenden Wuchs. Letztere eignen sich vor allem für Ampeln. Die Serien Sandy und Romance umfassen aufrechte Sorten. 'Peaches and Cream' und 'Imagination' sind breitwüchsige Sorten.

Viola × wittrockiana (Garten-)Stiefmütterchen

Höhe: 20–30 cm

Ausbreitung: 20–30 cm

Stiefmütterchen, die im Winter blühen, sind ein Gewinn für jeden Garten. Nach der Pflanzung im Herbst blühen sie mehrere Monate lang fortwährend. Eigentlich sind es winterharte Stauden, doch sollte man sie jedes Jahr durch neue Pflanzen ersetzen. In Kübeln kann man mit ihnen gezielt Farbakzente setzen. In den letzten Jahren wurden zahlreiche Serien gezüchtet, darunter viele zwei- oder mehrfarbige. Es sind jedoch auch einfarbige Sorten erhältlich. Das Farbspektrum reicht von dunklem Violett über Fliedertöne, Blau und Weiß bis zu Gelb- und Orangetönen. Viele haben das typische „Gesicht" aus dunkleren Flecken. Die Serien Fama, Regal und Ultima blühen zuverlässig im Winter. Die Imperial-Serie besticht durch große Blüten, die Accord-Serie hat einen sehr dunklen Fleck in der Mitte.

Zwiebeln und Knollen für die Frühlingsblüte

Chionodoxa luciliae Schneeglanz

Höhe: 15 cm

Ausbreitung: 5 cm

Der Schneeglanz ist weniger bekannt als andere frühe Zwiebelblüher, dabei handelt es sich um eine sehr attraktive Pflanze. Er hat kleine, sternförmige Blüten aus sechs Blütenblättern, meist in Blau, mit auffälligem, weißem Auge. Die Pflanzen bevorzugen einen sonnigen Platz und säen sich willig selbst aus. Es gibt eine Reihe von Zuchtformen, doch sind die botanischen Bezeichnungen etwas unübersichtlich. Man findet sie beispielsweise unter den Namen *C. gigantea* (blau mit weißem Auge), *C. g.* 'Alba' (weiß), *C. luciliae* (hellblau mit weißem Auge), *C. l.* 'Pink Cloud' (rosa) oder *C. sardensis* (blau).

Chionodoxa luciliae syn. *gigantea*

Fritillaria meleagris

Crocus chrysanthus Krokus

Höhe: 5 cm

Ausbreitung: 5 cm

Dies ist der Krokus, der im zeitigen Frühling blüht und für die ersten Farbtupfer im Garten sorgt. Die bekanntesten Arten sind *C. chrysanthus* und *C. tommasinius.* Die Blüten sind meist Gelb, Orange, Hell- bzw. Dunkelviolett oder Weiß. Sie gedeihen problemlos, sofern der Boden nicht zu lehmig ist und sie etwas Sonne bekommen. Es sieht hübsch aus, wenn sich an einem sonnigen Frühlingstag die Blütenkelche weit öffnen, um die Sonnenstrahlen einzufangen.

Cyclamen coum Gartenalpenveilchen

Höhe: 5 cm

Ausbreitung: 10 cm

Dies ist die winterharte Alpenveilchen-Art, die im Frühling blüht. Im Herbst blüht die Art *C. hederifolium*, die sehr ähnlich aussieht. Beide Arten haben zierliche weiße, rosafarbene, violette oder rote Blüten, die an kurzen Stielen über den Blättern erscheinen und an kleine, kopfüber hängende Schmetterlinge erinnern. Sie bevorzugen einen Boden, der nicht austrocknet, mögen aber auch zu viel Feuchtigkeit nicht. Besonders wohl fühlen sie sich im Schutz von Bäumen oder ausladenden Sträuchern. Im Winter sollten die Blätter mit Mulch vor Frost geschützt werden.

Narcissus Narzisse, Osterglocke

Höhe: 30–60 cm

Es gibt tausende verschiedener Narzissenarten und -sorten. Beim Blättern im

Katalog eines renommierten Händlers bekommt man einen Eindruck von der Vielfalt. Man unterteilt sie in 12 Gruppen. Für den kleinen Kübelgarten eignen sich vor allem die Sorten von *N. cyclamineus* (Gruppe 6), die recht klein bleiben, etwa 'Little Witch' (klargelb), 'Jack Snipe' (weiß mit gelber Mitte), 'Foundling' (gelb mit orangefarbener Mitte) oder 'Jenny' (weiß mit weißer oder hellgelber Mitte). Empfehlenswert sind auch die ebenfalls kleinwüchsigen Jonquillen (Gruppe 7).

Narcissus

Erythronium dens-canis
Hundszahn

Höhe: 10–15 cm

Ausbreitung: 10 cm

Der Hundszahn ist eine zauberhafte Frühlingsblume, die kurz nach den ersten Zwiebelpflanzen blüht. Er braucht einen feuchten, schattigen Standort und einen durchlässigen Boden, der nicht austrocknet. Er wird wegen seines dekorativ gefleckten Laubs geschätzt, aber auch wegen der zierlichen, lang gestielten Blüten mit weit auseinander stehenden, nach hinten geschlagenen Blütenblättern und langen Staubgefäßen. Schöne Sorten sind 'Pink Perfection' (rosa), 'Lilac Wonder' (violett) und 'Snowflake' (weiß mit rosa Zeichnung). Im Handel findet man eine Reihe weiterer Zuchtformen.

Hyacinthus orientalis 'Pink Pearl'

Fritillaria meleagris
Schachbrettblume, Kiebitzblume

Höhe: 30 cm

Ausbreitung: 5–10 cm

Die Schachbrettblume ist ein beliebtes Zwiebelgewächs, das in Wiesen leicht verwildert. Sie eignet sich außerdem sehr gut für den Steingarten, wo man ihre Schönheit aus der Nähe betrachten kann. Sie braucht einen vollsonnigen Standort. *F. meleagris* mit den violett gefleckten Blüten ist recht verbreitet, es gibt aber auch eine weiße Form, *F. m. alba*. Für den Steingarten eignen sich auch einige der höheren Arten wie *F. acmopetala* (grüne, rosafarben überhauchte Glockenblüten) und *F. camschatcensis* (schwarzviolette Blüten mit gelber Mitte).

Hyacinthus orientalis
Hyazinthe

Höhe: 30 cm

Ausbreitung: 10 cm

Hyazinthen sind ausgezeichnete Zwiebelpflanzen für Kübel und Kästen, man kann sie aber früh im Jahr im Haus ziehen oder vortreiben und dann ins Freie stellen. Die intensiv duftenden Blüten stehen an langen, fleischigen Stielen. Man pflanzt sie am besten in Gruppen aus zwei oder drei Farben: Weiß, Flieder und Rosa sind die verbreitetsten und attraktivsten. 'Carnegie' und 'Innocence' sind weiße Sorten. 'Lady Derby' und 'Pink Pearl' blühen rosafarben, 'Blue Jacket' und 'Delft Blue' haben blaue Blüten. Die schweren Blüten knicken leicht ab und sollten gestützt werden. Im Fachhandel bekommt man spezielle Hyazinthenhalter.

Iris reticulata und *I. unguicularis*
Früh blühende Iris

Höhe: 10–15 cm und ca. 5 cm

Ausbreitung: ca. 5 cm und 30–50 cm

Iris reticulata ist eine Knolleniris, *I. unguicularis* (früher *I. stylosa*) eine Rhizomsorte. Beide blühen früh im Jahr. Fast alle haben attraktive blaue oder violette Blüten mit einer interessanten Zeichnung, lediglich 'Natasha' blüht weiß. *I. danfordiae* hat gelbe Blüten. Weitere reizvolle Sorten sind 'Cantab' (blau mit gelben Streifen) und 'Harmony' (samtig dunkelblau). *I. unguicularis* ist blassblau und hat einen gelben Streifen auf dem hängenden Blatt. Schöne Sorten dieser Art sind 'Mary Barnard' (violett) und 'Walter Butt' (helles Lavendelblau).

Iris reticulata

Muscari armeniacum
Traubenhyazinthe, Perlhyazinthe

Höhe: 20 cm

Ausbreitung: 5 cm

Auf Traubenhyazinthen sollte man nicht verzichten, denn ihre Blüte schließt an die der ersten Frühlingsblumen an. Außerdem sind sie unkompliziert und anspruchslos. Die Blüten sind meist bläulich violett, es gibt aber auch rosastichige und weiße Sorten. Besonders beliebt ist *M. armeniacum*, die intensiv blau blüht. Die Zwiebeln vermehren sich rasch und müssen auf engem Raum eventuell eingedämmt werden.

Tulipa
Tulpe

Höhe: 15–60 cm

Ausbreitung: 5–10 cm

Es gibt sehr viele Tulpensorten in verschiedenen Farben und Größen. Bei der Auswahl ist etwas Sorgfalt nötig, vor allem Farbschema und vorhandener Platz müssen bedacht werden. Tulpen werden in 14 Gruppen unterteilt, die zu etwas unterschiedlichen Zeitpunkten blühen. Sollen alle gewählten Sorten gleichzeitig blühen, müssen sie der gleichen Gruppe angehören. Das Farbspektrum reicht von Gelb über Orange, Rosa und Rot bis zu dunkelstem Violett und Weiß. Ferner gibt es gestreifte, zwei- und mehrfarbige Sorten. Robuste, mittelfrühe Sorten (Gruppe 3, Triumph) sind 'Don Quixote' (rosa), 'Margot Fonteyn' (kardinalsrot mit gelbem Rand), 'Shirley' (weiß mit violettem Rand) und 'Palestrina' (lachsrosa). Zu den gefüllten frühen Tulpen gehören 'Monte Carlo' (grüngelb mit roten Streifen), 'Murillo' (weiß, rosa überhaucht) und 'Peach Blossom' (dunkelrosa).

Zwiebeln und Knollen für Sommer und Herbst

Zwiebelblumen blühen nicht nur im Frühling. Es gibt eine Reihe von schönen Sorten für die Sommer- und Herbstblüte, die sich ausgezeichnet für den Kübelgarten eignen.

Allium
Zierlauch

Höhe: 60–150 cm

Ausbreitung: 5–15 cm

Viele Zierlauch-Arten blühen im späten Frühling oder im Frühsommer, es gibt aber auch einige, deren Blütezeit in den Spätsommer und Herbst fällt. Die kleineren eignen sich gut als später Farbtupfer für den Steingarten. Zu den schönsten gehört

Tulipa

A. sphaerocephalon, der 60 cm hoch wird und dunkelkarminrote Blüten hat. *A. ostrowskianum* ist mit seinen rosafarbenen Blüten im Hochsommer eine schöne Steingartenpflanze. *A. moly* ist eine weitere niedrige Art mit gelben Blüten.

Alstromeria Ligtu-Hybriden
Inkalilie, Peruanische Lilie

Höhe: 50 cm

Ausbreitung: 80 cm

Inkalilien sind für die Sommerblüte im Kübelgarten sehr beliebt. Weil die Rhizome mindestens 25 cm tief gepflanzt werden sollten, brauchen sie einen entsprechend hohen Kübel. Da sie sich im freien Beet zu stark ausbreiten, sind sie im Kübel jedoch bestens aufgehoben. Sie haben weit offene Trichterblüten in verschiedenen Farben, meist Pfirsich, Orange, Rosa oder Creme. Die Nuancenvielfalt ist groß, darum sind sie eine Bereicherung für eine pastellfarbene Sommerpflanzung. Sie benötigen viel Sonne, zumindest Halbschatten sowie durchlässigen, sauren Boden.

Alstromeria Ligtu-Hybriden

Anemone coronaria
De Caen Anemone

Höhe: 30–50 cm

Ausbreitung: 15 cm

Anemonen sind mehrjährige Knollenpflanzen, die am liebsten ungestört an ihrem Platz bleiben. Sie bevorzugen leichten, sandigen Boden und volle Sonne. Sie eignen sich sehr gut als Schnittblumen. *A. blanda* und ihre Sorten blühen im Frühling, man sieht sie häufig in Steingärten. Die Sorten der *A. coronaria* blühen im späten Frühling und Frühsommer. Zu ihnen gehören die Gruppen De Caen (einfache Blüten) und St. Brigid (gefüllte Blüten). Die gängigsten Farben der an Mohn erinnernden Blüten sind Rot, Blau, Violett und Weiß. Die wesentlich höheren japanischen Anemonen blühen im Herbst und passen besser ins Staudenbeet. Sie gehören der Art *A. hupehensis* var. *japonica* an.

Colchicum
Herbstzeitlose, Herbstkrokus

Höhe: 10–20 cm

Ausbreitung: 5–10 cm

Die Herbstzeitlose ist auch als Herbstkrokus bekannt, ist jedoch mit dem Krokus nicht verwandt. Es ist eine Knollenpflanze, deren Blüte noch vor den Blättern erscheint. Meist findet man die Arten *C. agrippinum*, *C. autumnale* und *C. speciosum*. Erwähnenswerte Namenssorten sind *C. s.* 'Album' (große, weiße Blüten), *C.* 'The Giant' (große, rötlich violette Blüten), 'Violet Queen' (rosaviolette Blüten) und 'Glory of Heemstede' (rötlich violette Blüten). *C.* 'Lilac Wonder' hat bis zu 10 cm große Blüten, die etwa 20 cm hoch stehen.

Camassia

Höhe: 80 cm

Ausbreitung: 50 cm

Die Camassia ist eine dekorative Pflanze, die lange, mittelgrüne Blätter und im Sommer aufrechte Blütenstände trägt. Die Blütenfarbe ist meist Blau, jedoch in vielen Schattierungen. 'Zwamenburg' hat dunkelblaue Blüten, 'Semiplena' trägt halbgefüllte, cremeweiße Blüten. Alle bevorzugen nahrhaften, feuchten Boden und Sonne bis Halbschatten. Während der Ruhezeit der Pflanze können die Horste geteilt werden. Im Herbst vermehrt man sie, indem man Tochterzwiebeln abnimmt.

Cardiocrinum giganteum
Riesen-Lilie

Höhe: 1,5–2 m

Ausbreitung: 50 cm

Die Riesen-Lilie ist eine außergewöhnliche Pflanze. Sie wird noch höher als die Königslilie und muss, wenn sie im Kübel wächst, unbedingt gestützt werden. An jedem Stiel trägt sie mehrere cremeweiße Trichterblüten, die sehr intensiv duften. Die Knollen werden knapp unterhalb der Oberfläche in nahr-

Colchicum

Galtonia candicans

haftes, feuchtes Substrat gepflanzt. Sie bevorzugt Halbschatten und gedeiht nicht in voller Sonne. Nach der Blüte können Tochterzwiebeln abgenommen werden.

Cyclamen hederifolium × neapolitanum
Herbstalpenveilchen

Höhe: 15 cm

Ausbreitung: 20 cm

Diese Rhizompflanze ist der Herbstblüher unter den winterharten, mehrjährigen Alpenveilchen. Die Blüten erscheinen noch vor den Blättern und haben meist Rosatöne, es gibt aber auch eine weiße Form.

Besonders gut gedeiht das Herbstalpenveilchen im trockenen Schatten unter Bäumen. Die Zeichnung der Blätter erinnert an Efeu. Unter guten Bedingungen sät sich die Pflanze schnell aus und bildet große Kolonien.

Galtonia candicans
Galtonie

Höhe: 90–120 cm

Ausbreitung: 10 cm

Diese Zwiebelpflanze trägt im Spätsommer hohe Blütenstände mit herabhängenden, weißen Einzelblüten. Wegen ihrer Form erinnern die Einzelblüten an übergroße Schneeglöckchen. Die Galtonia bevorzugt nahrhaften, feuchten Boden, der nicht austrocknet, und einen sonnigen Standort. Weil sie etwas frostempfindlich ist, sollte man die Kübel mit den Zwiebeln über den Winter ins Haus holen. Bekannt sind vor allem zwei Arten: *G. candicans* mit weißen Blüten und *G. viridiflora* mit grün überhauchten Blüten. Letztere Art ist von etwas aufrechterem Wuchs als die erste.

Lilium
Lilie

Höhe: 90–150 cm

Ausbreitung: 25 cm

Die große Gattung der Lilien ist in 9 Hauptgruppen und 11 Untergruppen gegliedert. Alle eignen sich gut für die Kübelpflanzung. Ein Kübel mit mehreren Lilien einer Art kann ein großartiger Blickfang sein. Alle hohen Lilien sollten gestützt werden. Einige haben einen wunderbaren Duft. Zu den besten gehören *L. regale,* die Königslilie, *L. candidum*, die Madonnenlilie, *L.* 'Casa Blanca' (weiß), *L.* 'Citronella' (gelb) und *L. martagon*, die Türkenbundlilie (violett).

Lilium 'Sunray'

Nerine bowdenii
Guernsey-Lilie
Höhe: 35 cm
Ausbreitung: ca. 10 cm

Die Nerine galt früher als sehr empfindlich und wurde nur im Gewächshaus kultiviert. Sie ist jedoch in milden Regionen durchaus winterhart, sofern sie vor eine geschützte Süd- oder Südwestwand gepflanzt wird. Die attraktiven rosafarbenen Trompetenblüten erscheinen in Gruppen im Frühherbst und halten ungewöhnlich lange. Die Form *alba* trägt weiße Blüten mit einem Hauch Rosa, 'Mark Fenwick' hat pinkfarbene Blüten auf dunklen Stielen. Nach der Pflanzung sollte man sie nicht mehr stören. Sie blühen am besten, wenn das Wurzelwerk den Topf ausfüllt.

Sparaxis
Fransenschwertel
Höhe: 10–25 cm
Ausbreitung: ca. 10 cm

Diese ausdauernde Pflanze kommt aus Südafrika. Es gibt 6 Arten, meist werden sie aber gemeinsam als Mischung verkauft. Alle tragen ab dem Hochsommer hübsche Blüten in Weiß oder Rot- und Rosatönen, stets mit einem klar umgrenzten Ring an der Basis der Blütenblätter und einem gelben Schlund. Eine Schale voll mit diesen Blumen ist eine hübsche Tischdekoration. Sie brauchen volle Sonne und gedeihen in gemäßigten Klimazonen nur in ausgesprochen milden Regionen.

Sprekelia formosissima
Jakobslilie
Höhe: 15–35 cm
Ausbreitung: 15 cm

Diese Lilie, von der keine Zuchtformen und Varianten bekannt sind, wird in gemäßigten Regionen als Zimmerpflanze gehalten, gedeiht aber auch im Freien, sofern die Temperatur nicht unter 7 °C fällt. Sie hat auffallende, rote Blüten, die aussehen, als würden sie die Zunge herausstrecken. Als Zimmerpflanze braucht sie viel Licht und muss während des Wachstums reichlich gegossen und gedüngt werden. Sie blüht im späten Frühling oder im Frühsommer. Während der Ruhezeit trocken halten.

Tigridia pavonia
Tigerblume
Höhe: 40 cm
Ausbreitung: 10 cm

Eine weitere ungewöhnliche Sommerblume aus Mexiko und Guatemala, wo sie wild in trockenen, sandigen Grasgebieten und gelegentlich zwischen Steinen wächst. In gemäßigten Regionen sollte man sie entweder als Kübelpflanze halten und im Haus überwintern oder in milden Lagen in ein sonniges Beet pflanzen, im Herbst ausgraben und ins Haus holen. Sie eignet sich auch als Ganzjahreskübelpflanze für den Wintergarten oder das kühle Gewächshaus. Das Substrat sollte sandig, durchlässig und nahrhaft sein. *T. pavonia* ist eine Knollenpflanze mit lanzettartigen Blättern. Die Blüten bestehen aus drei großen Außenpetalen in Weiß, Orange, Rosa oder Rot sowie kleineren Innenpetalen, die häufig eine kontrastierende Zeichnung in leuchtendem Gelb und mit roten Flecken zeigen. Man sät sie im Frühling bei 13–18 °C. Während der Ruhezeit können Tochterzwiebeln abgenommen werden. Pflanzen mit Virusbefall sollte man nicht vermehren.

Nerine bowdenii

Sparaxis Mixed Varieties

Tigridia pavonia

Anchusa azurea 'Loddon Royalist'

Osteospermum

Phormium 'Pink Panther'

Pflanzenlisten

In folgenden Listen werden Pflanzen zusammengefasst, die jeweils in bestimmten Gartenbereichen oder unter bestimmten Bedingungen gedeihen. Viele der Pflanzen sind mit einer Vielzahl von Arten und Sorten im Handel, vor allem solche, die nur mit dem Gattungsnamen (z. B. *Rhododendron)* angegeben sind. Finden Sie anhand eines detaillierten Pflanzenlexikons oder in Zusammenarbeit mit der Gärtnerei heraus, ob die von Ihnen gewünschte Pflanze tatsächlich für die Containerkultur geeignet ist. Eine Pflanze, die zu schnell wächst und deshalb ausgesondert werden muss, ist eine Fehlinvestition.

Pflanzen für sonnige Standorte

Viele Pflanzen gedeihen in Sonne und Halbschatten. Die folgenden Arten brauchen volle Sonne, vertragen aber auch Trockenheit.

Stauden

- *Acantholimon glumaceum* Igelpolster
- *Acanthus spinosus* Akanthus
- *Achillea filipendulina* Schafgarbe
- *Aethionema grandiflorum* Steintäschel
- *Agapanthus* Headbourne-Hybriden Schmucklilie
- *Anchusa azurea* Italienische Ochsenzunge
- *Anthemis tinctoria* Färberkamille
- *Artemesia absinthium* Wermut
- *Aster novi-belgii* Glattblattaster
- *Campanula carpatica* Karpatenglockenblume
- *Carex elata* 'Aurea' Goldsegge
- *Catananche caerulea* Rasselblume
- *Dianthus* Nelke
- *Echinops bannaticus* Kugeldistel
- *Epilobium canum* ssp. *angustifolium* syn. *Zauschneria californica* Weidenröschen
- *Eryngium bourgatii* Spanischer Mannstreu
- *Geranium* Storchschnabel
- *Gypsophila paniculata* Schleierkraut
- × *Halimiocistus wintonensis*
- *Helianthemum* Sonnenröschen
- *Helichrysum italicum* ssp. *serotinum* Strohblume
- *Hibiscus syriacus* Hibiskus
- *Hypericum olympicum* Johanniskraut
- *Iris germanica* Deutsche Schwertlilie
- *Liriope muscari*
- *Lithodora diffusa*
- *Lychnis chalcedonica* Lichtnelke, Brennende Liebe
- *Lysimachia punctata* Felberich
- *Nepeta racemosa* Katzenminze
- *Oenothera biennis* Nachtkerze
- *Osteospermum* Kapkörbchen
- *Papaver* Mohn
- *Penstemon* Bartfaden
- *Perovskia atriplicifolia* Silber-Perowskie
- *Phlox paniculata* Staudenphlox
- *Phormium tenax* Neuseeländer Flachs
- *Ruta graveolens* Wein-Raute
- *Salvia officinalis* Salbei
- *Saponaria ocymoides* Seifenkraut
- *Senecio (Brachyglottis)* Dunedin-Hybriden Greiskraut
- *Sisyrinchium striatum* Binsenlilie
- *Stachys byzantina* Ziest
- *Stipa arundinacea* Federgras
- *Thymus vulgaris* Thymian
- *Veronica prostrata* Liegender Ehrenpreis
- *Yucca filamentosa* Yukka, Palmlilie

Bäume und Sträucher

- *Abelia* × *grandiflora* Großblütige Abelie
- *Buxus sempervirens* Buchsbaum
- *Carpenteria californica*
- *Caryopteris* × *clandonensis* Clandon-Bartblume
- *Ceratostigma willmottianum* Willmotts Hornnarbe
- *Cistus* × *cyprius* Zistrose
- *Convolvulus ceonorum* Winde
- *Cotoneaster horizontalis* Cotoneaster, Kriechmispel
- *Cytisus battandieri* Ananasginster

- *Cytisus kewensis* Ginster
- *Escallonia* Escallonie
- *Eucalyptus gunnii* Eukalyptus
- *Euonymus fortunei* Spindelstrauch
- *Fremontodendron* 'California Glory'
- *Hebe pinguifolia* 'Pagei' Fettblättriger Strauchehrenpreis, Strauchveronika
- *Ilex aquifolium* Ilex, Stechpalme
- *Indigofera heterantha* Himalaya-Indigostrauch
- *Lavandula* Lavendel
- *Myrtus communis* Myrte
- *Olearia* × *haastii* Maßliebchenstrauch
- *Philadelphus* vars. Pfeifenstrauch
- *Phlomis fruticosa* Strauchiges Brandkraut
- *Potentilla fruticosa* Fingerstrauch
- *Rosmarinus officinalis* Rosmarin
- *Santolina chamaecyparissus* Heiligenkraut
- *Spiraea japonica* Japanischer Spierstrauch
- *Teucrium fruticans* Gamander

Kletterpflanzen

- *Campsis radicans* Amerikanische Klettertrompete
- *Clematis tangutica* Mongolische Waldrebe
- *Eccremocarpus scaber* Schönranke
- *Ipomoea hederacea* Prunkwinde
- *Parthenocissus tricuspidata* Jungfernrebe
- *Passiflora caerulea* Passionsblume
- *Vitis coignetiae* Wilder Wein

Pflanzen für Schattenplätze

- *Aconitum napellus* Eisenhut
- *Adiantum pedatum* Pfauenrad-Farn
- *Ajuga reptans* Günsel
- *Alchemilla mollis* Frauenmantel
- *Begonia-rex*-Hybriden Königsbegonie, Buntblattbegonie
- *Brunnera macrophylla* Großblättriges Kaukasusvergissmeinnicht
- *Carex elata* 'Aurea' Goldsegge
- *Dicentra formosa* Tränendes Herz
- *Digitalis purpurea* Fingerhut
- *Dodecatheon pulchellum* Götterblume
- *Dryopteris filix-mas* Wurmfarn
- *Epimedium grandiflorum* Elfenblume, Sockenblume
- *Euphorbia amygdaloides* Mandelblättrige Wolfsmilch
- *Galium odoratum* Waldmeister
- *Gentiana asclepiadea* Schwalbenwurz-Enzian
- *Geranium* vars. Storchschnabel
- *Helleborus orientalis* Lenzrose
- *Hepatica nobilis* Leberblümchen
- *Hosta* vars. Hosta, Funkie
- *Houttuynia cordata* Eidechsenschwanz
- *Hypericum calycinum* Großblütiges Johanniskraut
- *Oxalis acetosella* Wald-Sauerklee
- *Paeonia lactiflora* vars. Garten-Pfingstrose
- *Polypodium vulgare* Tüpfelfarn
- *Pulmonaria saccharata* Spanisches Lungenkraut
- *Smilacina racemosa* Duftsiegel
- *Thalictrum aquilegiifolium* Akeleiblättrige Wiesenraute
- *Tradescantia* vars. Dreimasterblume
- *Trillium grandiflorum* Große Dreizipfel-Lilie
- *Trollius europaeus* Europäische Trollblume
- *Viola riviniana* Purpurea-Gruppe, Hain-Veilchen (Blume des Jahres 2002)

Bäume und Sträucher für Schattenplätze

- *Acer palmatum* Fächerahorn
- *Buxus sempervirens* Buchsbaum
- *Camellia* Kamelie
- *Choisya ternata* Orangenblüte
- *Clethra delavayi* Zimterle
- *Cotoneaster horizontalis* Cotoneaster, Kriechmispel
- *Elaeagnus* × *ebbingei* Ölweide
- *Fatsia japonica* Zimmeraralie
- *Fuchsia* Fuchsie
- *Gaultheria mucronata* Scheinbeere

Euonymus fortunei 'Harlequin'

Passiflora caerulea

Choisya ternata 'Sundance'

Kerria japonica

Camellia williamsii 'Debbie'

Erica carnea 'Golden Starlet'

- *Kalmia latifolia* Breitblättrige Lorbeerrose
- *Leucothoe fontanesiana* Traubenheide
- *Rhododendron* Rhododendron
- *Skimmia japonica* Japanische Skimmie
- *Symphoricarpos* × *doorenbosii* Schneebeere

Kletterpflanzen für Schattenplätze

- *Berberidopsis corallina* Korallenstrauch
- *Clematis* Klematis, Waldrebe
- *Forsythia suspensa* Hängeforsythie
- *Hedera helix* Efeu
- *Hydrangea petiolaris* syn. *H. anomala* ssp. *petiolaris* Kletterhortensie
- *Kerria japonica* Kerrie, Ranunkelstrauch
- *Parthenocissus* Jungfernrebe
- *Pyracantha* Feuerdorn
- *Rosa* Rose, verschiedene Arten und Sorten, darunter: *R. alba, R.* 'Gloire de Dijon', *R.* 'Golden Showers', *R.* 'Maigold'
- *Schizophragma hydrangeoides* Spalthortensie
- *Tropaeolum speciosum* Kapuzinerkresse

Im Gegensatz zu den meisten Einjährigen blühen *Impatiens* (Fleißiges Lieschen) und *Meconopsis cambrica* (Wald-Scheinmohn) auch im Schatten.

Immergrüne

Mit (h) gekennzeichnete Arten sind halbimmergrün und verlieren in harten Wintern ihr Laub.

Bäume und Sträucher

- *Abelia* × *grandiflora (h)* Großblütige Abelie
- *Abies* (kleinwüchsige Sorten) Fichte
- *Andromeda polifolia* Kahle Rosmarinheide
- *Arbutus unedo* 'Elfin King' Westlicher Erdbeerbaum
- *Arctostaphylos uva-ursi* Echte Bärentraube, Immergrüne Bärentraube
- *Aucuba japonica* Japanische Aukube
- *Buxus sempervirens* Buchsbaum
- *Calluna vulgaris* Heidekraut
- *Camellia* Kamelie
- *Chamaecyparis* (kleinwüchsige Sorten) Zypresse
- *Choisya ternata* Orangenblüte
- *Cistus* Zistrose
- *Cotoneaster* Cotoneaster, Kriechmispel
- *Cryptomeria japonica* Sicheltanne
- *Cupressus* Zypresse
- *Daboecia cantabrica* Irische Heide
- *Daphne odora* Seidelbast
- *Elaeagnus* × *ebbingei* Ölweide
- *Embothrium coccineum*
- *Erica carnea* Winterheide
- *Escallonia* Escallonie
- *Eucalyptus gunnii* Eukalyptus
- *Euonymus fortunei* Spindelstrauch
- *Fatsia japonica* Zimmeraralie
- *Grevillea alpina*
- *Hebe* Strauchveronika
- *Hypericum* Johanniskraut
- *Ilex* Ilex, Stechpalme
- *Juniperus communis* Wacholder
- *Kalmia latifolia* Breitblättrige Lorbeerrose
- *Laurus nobilis* Lorbeer
- *Lavandula* Lavendel
- *Ligustrum ovalifolium (h)* Liguster
- *Myrtus communis* Myrte
- *Olearia* × *haastii* Maßliebchenstrauch
- *Picea* (kleinwüchsige Sorten) Fichte
- *Pinus* (kleinwüchsige Sorten) Kiefer
- *Pittosporum tenuifolium* (kleinwüchsige Sorten) Klebsame
- *Prunus laurocerasus* 'Otto Luyken' Kirschlorbeer
- *Rhododendron* Rhododendron
- *Rosmarinus officinalis* Rosmarin
- *Santolina chamaecyparissus* Heiligenkraut
- *Skimmia japonica* Japanische Skimmie
- *Taxus baccata*

Eibe
• *Vaccinium*
Heidelbeere
• *Viburnum tinus*
Immergrüner Schneeball
• *Vinca major*
Großes Immergrün
• *Vinca minor*
Kleines Immergrün
• *Yucca filamentosa*
Yucca, Palmlilie

KLETTERPFLANZEN UND WANDSTRÄUCHER
• *Carpentaria californica*
• *Ceanothus*
Säckelblume
• *Garrya elliptica*
• *Hedera*
Efeu
• *Pyracantha*
Feuerdorn

Duftpflanzen

BÄUME UND STRÄUCHER
• *Chimonanthus praecox*
Chinesische Winterblüte
• *Clethra arborea*
Maiglöckchenstrauch
• *Cytisus battandieri*
Ananasginster
• *Daphne odora*
Seidelbast
• *Hamamelis mollis*
Hamamelis, Zaubernuss
• *Lonicera fragrantissima*
Geißblatt
• *Magnolia stellata*
Sternmagnolie
• *Osmanthus delavayi*
Delavays Duftblüte
• *Philadelphus*
Pfeifenstrauch
• *Pittosporum tenuifolium*
Klebsame
• *Robinia pseudoacacia*
Robinie, Scheinakazie
• *Rosa* (viele Arten)
Rose
• *Stephanotis floribunda*
Kranzschlinge
• *Trachelospermum jasminoides*
Sternjasmin

STAUDEN
• *Convallaria majalis*
Maiglöckchen
• *Dianthus*
Nelke
• *Hosta plantaginea*
Hosta, Funkie
• *Iris unguicularis*
Winteriris
• *Primula veris*
Echte Schlüsselblume
• *Primula vulgaris*
Kissenprimel

EIN- UND ZWEIJÄHRIGE
• *Centaurea moschata*
Flockenblume
• *Erysimum cheiri*
Goldlack
• *Exacum affine*
• *Lathyrus grandiflorus*
Staudenwicke
• *Matthiola incana*
Levkoje
• *Scabiosa atropurpurea*
Samtskabiose
• *Viola odorata*
Duftveilchen

KLETTERPFLANZEN
• *Clematis*
Klematis, Waldrebe
• *Jasminum officinale*
Echter Jasmin
• *Lonicera*
Geißblatt, Jelängerjelieber
• *Rosa* (kletternde Arten)
Rose
• *Stephanotis floribunda*
Kranzschlinge

ZWIEBELN UND KNOLLEN
• *Crinum bulbispermum*
Hakenlilie
• *Crocus angustifolius*
Krokus
• *Crocus longiflorus*
Krokus
• *Cyclamen purpurascens*
Alpenveilchen
• *Lilium*
Lilie
• *Narcissus*
Narzisse

Pflanzen für sauren Boden

Alle hier genannten Arten bevorzugen sauren Boden, einige vertragen jedoch gar keinen Kalk und gedeihen ausschließlich in Moorbeetsubstrat (sog. Kalkflieher). Schlagen Sie im Zweifelsfall in einem Fachbuch nach.

BÄUME UND STRÄUCHER
• *Abies* (kleinwüchsige Sorten) Tanne
• *Acer palmatum*
Fächerahorn
• *Arbutus unedo* 'Elfin King'
Erdbeerbaum
• *Arctostaphylos uva-ursi*
Echte Bärentraube
• *Berberis*
Berberitze
• *Calluna vulgaris*
Heidekraut
• *Camellia*
Kamelie
• *Cassiope*
Schuppenheide
• *Ceanothus*
Säckelblume
• *Choisya ternata*
Orangenblüte

Ilex aurea marginata

Viburnum tinus 'Eve Price'

Ceanothus 'Concha'

Cotinus obovatus

Mahonia japonica 'Bealei'

Centranthus ruber

- *Cotinus coggygria* Perückenstrauch
- *Disanthus cercidifolius* Doppelblüte
- *Enkianthus campanulatus* Glockige Prachtglocke
- *Erica carnea* Winterheide
- *Eucryphia × nymansensis*
- *Euonymus fortunei* Spindelstrauch
- *Fothergilla major* Federbuschstrauch
- *Gaultheria mucronata* Scheinbeere
- *Indigofera heterantha* Indigostrauch
- *Kalmia latifolia* Breitblättrige Lorbeerrose
- *Lavatera* 'Barnsley' Buschmalve
- *Lithodora diffusa*
- *Mahonia* Mahonie
- *Menziesia ciliicalyx* Bewimperte Menziesie
- *Osmanthus delavayi* Delavays Duftblüte
- *Picea* (kleinwüchsige Sorten) Fichte
- *Pieris* Lavendelheide
- *Pinus* (kleinwüchsige Sorten) Kiefer
- *Rhododendron* Rhododendron
- *Sarcococca humilis* Schleimbeere, Fleischbeere
- *Styrax americanus* Storaxbaum
- *Vaccinium* Heidelbeere

Kletterpflanzen

- *Berberidopsis corallina* Korallenstrauch
- *Forsythia suspensa* Hängeforsythie
- *Tropaeolum speciosum* Kapuzinerkresse

Stauden

- *Aconitum napellus* Eisenhut
- *Alchemilla mollis* Frauenmantel
- *Astrantia major* Große Sterndolde
- *Campanula* Glockenblume
- *Centranthus ruber* Rote Spornblume
- *Ceratostigma willmottianum* Bleiwurz
- *Corydalis cashmeriana* Blauer Himalaya-Lerchenporn
- *Cypripedium reginae* Königin-Frauenschuh
- *Epimedium grandiflorum* Elfenblume, Sockenblume
- *Filipendula palmata* Mädesüß
- *Galium odoratum* Waldmeister
- *Gentiana sino-ornata* Enzian
- *Lapageria rosea*
- *Lupinus luteus* Lupine
- *Meconopsis betonicifolia* Tibet-Scheinmohn
- *Myosotis sylvestris* Vergissmeinnicht
- *Ourisia*
- *Phlomis fruticosa* Strauchiges Brandkraut
- *Santolina chamaecyparissus* Heiligenkraut
- *Sarracenia purpurea* Braunrote Schlauchpflanze
- *Tradescantia* Dreimasterblume
- *Trillium grandiflorum* Große Dreizipfel-Lilie
- *Veronica prostrata* Liegender Ehrenpreis
- *Vinca minor* kleines Immergrün
- *Viola* Veilchen, Stiefmütterchen

Pflanzen mit schöner Herbstfärbung oder Winterblüte

Bäume und Sträucher

- *Acer palmatum* Fächerahorn
- *Calluna vulgaris* Heidekraut
- *Ceratostigma willmottianum* Willmotts Hornnarbe
- *Cotinus coggygria* Perückenstrauch
- *Daboecia cantabrica* Irische Heide
- *Disanthus cercidifolius* Doppelblüte
- *Enkianthus campanulatus* Glockige Prachtglocke
- *Erica carnea* Winterheide
- *Euonymus fortunei* 'Emerald 'n' Gold' Spindelstrauch
- *Fothergilla major* Federbuschstrauch
- *Hamamelis mollis* Zaubernuss
- *Lagerstroemeria indica* Indische Lagerstroemie
- *Spiraea japonica* 'Goldflame' Japanischer Spierstrauch
- *Symphoricarpos × doorenbosii* Schneebeere
- *Thuja occidentalis* Lebensbaum
- *Viburnum opulus* Schneeball
- *Viburnum tinus* Immergrüner Schneeball

Kletterpflanzen und Wandsträucher

- *Celastrus orbicularis* Rundblättriger Baumwürger
- *Dregea sinensis*
- *Humulus lupulus* 'Aureus'

Goldhopfen
- *Jasminum nudiflorum* Winterjasmin
- *Parthenocissus quinquefolia* Jungfernrebe
- *Pyracantha* Feuerdorn
- *Vitis coignetiae* Wilder Wein
- *Vitis vinifera* Weinrebe

Stauden und Zwiebeln
- *Chiastophyllum oppositifolium* Goldtröpfchen
- *Chionodoxa luciliae* Schneeglanz
- *Crocus* Krokus
- *Epimedium grandiflorum* Elfenblume, Sockenblume
- *Eranthis hyemalis* Winterling
- *Festuca glauca* Blauschwingel
- *Galanthus* Schneeglöckchen
- *Helleborus niger* Christrose
- *Iris unguicularis* Winter-Iris
- *Narcissus* Narzisse
- *Persicaria affinis* syn. *Bistorta affinis* Teppichknöterich
- *Primula* Kissenprimel
- *Scilla sibirica* Blausternchen
- *Viola × wittrockiana* Stiefmütterchen

Pflanzen für den Steingarten
- *Acantholimon glumaceum* Igelpolster
- *Aethionema grandiflorum* Steintäschel
- *Androsace lanuginosa* Mannsschild
- *Anemone blanda* Anemone, Windröschen
- *Antirrhinum molle* Löwenmäulchen
- *Aquilegia flabellata* Akelei
- *Arabis caucasica* Gänsekresse
- *Armeria maritima* Grasnelke
- *Aubrieta deltoidea* Blaukissen
- *Aurinia saxatilis* syn. *Alyssum saxatile* Felsen-Steinkraut
- *Campanula cochleariifolia* Zwerg-Glockenblume
- *Celmisia coriacea*
- *Chiastophyllum oppositifolium* Goldtröpfchen
- *Corydalis flexuosa* Lerchensporn
- *Corydalis solida* Lerchensporn
- *Cyclamen hederifolium* Alpenveilchen
- *Dianthus alpinus* Alpen-Nelke
- *Dianthus deltoides* Heide-Nelke
- *Draba aizoides* Immergrünes Felsenblümchen
- *Erigeron karvinskianus* Berufkraut
- *Erinus alpinus* Alpenbalsam
- *Erodium petraeum* Reiherschnabel
- *Gentiana aucalis* Keulen-Enzian
- *Geranium dalmaticum* Storchschnabel
- *Gypsophila repens* Kriechendes Schleierkraut, Teppichschleierkraut
- *Haberlea rhodopensis*
- *Hacquetia epipactis* Goldteller, Schaftdolde
- *Horminum pyrenaicum* Drachenmaul
- *Incarvillea mairei*
- *Leontopodium alpinum* Edelweiß
- *Lewisia cotyledon* Bitterwurz
- *Linum arboreum* Lein
- *Lychnis alpina* Alpen-Lichtnelke
- *Meconopsis cambrica* Wald-Scheinmohn
- *Oenothera biennis* Nachtkerze
- *Onosma alborosea* Goldtropfen
- *Papaver alpinum* Alpen-Mohn
- *Penstemon newberryi* Bartfaden
- *Phlox subulata* Polsterphlox
- *Platycodon grandiflorus* Ballonblume
- *Polemonium pulcherrimum* Jakobsleiter
- *Polygala calcarea* Kalk-Kreuzblümchen
- *Polygonatum hirtum* Salomonssiegel
- *Primula* Primel
- *Pterocephalus perennis*
- *Pulsatilla vulgaris* Küchenschelle
- *Ramonda myconi*
- *Saponaria ocymoides* Seifenkraut
- *Saxifraga* Steinbrech
- *Sedum* Fetthenne
- *Sempervivum arachnoideum* Hauswurz, Dachwurz
- *Silene maritima* Leimkraut
- *Soldanella montana* Berg-Troddelblume
- *Tropaeolum polyphyllum* Kapuzinerkresse
- *Veronica prostrata* Strauch-Ehrenpreis

Calluna vulgaris 'Peter Sparkes'

Vibernum opulus

Sedum hispanicum 'Minor Glaucum'

Rhododendron

Diascia

Papaver 'Patty's Plum'

- *Viola* Veilchen, Stiefmütterchen

STRÄUCHER UND KONIFEREN FÜR DEN STEINGARTEN

- *Abies balsamea* 'Nana' Tanne
- *Chamaecyparis lawsoniana* 'Gnome' Lawson-Zypresse
- *Clematis alpina* Berg-Waldrebe
- *Cytisus ardoinii* Ardoines Geißklee
- *Daphne* Seidelbast
- *Dryas octopetala* Weiße Silberwurz
- *Erinacea anthyllis* Igelginster
- *Genista delphinensis* Ginster
- *Helianthemum nummularium* Sonnenröschen
- *Hypericum balearicum* Johanniskraut
- *Iberis sempervirens* Schleifenblume
- *Juniperus communis* 'Compressa' Wacholder
- *Lithodora diffusa*
- *Origanum rotundifolium* Oregano
- *Picea mariana* 'Nana' Schwarz-Fichte
- *Pinus mugo* 'Humpy' Krummholz-Kiefer
- *Rhododendron* 'Dwarf' Rhododendron
- *Salix reticulata* Netz-Weide
- *Taxus baccata* 'Dwarf White' Eibe
- *Thuja orientalis* 'Aurea Nana' Lebensbaum
- *Verbascum dumulosum* Königskerze

Einjährige und Beetpflanzen

Einige der hier genannten Pflanzen sind mehrjährig, werden aber meist einjährig kultiviert. Sie sind mit (m) gekennzeichnet.

- *Agastache (m)* Duftnessel
- *Ageratum* Leberbalsam
- *Alyssum* (ein- und mehrjährig) Steinkraut
- *Amaranthus* Fuchsschwanz
- *Antirrhinum* Löwenmäulchen
- *Aubretia (m)* Blaukissen
- *Begonia rex* Königsbegonie
- *Begonia semperflorens* Begonie Semperflorens-Gruppe
- *Begonia tuberosa* Knollenbegonie
- *Bellis perennis (m)* Gänseblümchen
- *Molucella laevis* Muschelblume
- *Bidens* Zweizahn
- *Brachyscome*
- *Calendula officinalis* Ringelblume
- *Campanula (m)* Glockenblume
- *Catananche (m)* Rasselblume
- *Celosia* Hahnenkamm
- *Centaurea (m)* Kornblume
- *Cerinthe* Wachsblume
- *Chrysanthemum* (einjährige Sorten) Chrysantheme
- *Cineraria*
- *Clarkia* syn. *Godetia* Atlasblume
- *Cleome*
- *Consolida* Lerchensporn
- *Coreopsis (m)* Mädchenauge
- *Cosmos* Kosmee, Schmuckkörbchen
- *Cynoglossum* Hundszunge
- *Dahlia* (Zwergsorten) Dahlie
- *Dianthus* Nelke
- *Dianthus barbatus* Bartnelke
- *Diascia*
- *Echinacea (m)* Sonnenhut
- *Echium* Natternkopf
- *Erigeron* Berufkraut
- *Eschscholzia* Kalifornischer Kappenmohn
- *Gazania*
- *Helianthemum (m)* Sonnenröschen
- *Helianthus* Sonnenblume
- *Helichrysum* Strohblume
- *Heliotropium* Heliotrop, Vanilleblume
- *Iberis* Schleifenblume
- *Impatiens* Fleißiges Lieschen
- *Ipomoea* Prunkwinde
- *Lathyrus odoratus* Duftwicke
- *Lavatera* Malve
- *Limnanthes*

Sumpfblume
- *Lobelia* Lobelie
- *Malcolmia* Afrikanische Meerviole
- *Matthiola* Levkoje
- *Mesembryanthemum* Mittagsblume
- *Nasturtium* Brunnenkresse
- *Nemesia*
- *Nicotiana* Ziertabak, Tabaksblume
- *Nigella* Jungfer-im-Grünen
- *Papaver* Mohn
- *Pelargonium* Pelargonie (Geranie)
- *Petunia* Petunie
- *Phacelia* Bienenfreund
- *Phlox drummondii* Sommerphlox
- *Physalis* Lampionblume
- *Primula* Primel
- *Rudbeckia* Sonnenhut
- *Salvia* Salbei
- *Salvia horminum* syn. *S. viridis* Schopf-/Scharlachsalbei
- *Saxifraga (m)* Steinbrech
- *Scabiosa* Skabiose, Witwenblume
- *Silene* Leimkraut
- *Tagetes* Tagetes
- *Thunbergia alata* Schwarzäugige Susanne
- *Tithonia*
- *Verbena* Verbene
- *Veronica (m)* Veronika, Ehrenpreis
- *Viola × wittrockiana* Stiefmütterchen
- *Zinnia* Zinnie

Cerinthe major purpurescens

Register

T

U

V

W

Y

Z

Der Autor dankt seiner Frau Anthea,
die ihn während des Schreibens immer wieder ermutigt hat.

Dank gebührt ferner Fiona Biggs, Michael Whitehead und Sarah Bragginton
bei Bridgewater Books für ihre Hilfe während des ganzen Produktionsprozesses
sowie Liz Eddison für die Fotografien im Buch.
Besten Dank an Coral Mula und Ann Winterbotham für die hübschen Illustrationen.

Und schließlich dankt der Autor allen, die Freude am Gärtnern haben.

*Der Verlag dankt folgenden Personen und Agenturen für die Bilder:
Liz Eddison/Designers: Susanna Brown S. 16; David Brunn S. 81; Butler Landscapes S. 83:
Chelsea 2000 S. 6–7, 10, 18, 49; Terence Conran S. 35, 209; Guy Farthing/Marshalls S. 43u;
Alan Gardner S. 13; Gavin Landscaping S. 88ul, 89; Elizabeth Goodwin & Sylvia Whitehouse S. 42;
Carol Klein S. 29; Lindsay Knight S. 11, 84; Landart S. 82; Wynniett-Husey Clarke S. 46–47, 53r;
Neil Holmes S. 128, 190, 214ul, um, 219ul, 223ul, or, 224ul,ur, 225ul, um, 226ur, 227ul, 228ul,
229ul, ur, 230ul, 231ul, or, 233ul, 236ur, 238um, 240ul, 241ul, 242ol, 243ul, 249or;
Harry Smith Collection S. 51, 53l, 94, 95, 122, 123r, 199, 216, 219or, 220ul, um, 221um, ur, 222ur,
232ul, 234ol, 235ur, 243um, ur; David Squire S. 104ul, ur.
Außerdem Dank an Roger Benjamin, Georgina Steeds, und Smith's Nurseries, New Denham, Middlesex.*